本教材入选河南省"十四五"普通高等教育规划教材立项建设重点项目

河南省"十四五"普通高等教育规划教材

国际政治原著选读

余 丽 主编

中国社会科学出版社

图书在版编目（CIP）数据

国际政治原著选读 / 余丽主编． -- 北京 ： 中国社会科学出版社, 2024. 7. -- ISBN 978-7-5227-4062-1

Ⅰ．D5

中国国家版本馆 CIP 数据核字第 20249QM844 号

出 版 人	赵剑英
责任编辑	赵　丽　夏大勇
责任校对	王佳玉
责任印制	郝美娜

出　　版	中国社会科学出版社
社　　址	北京鼓楼西大街甲 158 号
邮　　编	100720
网　　址	http://www.csspw.cn
发 行 部	010-84083685
门 市 部	010-84029450
经　　销	新华书店及其他书店

印　　刷	北京明恒达印务有限公司
装　　订	廊坊市广阳区广增装订厂
版　　次	2024 年 7 月第 1 版
印　　次	2024 年 7 月第 1 次印刷

开　　本	710×1000　1/16
印　　张	21.5
插　　页	2
字　　数	322 千字
定　　价	138.00 元

凡购买中国社会科学出版社图书，如有质量问题请与本社营销中心联系调换

电话：010-84083683

版权所有　侵权必究

目 录

前 言 ·· 1

第一编　马克思主义国际政治理论原著选读·················· 1

第一章　马克思、恩格斯与《共产党宣言》···················· 3
　　第一节　原著简介 ··· 4
　　第二节　《共产党宣言》主要内容与观点 ························· 10
　　第三节　学习与思考 ·· 22

第二章　马克思与《国际工人协会成立宣言》················ 27
　　第一节　原著简介 ·· 27
　　第二节　《国际工人协会成立宣言》主要内容与观点 ········· 35
　　第三节　学习与思考 ·· 41

第三章　列宁与《帝国主义是资本主义的最高阶段》······ 44
　　第一节　时代背景 ·· 44
　　第二节　《帝国主义是资本主义的最高阶段》主要内容与观点 ········ 51
　　第三节　学习与思考 ·· 62

第四章　列宁与《民族和殖民地问题提纲初稿》　64
第一节　时代背景　64
第二节　《民族和殖民地问题提纲初稿》主要内容与观点　67
第三节　学习与思考　80

第二编　中国古代国家间政治思想原著选读　83

第五章　孔子与《论语》　85
第一节　原著简介　86
第二节　《论语》主要内容与观点　89
第三节　评析与思考　94

第六章　荀况与《荀子》　98
第一节　原著简介　99
第二节　《荀子》主要内容与观点　104
第三节　评析与思考　118

第七章　韩非与《韩非子》　120
第一节　原著简介　121
第二节　《韩非子》主要内容与观点　124
第三节　评析与思考　131

第三编　西方国际政治思想原著选读　135

第八章　修昔底德与《伯罗奔尼撒战争史》　137
第一节　原著简介　137

第二节　《伯罗奔尼撒战争史》主要内容与观点 …………… 140
　　　第三节　评析与思考 ………………………………………… 155

第九章　马基雅维利与《君主论》 ………………………………… 158
　　　第一节　原著简介 …………………………………………… 158
　　　第二节　《君主论》主要内容与观点 ……………………… 161
　　　第三节　评析与思考 ………………………………………… 168

第十章　汉斯·摩根索与《国家间政治：权力斗争与和平》 …… 172
　　　第一节　原著简介 …………………………………………… 172
　　　第二节　《国家间政治：权力斗争与和平》主要内容与观点 … 174
　　　第三节　评析与思考 ………………………………………… 190

第十一章　肯尼思·华尔兹与《国际政治理论》 ………………… 192
　　　第一节　原著简介 …………………………………………… 192
　　　第二节　《国际政治理论》主要内容与观点 ……………… 194
　　　第三节　评析与思考 ………………………………………… 211

第十二章　罗伯特·基欧汉、约瑟夫·奈与《权力与相互依赖》 … 213
　　　第一节　原著简介 …………………………………………… 213
　　　第二节　《权力与相互依赖》主要内容与观点 …………… 216
　　　第三节　评析与思考 ………………………………………… 229

第十三章　罗伯特·基欧汉与《霸权之后：世界政治经济中的
　　　　　　合作与纷争》 ………………………………………… 232
　　　第一节　原著简介 …………………………………………… 232
　　　第二节　《霸权之后：世界政治经济中的合作与纷争》主要内容
　　　　　　　与观点 ……………………………………………… 234

第三节　评析与思考 …………………………………………… 243

第十四章　亚历山大·温特与《国际政治的社会理论》………… 248
　　　第一节　原著简介 ……………………………………………… 248
　　　第二节　《国际政治的社会理论》主要内容与观点 ………… 252
　　　第三节　评析与思考 …………………………………………… 264

第十五章　玛莎·芬尼莫尔与《国际社会中的国家利益》………… 268
　　　第一节　原著简介 ……………………………………………… 268
　　　第二节　《国际社会中的国家利益》主要内容与观点 ……… 271
　　　第三节　评析与思考 …………………………………………… 283

第十六章　深度阅读与拓展思考 ……………………………………… 286
　　　第一节　先秦中原文化区域国际政治思想主干及其当代价值 …… 286
　　　第二节　马克思主义国家理论指导中国国家安全学理论建设研究 … 308
　　　第三节　学习与思考 …………………………………………… 335

前　言

经典是经过历史选择、岁月沉淀，具有典范性、权威性、价值性、代表性的不朽作品。国际政治原著经典的观点、研究方法给后人以深刻启迪，为我们今天学习和研读国际政治提供了重要借鉴。从某种意义上说，今天国际政治学科的发展与成熟正是建立在经典著作的基础之上，其学习与研究也是建立在前人成果的基础之上。

学科建设以专业建设为重，专业建设以教材建设为要。2020年12月，《国际政治原著选读》教材入选河南省"十四五"普通高等教育规划教材立项建设重点项目。为此，我们尝试编写符合国际政治专业自身特点的原著选读教材，本教材不仅充分体现马克思主义国际政治理论、国际政治中国学派的优秀成果，而且包括西方国际关系理论的研究成果，并根据建设要求在教材编撰过程中力求做到以下三个方面。其一，尊重原著。在对原著作者加以"简介"的基础上，体现原著"时代背景"，并重点分析原著的"主要内容与观点"，进而结合"学习与思考"加深对原著的理解。其二，尊重读者。吸收任课教师、学生与其他读者的意见和建议，不断打磨教材编写大纲，精心设计每个章节的思考题。其三，尊重教学。课程思政是编写教材的灵魂，本教材力求精准阐释相关原著的课程思政契合点和映射面。

读书期于明理，明理归于致用。课程思政是围绕"培养什么人，如何培养人，为谁培养人"这个教育的根本问题，深度挖掘各课程蕴含的思想政治教育元素与承载的思想政治教育功能，潜移默化地实现与专业思政教育的同向育人目标。国际政治专业课程，要在课程教育中帮助学生掌握马克思主义世界观和方法论，进而确立"四个自信"。因此，本教材重视唯物史观的教学与学习，所选择的《共产党宣言》《帝国主义是资本主义的最高阶段》不仅是指导无产阶级革命的理论著作，也是唯物史观的代表作。同时，对国内外学者的国际政治名著，坚持以唯物史观来分析其优劣点。简言之，本教材旨在为学生提供运用唯物史观的范例，引导学生不仅学习领会唯物史观，而且运用唯物史观来分析国际政治的原著成果，力求做到学用统一、知行合一。

千淘万漉虽辛苦，吹尽狂沙始到金。从浩如烟海的国际政治原著成果中选出相关著作重点讲解，是一项具有挑战性的工作。为此，我们的选择标准主要基于以下两条原则。其一，把握时间性与空间性的平衡。本教材选取原著范围可用"古今中外"加以概括，例如，古代原著不仅包括中国的《论语》《荀子》《韩非子》，也涉及西方的《伯罗奔尼撒战争史》《君主论》。其二，把握普遍性与特殊性的平衡。既选择马克思主义国际政治理论原著，包括马克思主义经典作家的《共产党宣言》《国际工人协会成立宣言》《帝国主义是资本主义的最高阶段》《民族和殖民地问题提纲初稿》；也囊括西方国际政治思想原著，如《国家间政治：权力斗争与和平》《国际政治理论》《权力与相互依赖》《霸权之后：世界政治经济中的合作与纷争》《国际政治的社会理论》《国际社会中的国家利益》。

本教材分工如下：余丽撰写前言、第五章、第六章、第七章、第十六章第一节，吴太宇撰写第一章、第二章、第三章、第四章、第八章、第九章、第十章、第十一章、第十二章，王高阳撰写第十四章、第十六章第二节，赵秀赞撰写第十三章、第十五章。初稿完成后，余丽主编负责修改、补充、完善与统稿。本教材也是国家社科基金高校思想政治理论课研究专项（23VSZ136）的阶段性成果。

在本教材即将付梓之际，感谢为本教材付出心血的所有编写组成员，感谢为项目立项及研究所给予大力支持的河南省教育厅、郑州大学、郑州航空工业管理学院，致谢长期以来给予我们宝贵支持的各位朋友，致谢辛勤斧正本教材的中国社会科学出版社赵丽编辑。

受编者能力与水平所限，本教材尚有需要完善之处，敬请读者不吝批评指正。

余 丽

2023 年 6 月 10 日

于郑州大学

第一编 马克思主义国际政治理论原著选读

第一章　马克思、恩格斯与《共产党宣言》

　　《共产党宣言》是科学社会主义的第一个纲领性的文献。它完整而严密地阐述了马克思和恩格斯的伟大学说的基础。列宁高度评价《共产党宣言》，指出："这部著作以天才的透彻而鲜明的语言描述了新的世界观，即把社会生活领域也包括在内的彻底的唯物主义、作为最全面最深刻的发展学说的辩证法以及关于阶级斗争和共产主义新社会创造者无产阶级肩负的世界历史性的革命使命的理论。"[1] 在《共产党宣言》中，马克思和恩格斯科学地证明了资本主义必定崩溃和无产阶级革命必然胜利，他们以此武装了无产阶级，规定了无产阶级革命运动的任务和目的。无产阶级专政的思想像一条红线贯穿了整个"宣言"，列宁称这一思想为"马克思主义关于国家问题的一个最卓越最重要的思想"。[2]

---

[1]　《列宁专题文集：论马克思主义》，人民出版社2009年版，第65页。
[2]　《马克思恩格斯全集》第四卷，人民出版社1995年版，第XIV—XV页。

第一节　原著简介

一　恩格斯简介[①]

恩格斯（弗里德里希·恩格斯，1820—1895），世界无产阶级和劳动人民的伟大导师，马克思主义的创始人之一，马克思最亲密的战友。

1820年11月28日，恩格斯出生于德国普鲁士邦莱茵省巴门市一个纺织厂主的家庭，青少年时代就读于巴门中学和爱北斐特中学。中学尚未毕业，恩格斯就被送到巴门的商业营业所当学徒，不久又被送到不来梅当办事员。在这里，他接近激进团体"青年德意志"，并在其刊物上著文反对君主政体及等级特权，表现了强烈的民主主义倾向。1841年秋，恩格斯到柏林服兵役，他利用这一时机在柏林大学旁听哲学课，参加了青年黑格尔派的活动，对谢林的唯心主义哲学进行了批判。1842年11月，恩格斯去英国曼彻斯特经营纺织厂，他经常深入工人群众，了解工人群众的疾苦。英国工人的悲惨生活激起了他极大的同情。他还经常出席英国工人群众的集会，同宪章派的左翼领袖乔治·哈尼等建立了密切的联系。这一时期他还阅读了大量的书籍，研究了古典政治经济学、英法空想社会主义和德国古典哲学，完成了从唯心主义到唯物主义、从民主主义到共产主义者的转变。

1844年2月，恩格斯在《德法年鉴》上发表被称为"批判政治经济学范畴的天才大纲"的《政治经济学批判大纲》，以唯物主义观点分

[①] 夏征农主编：《社会主义辞典》，吉林人民出版社1985年版，第520—524页。

析了资本主义的经济问题和社会结构，指出私有制是资本主义社会一切政治经济矛盾的根源。

1844年8月，恩格斯路经巴黎同马克思会见，发现彼此见解完全吻合，决心共创科学社会主义，为世界无产阶级的解放事业携手奋斗。在巴黎期间，两人合著的《神圣家族》批判了青年黑格尔派的唯心主义哲学，强调了人民群众的历史作用。1845年3月，恩格斯写了《英国工人阶级状况》，他以亲自观察和掌握到的材料揭露了资本主义制度的内在矛盾和它对工人阶级的残酷剥削，提出了无产阶级的历史作用和工人运动必须同科学社会主义相结合的原理。1845—1846年，他同马克思合著了第二部著作《德意志意识形态》，阐明了物质资料的生产在社会生活中的决定性作用，指出生产力和生产关系的矛盾运动是社会运动的客观规律，描述了人类社会从产生到向共产主义过渡的轮廓，论证了共产主义胜利的必然性，第一次指出工人阶级夺取政权的必要性。1846年，他同马克思一起在布鲁塞尔建立了"共产主义通讯委员会"。1847年8月，两人共同创办"德意志工人协会"，活跃于巴黎和布鲁塞尔的德籍侨民之中，并为团结各国工人群众，广泛宣传科学共产主义，同当时流行于工人运动中的各种机会主义流派展开斗争。

1847年，恩格斯同马克思一起帮助正义者同盟改组为共产主义者同盟，参加了该同盟的领导工作。不久后，受同盟巴黎区部委员会的委托，恩格斯为同盟起草了纲领草案即著名的《共产主义原理》。该书以问答形式通俗地阐述了科学社会主义的一系列极其重要的基本原理和策略原则，描述了共产主义社会的基本轮廓，拟定了无产阶级取得政权后从资本主义过渡到共产主义的基本措施，第一次提出"共产主义是关于无产阶级解放的条件的学说"。1847年12月—1848年1月，恩格斯同马克思一起在吸取《共产主义原理》中许多思想的基础上，合著了科学社会主义的纲领性文件——《共产党宣言》，以"天才的透彻而鲜明的语言描述了新的世界观，即把社会生活领域也包括在内的彻底的唯物主义、作为最全面最深刻的发展学说的辩证法、以及关于阶级斗争和共产主义新社会创造者无产阶级肩负的世界历史性的革命使命的理论"[1]。它是无产阶级政党"周详的理论和实践的党纲"。

1848年3月,德国爆发了第一次资产阶级民主革命,恩格斯同马克思一起回到德国,在科隆创办《新莱茵报》作为宣传阵地。恩格斯是该报编辑之一,他为该报征集股东,撰稿和处理各种稿件,协助和代表马克思领导编辑部的工作。1849年5—7月,恩格斯亲自参加了德国人民的三次武装起义,曾作为维利希志愿军团的副官活跃在起义战士中,表现了卓越的军事才能。起义失败后,恩格斯经瑞士逃往伦敦,同马克思一起重建了共产主义者同盟的地方组织和中央委员会,并努力团结、鼓舞逃往伦敦的起义战士。

为了使马克思能集中精力从事《资本论》的创作,以及维持马克思一家的生计,恩格斯作出了重大的牺牲。恩格斯于1850年重返曼彻斯特欧门—恩格斯公司任职,从事他十分厌恶的商业工作。1850—1852年,他为美国《纽约每日论坛报》撰写了两部总结1848年革命的著作:《德国农民战争》和《德国的革命和反革命》,特别是后一部著作对无产阶级革命的策略和武装起义问题作了深刻的阐述。

在1850年至1870年这二十年间,恩格斯由于从事商业活动,被占去了大部分时间,但是他仍以全部业余时间从事自然科学和社会科学的研究,几乎天天和住在伦敦的马克思通信,共同探讨理论问题和政治问题,他向马克思提供了许多资本主义企业经营活动的资料,解答马克思提出的一些问题,为《资本论》第一卷出版倾注了心血(《资本论》出版后,他又为这部伟大著作的传播作出了贡献)。这一时期他和马克思在理论创作上是有所分工的。马克思主要致力于《资本论》的写作,而恩格斯则"在非常通俗的、往往是论战性的著作中,根据唯物史观和马克思的经济理论阐明了最一般的科学问题"。

在19世纪50年代和60年代初,恩格斯在《纽约每日论坛报》等刊物上发表了大量论述国际问题的文章,强烈谴责沙皇俄国和西方列

---

[1] 《列宁全集》第二十六卷,人民出版社2017年版,第50页。

强对殖民地和落后国家的掠夺，热情支持民族解放运动，并以极大的兴趣研究了军事科学，后来又着手研究语言学。1864年第一国际成立后，他同马克思一起参加了第一国际的领导工作，与当时工人运动中的一些非科学的社会主义流派（蒲鲁东派、巴枯宁派、工联主义和拉萨尔派等）进行了坚决的斗争，为马克思主义最终战胜各种非科学的社会主义流派奠定了基础。1870年普法战争爆发后，恩格斯以卓越的军事才能、丰富的军事知识和战略家的眼光对战争发展的进程作了科学的估计，发表了大量评论文章。1871年3月巴黎公社革命爆发后，他同马克思一起热情支持巴黎公社的革命，高度评价巴黎无产阶级的革命首创精神和英雄气概，深刻地阐明公社的历史意义。公社失败后，恩格斯积极倡议和组织对公社逃亡者的救援工作。

1872年12月至1873年11月，恩格斯写了三篇论住宅问题的文章，有力地批驳了德国蒲鲁东主义者米尔柏格关于解决住宅问题的荒谬主张，进一步揭露了蒲鲁东主义者的小资产阶级社会主义的实质及其反动性，指出只有消灭资本主义私有制，实行无产阶级专政才能从根本上解决住宅问题。1872年10月—1873年3月，针对巴枯宁无政府主义的谬论及其分裂工人运动的阴谋，恩格斯写了《论权威》一文，对权威原则及其必要性作了理论上的论证，指出："想消灭大工业中的权威，就等于想消灭工业本身。"[①]

普法战争以后，德国工人运动得到进一步发展，但在工人运动统一问题上，德国社会民主党（爱森纳赫派）犯有严重丧失原则的错误，恩格斯同马克思一起，严肃批判了德国党内领导人的错误，同时又热情关怀和指导德国的工人运动。1875年前后，德国小资产阶级社会主义者杜林猖狂进攻马克思主义，在德国党内网罗了一批机会主义信徒，也诱惑了党的某些领导人。为了捍卫马克思主义理论体系，恩格斯不得不中断正在写作的《自然辩证法》以"收拾"杜林。在1877年—1878年两年间，他先后在德国社会民主党机关报《前进报》上发表了一系列批判

[①] 《马克思恩格斯全集》第十八卷，人民出版社1964年版，第342页。

杜林的文章，这些文章后来汇编成巨著《反杜林论》。这部被称作马克思主义百科全书的著作，从哲学、政治经济学和科学社会主义三个方面系统地阐明了马克思主义的基本原理，第一次把马克思主义作为一个完整的体系介绍给各国工人阶级。在这部著作的《社会主义编》中，恩格斯对空想社会主义的产生、发展、局限性以及科学社会主义思想材料的来源和它的物质基础作了十分深刻的阐述，它以 19 世纪 70 年代资本主义发展的新材料——垄断和国家垄断的产生，论证了社会主义胜利的客观必然性。这部著作对未来共产主义社会的特征、阶级消灭和国家消亡等问题也都作了精彩的阐述。此外，它还规定了科学社会主义研究的对象和任务。1880 年，恩格斯应法国社会主义运动领导人保尔·拉法格的请求，将该书的"概论""历史"和"理论"三章汇编成《社会主义从空想到科学的发展》一书单独出版，受到各国工人阶级的热烈欢迎，它对于以科学社会主义理论武装群众，广泛传播马克思主义，推动国际工人运动的发展具有十分重大的意义。

1883 年，马克思逝世后，恩格斯独自承担起欧洲社会主义运动的顾问和领导者责任，热情关怀各国工人运动的发展，忠实捍卫他同马克思数十年来共同为之奋斗的事业——世界无产阶级的解放事业。他还以极大的精力完成战友未竟的事业——整理出版《资本论》第二、三卷。列宁赞颂说："古老的传说中有各种非常动人的友谊的故事。欧洲无产阶级可以说，它的科学是由这两位学者和战士创造的，他们的关系超过了古人关于人类友谊的一切最动人的传说。"[①]

1884 年，恩格斯创作的《家庭、私有制和国家的起源》正式出版，该书科学地说明了人类早期发展阶段的历史，分析了历史上各种不同家庭形式的特点和发展过程，阐明了原始公社的解体和以私有制为基础的阶级社会的形成，剖析了国家的起源和实质，论证了国家将随着共产主义实现而消亡的历史必然性。1888 年，恩格斯创作的《路德维希·费尔巴哈与德国古典哲学的终结》出版单行本，揭示了马克思主义同黑格

---

① 《列宁专题文集（论马克思主义）》，人民出版社 2009 年版，第 58 页。

尔及费尔巴哈哲学的关系，详尽论述了辩证唯物主义和历史唯物主义的基本原理。

1889年，恩格斯亲自参加并领导了建立第二国际的活动。在第二国际的前期活动中，他为坚持马克思主义革命路线，同当时日趋抬头的无政府主义及右倾机会主义思潮进行了无情的斗争。他在1891年发表了马克思的《哥达纲领批判》，同年3月再版了马克思的名著《法兰西内战》，并亲自为该书写了导言，6月写了《爱尔福特纲领草案批判》，沉重地打击了当时的右倾机会主义思潮。1893年，恩格斯以73岁的高龄出席了第二国际苏黎世代表大会，受到各国社会主义者的热烈欢迎。1894年，恩格斯针对德、法两国社会民主党在农民问题上的机会主义路线，写了最后一篇著作——《法德农民问题》，强调了农民问题和工农联盟的重要性，规定了工人阶级政党对农民的政策，必须用说服、示范和提供帮助的办法逐步引导农民走集体化的道路。

恩格斯在晚年仍将自己的全部精力奉献给无产阶级的解放事业，在从事理论研究的同时，热情指导各国工人运动。1895年8月5日，恩格斯在伦敦逝世。

二 时代背景

任何思想的产生绝非偶然，特定思想必然代表着特定生产力在发展过程中某一阶段的特定需求，《共产党宣言》亦是如此，其背后的历史原因是深刻的。梳理《共产党宣言》的时代背景，可以追溯至19世纪末期，彼时的欧洲被两种革命浪潮席卷：工业革命与政治革命，前者为《共产党宣言》的发表提供了物质基础，后者则为其提供了实践基础。

在工业革命方面，欧洲工业革命开始于18世纪60年代的英国，结束于19世纪40年代，在这几十年间，纺织机、蒸汽机的发明与广泛应用促进了欧洲机器制造业机械化的实现，欧洲社会的生产中心亦由农业转向工业，人类社会的生产方式进而发生了天翻地覆的变化。资本主义雇佣制在大机器生产式的大工厂对小家庭作坊式的手工工场的替换下出现了。为便于发展，资本主义内部的组织制度进行了社会化、统一化和组织化的调整，商品经济取代自然经济，资本主义获得了进一步的发展。在工业革命前，同贵族阶级相比，资产阶级的实力是相对较弱的，因此他们不得不依附于贵族阶级；但在工业革命后，工业资产阶级的实力不断积累，直至取缔贵族阶级并在国家内部建立资产阶级专政。

在政治革命方面，资产阶级专政的建立并非一劳永逸。人类历史上的第一次经济危机于1825年出现，社会中无产阶级的不满情绪持续堆积，阶级之间的革命战争一触即发。1831年和1834年的法国里昂工人运动、1836—1848年的英国宪章运动和1844年的德国西里西亚工人运动被并称为"欧洲三大工人运动"，是这一时期无产阶级革命运动的代表。这三次工人运动遭受作为统治阶级的资产阶级的暴力镇压，但标志着无产阶级开始逐渐登上政治舞台。与此同时，这些运动的失败亦从侧面反映了在革命过程中由科学的、正确的革命理论进行指导的重要意义。

在工业革命和政治革命的双重作用下，包括马克思、恩格斯在内的共产主义者同盟于1847年在伦敦召开了第二次代表大会，大会上成员们将科学社会主义作为新的斗争原则并委托马克思、恩格斯起草一份纲领。在此背景下，影响人类历史的《共产党宣言》于1848年2月面世。彼时的欧洲社会不乏贬低和批判《共产党宣言》的论调，这些声音或来自为维护自身利益的资产阶级，或来自持不同观点的无产阶级革命运动中的其他派别，但《共产党宣言》所具有的丰富的理论意义和宝贵的实践价值却证明了其伟大的历史意义。

第二节 《共产党宣言》主要内容与观点

作为一部具有划时代意义的著作，《共产党宣言》的理论内容丰富且深刻，不仅在人类历史上第一次系统全面地论述了科学社会主义，同时也创造性地阐明了阶级斗争、"两个必然"等理论,通过对人类社会发展规律的科学洞见,深刻改变了世界范围内人类社会的发展进程,具有卓越的理论价值和时代意义。《共产党宣言》是马克思和恩格斯对于发生在19世纪中叶西欧无产阶级反资产阶级的阶级斗争经验的总结,是无产阶级运动的实践产物。因此,对《共产党宣言》的学习不能仅限于其理论内容,亦要结合马克思和恩格斯所处的时代背景以及该理论的历史意义和时代价值,以此在避免孤立性、主观性的基础上形成对《共产党宣言》全面且深刻的认识。

《共产党宣言》的结构由引言、序言和正文三个部分构成。正文共有四章,标题依次为"资产者和无产者""无产者和共产党人""社会主义的和共产主义的文献""共产党人对各种反对党派的态度"。序言共有1872年版、1882年版、1883年版、1888年版、1890年版、1892年版和1893年版七篇,前五篇由马克思和恩格斯共同创作,后两篇由恩格斯独自创作。序言中的内容是《共产党宣言》中的重要组成部分,序言指出:"《共产主义宣言》的任务,是宣告现代资产阶级所有制必然灭亡。"[1]序言对《共产党宣言》的思想进行了总结:"每一历史时代的经济生产以及必然由此产生的社会结构,是该时代政治的和精神的历史的基础;因此(从原始土地公有制解体以来)全部历史都是阶级斗争的历史,即社会发展各个阶段上被剥削阶级和剥削阶级之间、被统治阶级和统治阶级之间斗争的历史;而这个斗争现在已经达到这样一个阶段,即被剥削被压迫的阶级(无产阶级),如果不同时使整个社会永远摆脱剥削、压迫和阶级斗争,就不再能使自己从剥削它压迫它的那个阶级(资产阶级)下解放出来。"[2]

此外,序言亦基于无产阶级革命运动的发展对《共产党宣言》作出补充,如1872年的序言中指出:"工人阶级不能简单地掌握现成的国家

---

[1] 马克思、恩格斯:《共产党宣言》,人民出版社2018年版,第6页。
[2] 马克思、恩格斯:《共产党宣言》,人民出版社2018年版,第7页。

机器，并运用它来达到自己的目的。"① 这是对于无产阶级革命和无产阶级专政理论的补充。通过序言和正文，《共产党宣言》从唯物史观的视角探讨了以资本主义社会为关注重点的人类社会的历史发展规律，提出了"两个必然"的历史发展趋势——资本主义灭亡的历史必然性和社会主义最终战胜资本主义的历史必然性；在无产阶级革命的实践基础上论述了科学社会主义理论，指出在无产阶级革命过程中无产阶级的革命性、阶级斗争的重要性、无产阶级专政的必要性以及共产党领导的关键性；有力回应了各式各样的虚伪的社会主义思想，进而明确了科学社会主义同其他社会主义间的边界。

一 阶级斗争思想

恩格斯在1883年德文版序言中指出："（从原始土地公有制解体以来）全部历史都是阶级斗争的历史，即社会发展各个阶段上被剥削阶级和剥削阶级之间、被统治阶级和统治阶级之间斗争的历史。"② 因此，"至今一切社会的历史都是阶级斗争的历史"③。原始社会解体后，人类社会开始分裂为阶级并经历了三种具有剥削性质的社会形态：以奴隶为被剥削阶级、奴隶主为剥削阶级的奴隶社会；以农民为被剥削阶级、地主为剥削阶级的封建社会；以无产阶级为被剥削阶级、资产阶级为剥削阶级的资本主义社会。在这三种社会形态中，剥削阶级与被剥削阶级的矛盾从其本质上来看是生产力同生产关系、上层建筑同经济基础之间的矛盾，但在奴隶社会和封建社会中，这种矛盾往往被剥削阶级以"等级制度"为借口搪塞并加以掩饰。

在资本主义社会中，资本主义生产关系的社会化、系统化和统一化使得被剥削的无产阶级更能看清阶级间剥削关系的实质，阶级间的矛盾

---

① 马克思、恩格斯:《共产党宣言》，人民出版社2018年版，第4页。
② 马克思、恩格斯:《共产党宣言》，人民出版社2018年版，第7页。
③ 马克思、恩格斯:《共产党宣言》，人民出版社2018年版，第27页。

也随之不断激化。这一矛盾的激化是阶级社会得以发展的必要条件,阶级斗争是阶级社会发展的直接动力,只有在被剥削阶级对于剥削阶级的反抗斗争下阶级社会才能得以演变。在原有的封建社会中,经济基础在资本主义萌芽的出现下发生了改变,而封建王权专制统治下的上层建筑并不允许经济基础发生这种触及其利益的转变,在阶级矛盾不断恶化、资产阶级不断发展的条件下,欧洲社会从封建社会迈入了资本主义阶段。封建制度的逐渐衰败为资本主义的发展提供了广阔空间,"于是,蒸汽和机器引起了工业生产的革命。现代大工业代替了工场手工业;工业中的百万富翁、一支一支产业大军的首领、现代资产者,代替了工业的中间等级"[1]。

资本主义社会并非人类社会的终极形态,在资本主义社会内部亦存在着剥削关系,因此,在资本主义社会中阶级间的对立以及被剥削阶级的反抗亦是必然的。资本主义社会内部的阶级矛盾集中体现为周期性爆发的经济危机:在资本主义社会中,为追求效率和利润的最大化,资本家们推动社会分工日益细化,每个企业都被卷入社会化大生产的浪潮之中。宏观上这些企业的分工与生产是以满足社会需要为目的、以社会需求为调控,然而事实并非如此。在资本主义生产资料私有制的前提下,这些生产服从于资产阶级的利益,其产品亦为资产阶级所私有,而资产阶级对于生产的调控取决于自身利益的多寡而非生产本身和社会的需要。当生产的实际情况和社会的需求在商品过剩的情况下要求停止生产时,资本家仍然会保持继续生产以谋求更多利润。在生产和需求比例失衡的情况下,商品大量过剩而滞销,工厂资金周转停滞导致工人失业,进而银根紧缺、银行破产。大量生产资料被浪费,无产阶级群众饱受剥削,资本主义社会的生产资料私有制已然在极大程度上阻碍了生产力的发展。只有通过无产阶级反对资产阶级的阶级斗争才能从本质上结束生产资料私有制,进而为社会的发展提供动力。

---

[1] 马克思、恩格斯:《共产党宣言》,人民出版社2018年版,第28页。

二 "两个必然"思想

"全球化"这一概念最早由美国经济学家莱维特在1983年发表的《市场的全球化》一文中提出，旨在描述经济活动向世界范围拓展的过程，但在发表于1848年的《共产党宣言》中却不乏"全球化"的身影。马克思和恩格斯两位伟大的作者论述道，资产阶级为了取得进一步发展，"不断扩大产品销路的需要，驱使资产阶级奔走于全球各地。它必须到处落户，到处开发，到处建立联系"[①]。世界市场的开辟使得生产与消费由国内转移至国外，民族工业"被新的工业排挤掉了……这些工业所加工的，已经不是本地的原料，而是来自极其遥远的地区的原料；它们的产品不仅供本国消费，而且同时供世界各地消费"[②]。进而经济危机的发生范围由区域性转变为国际性，无产阶级失去了民族性，其敌人亦由国内资产者们演变为世界范围内的资产阶级。因此，资产阶级在走向全球化的同时也为自身的灭亡作了铺垫：生产消费的全球化不仅为资产阶级带来了极为可观的财富，亦促进了无产阶级在世界范围内的联合。

与此同时，马克思和恩格斯在《共产党宣言》中亦针对无产阶级展开了相应的论述。

从无产阶级的出现来看，无产阶级和资产阶级是同时出现的。马克思将资产阶级定义为在生产商品的社会中拥有生产资料，占有工人劳动的阶级，而资产阶级的对立阶级，即生产资料被掠夺，劳动被占有的阶级便是无产阶级。由于无产阶级没有生产资料且出卖自身劳动力，因此其社会地位最低，但这种社会地位和生产力主体的身份又使其成为社会先进生产力的代表者和反对资产阶级剥削的革命者。

从无产阶级的发展来看，无产阶级的发展也是和资产阶级同步的。资产阶级为了追求更高的效率和利润，一方面，需要不断更新其生产工

---

① 马克思、恩格斯：《共产党宣言》，人民出版社2018年版，第31页。
② 马克思、恩格斯：《共产党宣言》，人民出版社2018年版，第31页。

具和管理方式,无产阶级的斗争手段与观念在此过程中也得到了发展;另一方面,除生产工具和管理方式的更新外,对劳动力的主体,即无产阶级进行压榨亦是获得更多利润的手段,更多的利润代表着更为惨重的压榨剥削,无产阶级的革命性与斗争性亦在此过程中被激发。

从地域视角来看,资产阶级的扩张也经历了从某一企业到某一区域、从某一区域到某一国家、从某一国家再到国际社会的过程。无产阶级的斗争在这一过程中普遍化与统一化,从小部分工人反对某一工厂主发展为区域范围内的工人运动,再发展为国内范围的无产阶级革命,最终全世界无产者联合起来共同与世界资本主义展开斗争。

在无产阶级的历史使命方面,由于无产阶级在资本主义社会中的社会地位和阶级性质,无产阶级是无法同资产阶级长期共存的。资本的扩张性将不断促使资产阶级通过极其低廉的价格购买无产阶级劳动者的劳动力,无产阶级的生活条件将在这种趋势下不断恶化,更谈不上人的全面发展。因此,无产阶级的使命便是推翻资本主义制度并建立社会主义和共产主义社会。

在无产阶级运动方面,马克思和恩格斯认为资本主义社会中仍然存在着阶级斗争,原有的封建社会的农民和地主的斗争转变为无产阶级和资产阶级的斗争。相较于之前的阶级斗争,"过去的一切运动都是少数人的,或者为少数人谋利益的运动。无产阶级的运动是绝大多数人的,为绝大多数人谋利益的独立的运动"[①]。之所以如此,原因主要在于无产阶级自身的特性。一方面,无产阶级是最为先进的阶级。作为先进生产技术发展到一定阶段的产物,无产阶级代表着最为先进的生产方式,同时其自身能力也伴随着生产方式的进步、生产力的发展而不断增强,其队伍也在这一过程中不断壮大。因此,无产阶级拥有"绝大多数的"革命者并代表"绝大多数的"人民群众的利益。另一方面,无产阶级也是革命性最强的阶级。社会地位低下、生产资料被掠夺、生产过程中被剥削,无产阶级是一个饱经苦难的阶级,也是一个对于资本主义社会深恶

---

① 马克思、恩格斯:《共产党宣言》,人民出版社2018年版,第39页。

痛绝的阶级，生产资料的被掠夺既是无产阶级的弱点，亦是无产阶级的优势，"无产者没有什么自己的东西必须加以保护，他们必须摧毁至今保护和保障私有财产的一切"①。

综上，在马克思和恩格斯的思想中，资本主义社会的产生的确在客观上促进了人类社会的进步，但是资本主义的发展过程使得资本主义社会中生产的社会性与生产资料的私人占有制之间的不可调和的矛盾不断显现，进而又反过来阻碍了人类社会的发展。在此背景下，与资产阶级同时出现并作为资产阶级掘墓人的无产阶级在世界范围内展开了无产阶级反对资产阶级的斗争。代表着自身狭隘利益的资产阶级无法调和资本主义社会内部生产力和生产关系的矛盾，革命性最强的无产阶级在队伍不断壮大的同时也拥有不断强化的斗争能力，这些因素共同证明了一个历史事实："资产阶级的灭亡和无产阶级的胜利是同样不可避免的。"②这便是《共产党宣言》中的"两个必然"的思想，即资本主义必然灭亡，社会主义必然胜利。

三　无产阶级革命思想

在《共产党宣言》中，马克思和恩格斯不仅指出了无产阶级革命的必胜趋势和重要性，同时也为无产阶级革命的展开提供了科学的指导。首先是关于"两个决裂"的思想。马克思和恩格斯认为，所有制关系根据历史的发展而变更。欧洲资产阶级推翻了封建君主专制，进而以资产阶级的所有制替代了封建贵族阶级的所有制，而无产阶级革命将以生产资料公有制这一无产阶级的所有制取缔资产阶级的所有制。"现代的资产阶级私有制是建立在阶级对立上面、建立在一些人对另一些人的剥削上面的产品生产和占有的最后而又最完备的表现。"③而无产阶级不是剥

---

① 马克思、恩格斯:《共产党宣言》，人民出版社 2018 年版，第 39 页。
② 马克思、恩格斯:《共产党宣言》，人民出版社 2018 年版，第 40 页。
③ 马克思、恩格斯:《共产党宣言》，人民出版社 2018 年版，第 42 页。

削阶级，因此无产阶级革命也不是剥削阶级的革命，无产阶级革命不是推翻资产阶级的剥削制度以建立自己的剥削制度，而是推翻资产阶级的剥削制度以建立一个没有阶级剥削的社会制度。

阶级剥削现象的经济根源则来自生产资料私有制：掌握着生产资料的资本家以雇佣劳动的形式对无产阶级劳动者进行剥削。因此，无产阶级革命的矛头便指向了生产资料的私有制。消灭私有制并非要劫掠人民群众的财产，而是将人民群众被资产阶级劫掠的财产归还原主，"私有财产对十分之九的成员来说已经被消灭了；这种私有制之所以存在，正是因为私有财产对十分之九的成员来说已经不存在"①。无产阶级革命要消灭的生产资料私有制是占社会人口少数的资产阶级的生产资料私有制。但仅消灭私有制是不够的，社会中的剥削现象既有其经济根源，亦有其思想根源，因此，私有观念也是无产阶级革命斗争的目标。为了掩盖或粉饰其剥削行为，资产阶级通过私有观念作为维护自身剥削制度的思想武器。在消灭私有制的同时，无产阶级革命也要破坏资产阶级的意识形态，从而在形式上和根源上给予资本主义剥削制度以致命的打击。这便是《共产党宣言》中的"两个决裂"思想：同私有制的决裂和同私有观念的决裂。但这两种决裂也要以生产力的发展为基础，在根本意义上实现决裂是一个长期性的目标。

马克思和恩格斯指出，由于资本主义社会中生产力和生产关系的固有矛盾，社会内部或多或少存在着隐蔽的国内战争，随着矛盾的激化，这些战争将爆发为公开的革命，无产阶级用暴力推翻资产阶级来建立自己的统治。在资本主义社会中，无产阶级同资产阶级的斗争是一直存在的，资产阶级为了维护自身的利益，必然会通过国家机器等途径以遏制这种斗争，在这些资本主义国家中暴力镇压现象也是屡见不鲜的。因此，需强调的是，马克思和恩格斯在这里指出的无产阶级革命是一种暴力革命，只有通过暴力革命才能击垮资产阶级对于无产阶级革命的暴力反制。

---

① 马克思、恩格斯：《共产党宣言》，人民出版社2018年版，第44页。

"工人革命的第一步就是使无产阶级上升为统治阶级,争得民主。无产阶级将利用自己的政治统治,一步一步地夺取资产阶级的全部资本,把一切生产工具集中在国家即组织成为统治阶级的无产阶级手里,并且尽可能快地增加生产力的总量。"① 这便是无产阶级专政的思想:从资本主义到共产主义的过程中,转变并非在短时间内快速实现的,而是要经过长期的发展,这一过渡时期便是由无产阶级掌握国家政权的无产阶级专政,只有无产阶级专政才能为共产主义社会的产生创造条件。

为建立世界范围内的无产阶级专政,无产阶级的革命运动不应当是盲目的、无领导的,而应当是由马克思和恩格斯的科学社会主义指引的,由共产党这一无产阶级政党领导的。《共产党宣言》指出,共产党的性质是代表无产阶级的根本利益。"一方面,在无产者不同的民族的斗争中,共产党人强调和坚持整个无产阶级共同的不分民族的利益;另一方面,在无产阶级和资产阶级的斗争所经历的各个发展阶段上,共产党人始终代表整个运动的利益。"② 与此同时,相较于其他无产阶级政党,共产党人由无产阶级中最先进的成员组成并由科学社会主义指导,坚持着国际主义的原则,坚持眼前利益服从于长远利益,局部利益服从于整体利益。

"在实践方面,共产党人是各国工人政党中最坚决的、始终起推动作用的部分;在理论方面,他们胜过其余无产阶级群众的地方在于他们了解无产阶级运动的条件、进程和一般结果。"③ 因此,共产党的领导是无产阶级革命取得胜利的必要条件。在共产党领导革命的基础上,马克思和恩格斯指出,无产阶级革命的目标不仅是要实现社会的发展,也包含实现人自身的发展。人的发展与社会的发展是相辅相成的,当无产阶级革命胜利后,"代替那存在着阶级和阶级对立的资产阶级旧社会的,将是这样一个联合体,在那里,每个人的自由发展是一切人的自由发展的条件"④。

---

① 马克思、恩格斯:《共产党宣言》,人民出版社 2018 年版,第 49 页。
② 马克思、恩格斯:《共产党宣言》,人民出版社 2018 年版,第 41 页。
③ 马克思、恩格斯:《共产党宣言》,人民出版社 2018 年版,第 41 页。
④ 马克思、恩格斯:《共产党宣言》,人民出版社 2018 年版,第 51 页。

第一章　马克思、恩格斯与《共产党宣言》

最后，马克思和恩格斯提出了无产阶级在世界范围内的联合。区域范围内的无产阶级革命的胜利无法彻底铲除剥削制度的根源，资本主义制度的传播性是显而易见的，共产党人和无产阶级需要实现世界范围内的团结才能将其彻底推翻，无产阶级的"目的只有用暴力推翻全部现存的社会制度才能达到"。①因此，马克思和恩格斯在文尾向全世界的无产阶级者们发出呼吁："全世界无产者，联合起来！"②

《共产党宣言》节选③

随着资产阶级即资本的发展，无产阶级即现代工人阶级也在同一程度上得到发展；现代的工人只有当他们找到工作的时候才能生存，而且只有当他们的劳动增殖资本的时候才能找到工作。这些不得不把自己零星出卖的工人，像其他任何货物一样，也是一种商品，所以他们同样地受到竞争的一切变化、市场的一切波动的影响。

由于推广机器和分工，无产者的劳动已经失去了任何独立的性质，因而对工人也失去了任何吸引力。工人变成了机器的单纯的附属品，要求他做的只是极其简单、极其单调和极容易学会的操作。因此，花在工人身上的费用，几乎只限于维持工人生活和延续工人后代所必需的生活资料。但是，商品的价格，从而劳动的价格，是同它的生产费用相等的。因此，劳动越使人感到厌恶，工资也就越少。不仅如此，机器越推广，分工越细致，劳动量也就越增加，这或者是由于工作时间的延长，或者是由于在一定时间内所要求的劳动的增加，机器运转的加速，等等。

现代工业已经把家长式的师傅的小作坊变成了工业资本家的大

---

① 马克思、恩格斯：《共产党宣言》，人民出版社2018年版，第65页。
② 马克思、恩格斯：《共产党宣言》，人民出版社2018年版，第66页。
③ 马克思、恩格斯：《共产党宣言》，人民出版社2018年版，第34—38页。

工厂。挤在工厂里的工人群众就像士兵一样被组织起来。他们是产业军的普通士兵，受着各级军士和军官的层层监视。他们不仅仅是资产阶级的、资产阶级国家的奴隶，他们每日每时都受机器、受监工、首先是受各个经营工厂的资产者本人的奴役。这种专制制度越是公开地把营利宣布为自己的最终目的，它就越是可鄙、可恨和可恶。

手的操作所要求的技巧和气力越少，换句话说，现代工业越发达，男工也就越受到女工和童工的排挤。对工人阶级来说，性别和年龄的差别再没有什么社会意义了。他们都只是劳动工具，不过因为年龄和性别的不同而需要不同的费用罢了。

当厂主对工人的剥削告一段落，工人领到了用现钱支付的工资的时候，马上就有资产阶级中的另一部分人——房东、小店主、当铺老板等等向他们扑来。

以前的中间等级的下层，即小工业家、小商人和小食利者，手工业者和农民——所有这些阶级都降落到无产阶级的队伍里来了，有的是因为他们的小资本不足以经营大工业，经不起较大的资本家的竞争；有的是因为他们的手艺已经被新的生产方法弄得不值钱了。无产阶级就是这样从居民的所有阶级中得到补充的。

无产阶级经历了各个不同的发展阶段。它反对资产阶级的斗争是和它的存在同时开始的。

最初是单个的工人，然后是某一工厂的工人，然后是某一地方的某一劳动部门的工人，同直接剥削他们的单个资产者作斗争。他们不仅仅攻击资产阶级的生产关系，而且攻击生产工具本身；他们毁坏那些来竞争的外国商品，捣毁机器，烧毁工厂，力图恢复已经失去的中世纪工人的地位。

在这个阶段上，工人是分散在全国各地并为竞争所分裂的群众。工人的大规模集结，还不是他们自己联合的结果，而是资产阶级联合的结果，当时资产阶级为了达到自己的政治目的必须而且暂时还能够把整个无产阶级发动起来。因此，在这个阶段上，无产者不是同自己的敌人作斗争,而是同自己的敌人的敌人作斗争,即同专制君主制的残余、地主、非工业资产者和小资产者作斗争。因此,整个历史运动都集中在资产阶级手里;在这种条件下取得的每一个胜利都是资产阶级的胜利。

但是,随着工业的发展,无产阶级不仅人数增加了,而且结合成更大的集体,它的力量日益增长,而且它越来越感觉到自己的力量。机器使劳动的差别越来越小,使工资几乎到处都降到同样低的水平,因而无产阶级内部的利益、生活状况也越来越趋于一致。资产者彼此间日益加剧的竞争以及由此引起的商业危机,使工人的工资越来越不稳定;机器的日益迅速的和继续不断的改良,使工人的整个生活地位越来越没有保障;单个工人和单个资产者之间的冲突越来越具有两个阶级的冲突的性质。工人开始成立反对资产者的同盟;他们联合起来保卫自己的工资。他们甚至建立了经常性的团体,以便为可能发生的反抗准备食品。有些地方,斗争爆发为起义。

工人有时也得到胜利,但这种胜利只是暂时的。他们斗争的真正成果并不是直接取得的成功,而是工人的越来越扩大的联合。这种联合由于大工业所造成的日益发达的交通工具而得到发展,这种交通工具把各地的工人彼此联系起来。只要有了这种联系,就能把许多性质相同的地方性的斗争汇合成全国性的斗争,汇合成阶级斗争。而一切阶级斗争都是政治斗争。中世纪的市民靠乡间小道需要几百年才能达到的联合,现代的无产者利用铁路只要几年就可以达到了。

无产者组织成为阶级,从而组织成为政党这件事,不断地由于工人的自相竞争而受到破坏。但是,这种组织总是重新产生,并且一次比一次更强大、更坚固、更有力。它利用资产阶级内部的分裂,迫使他们用法律形式承认工人的个别利益。英国的十小时工作日法案就是一个例子。

旧社会内部的所有冲突在许多方面都促进了无产阶级的发展。

资产阶级处于不断的斗争中：最初反对贵族；后来反对同工业进步有利害冲突的那部分资产阶级；经常反对一切外国的资产阶级。在这一切斗争中，资产阶级都不得不向无产阶级呼吁，要求无产阶级援助，这样就把无产阶级卷进了政治运动。于是，资产阶级自己就把自己的教育因素即反对自身的武器给予了无产阶级。

其次，我们已经看到，工业的进步把统治阶级的整批成员抛到无产阶级队伍里去，或者至少也使他们的生活条件受到威胁。他们也给无产阶级带来了大量的教育因素。

最后，在阶级斗争接近决战的时期，统治阶级内部的、整个旧社会内部的瓦解过程，就达到非常强烈、非常尖锐的程度，甚至使得统治阶级中的一小部分人脱离统治阶级而归附于革命的阶级，即掌握着未来的阶级。所以，正像过去贵族中有一部分人转到资产阶级方面一样，现在资产阶级中也有一部分人，特别是已经提高到能从理论上认识整个历史运动的一部分资产阶级思想家，转到无产阶级方面来了。

第三节　学习与思考

《共产党宣言》的发表是全人类思想史上的伟大事件，伟大的思想家马克思与恩格斯通过《共产党宣言》深刻阐述了马克思主义的基本原理以及马克思主义政党的行为准则，通过历史唯物主义和科学社会主义的原理科学地揭示了资本主义必然灭亡、社会主义必然胜利的历史趋势。作为马克思主义诞生的标志，《共产党宣言》为世界范围内的国际工人运动和社会主义运动提供了科学的、正确的指导，为无产阶级乃至全人类的解放和全面发展开辟了一条全新的光明大道。

第一章 马克思、恩格斯与《共产党宣言》

一 《共产党宣言》的科学真理性和历史地位的确立

首先,《共产党宣言》为世界范围内的无产阶级革命提供了科学的指导。作为被阐明的重要思想之一,科学社会主义在问世后随即成为世界无产阶级开展无产阶级革命的核心指导思想。通过科学社会主义的指导,无产阶级革命者们认识到了资本主义社会内部的矛盾实际上是社会化大生产和生产资料私有制之间的矛盾,这一矛盾是无法被仅着眼于自身利益的资产阶级所调和的,因此资本主义必然走向灭亡的趋势是无法改变的,社会主义战胜资本主义的趋势是无法改变的。同时,作为《共产党宣言》中所阐明的另一个重要思想——阶级斗争学说,亦为无产阶级革命者们提供了无产阶级的特性、使命、具体路径上的指导,呼吁无产者们实现世界范围内的联合,通过暴力革命推翻资产阶级统治并建立无产阶级专政,进而逐步过渡到社会主义社会。

其次,在《共产党宣言》的指导下,人类历史上第一次由马克思主义指导的无产阶级革命尝试——巴黎公社运动于1871年3月展开了。在巴黎公社运动中,即使经历了"流血周"的残酷镇压,被法国资产阶级政府压迫的无产阶级和人民群众依然表现出了极为高昂的革命斗志与热情。由于法国无产阶级在政治上的不成熟和行动上的不充分,巴黎公社运动在两个月后以失败告终,但是却从另一个角度印证了《共产党宣言》的正确性:资本主义社会的矛盾是无法被资产阶级解决的,资产阶级的利益是狭隘的,因此,无产阶级革命的继续是必要的。随后,将巴黎公社运动经验铭记于心的共产党人和无产阶级开展了十月革命这一在人类历史上具有划时代意义的伟大事件。1917年11月7日,共产党人和无产阶级者团结在布尔什维克的旗帜之下,怀揣着高昂的革命斗志一齐涌入冬宫,圣彼得堡燃起的革命之火证明了《共产党宣言》理论的正确性和共产党领导的必要性,深刻鼓舞了世界共产党人和无产阶级。十月革命后,马克思主义传入中国,为当时封建统治阶级昏庸腐朽、民族资产阶级软弱无力的中国带来了新的希望。以《共产党宣言》中的理论为指导，中国共产党人领导着广大人民群众艰苦奋斗，建立了社会主义的中华人民共和国，并将马克思主义同中国的具体国情结合起来，坚定地走向了中国特色社会主义道路。

在我国取得新民主主义革命胜利并走上中国特色社会主义道路后，《共产党宣言》仍然在发挥着重要指导作用。在现如今中国以及国际社会进行社会主义建设的伟大实践中，《共产党宣言》的伟大价值和意义远远没有终结，仍有着极为丰富的时代价值。

首先，共产主义理想尚未实现，但《共产党宣言》所揭示的人类社会的发展规律却无时无刻不在激励着共产党人为了共产主义理想奋斗终身，坚定着共产党人的社会主义信仰。自十月革命胜利以来，马克思主义传入中国，中国共产党人以马克思主义为指导进行了伟大的革命。《共产党宣言》中的相关思想指导着中国共产党和广大人民群众锐意进取，推翻帝国主义、封建主义、官僚资本主义三座大山，成立了中华人民共和国，取得新民主主义革命的基本胜利。中华人民共和国成立后，一代代伟大的领导人们将马克思主义与中国具体实际相结合，创立了毛泽东思想和中国特色社会主义理论体系这两大马克思主义中国化理论成果。当前，中国特色社会主义进入新时代，中国共产党人依然坚持着马克思主义的指导地位，带领着广大人民群众为中华民族伟大复兴而奋斗。

其次，《共产党宣言》中"两个绝大多数"的思想明确了中国共产党为人民服务的根本宗旨和初心使命。"过去的一切运动都是少数人的，或者为少数人谋利益的运动。无产阶级的运动是绝大多数人的，为绝大多数人谋利益的独立的运动。"[①]中国共产党人秉持着这一思想，为了人民，依靠人民，将人民群众的利益作为自身的出发点和立足点，并以实现"每个人的自由发展"作为未来社会的最终目标。早在1944年9月8日，毛泽东同志便提出了共产党的宗旨是为人民的利益而奋斗；1981年，邓小平同志在《邓小平文集》的序言中写下了"我是中国人民的

---

① 马克思、恩格斯：《共产党宣言》，人民出版社2018年版，第39页。

儿子，我深情地爱着我的祖国和人民"；在党的十七大中，胡锦涛同志明确指出科学发展观的核心是以人为本；在党的十九届六中全会审议通过的《中共中央关于党的百年奋斗重大成就和历史经验的决议》中，习近平总书记更是指出"时代是出卷人，我们是答卷人，人民是阅卷人"①。历代领导人的思想无不在散射着《共产党宣言》中坚守人民立场的思想。

最后，《共产党宣言》亦为中国共产党的自身建设提供了指引。《共产党宣言》中关于无产阶级政党建设的理论是极为丰富的，如共产党人的性质、历史使命和革命路径等，这些思想都为中国共产党的建设与发展奠定了极为扎实的理论基础。自1921年中国共产党成立以来，中国共产党人坚持以《共产党宣言》中的党建思想为指导，不断推进党的建设向前发展，维护着中国共产党的先进性与纯洁性。进入中国特色社会主义新时代，中国共产党人仍面临着来自西方资本主义国家的遏制、党内个别成员的懈怠等方面的挑战，在这一背景下，以习近平同志为核心的党中央将全面从严治党列入治国理政战略布局，坚持在《共产党宣言》中党建思想的指导下推动党的建设与发展。

《共产党宣言》的历史意义和时代价值并不局限于上述内容，作为最具影响力的思想著作之一，其仍有着丰富的理论财富和思想宝藏等待挖掘。在21世纪的今天，国际环境和时代主题相较于《共产党宣言》成文的1848年早已发生了翻天覆地的变化，但是《共产党宣言》中所阐明的科学社会主义思想与社会主义、共产主义的理想仍是世界范围内共产党人和无产者的指导思想与奋斗目标，其思想光芒在时间的冲刷下依旧闪耀。因此，充分学习《共产党宣言》中的相关思想，坚持马克思主义的指导地位，树立共产主义远大理想，对我们来说尤为必要。

---

① 《习近平谈治国理政》第三卷，外文出版社2020年版，第70页。

二 拓展与思考

1. "两个必然"思想具体是指哪两个"必然"?
2. 无产阶级革命是否具有必然性,其革命的方式是什么?
3. 阐述《共产党宣言》在马克思主义理论体系中的地位。

第二章　马克思与《国际工人协会成立宣言》

《国际工人协会成立宣言》简称《成立宣言》，是马克思于1864年10月为国际工人协会起草的纲领性文献。

第一节　原著简介

一　马克思简介[①]

卡尔·马克思（1818—1883），世界无产阶级和劳动人民的伟大导师，马克思主义的创始人，于1818年5月5日生于普鲁士特里尔的一个犹太律师家庭。

马克思的童年和中学时期是在故乡特里尔市度过的。特里尔位于德国经济最发达而又深受法国革命影响的莱茵兰—普法尔茨州，自由主义

---

① 夏征农主编：《社会主义辞典》，吉林人民出版社1985年版，第36—40页；《马克思恩格斯全集》第一卷，人民出版社1995年版，前言第1—12页。

思想盛行。马克思在特里尔中学学习期间受到进步思想的熏陶。马克思在中学毕业考试时写的三篇作文，是记述马克思当时思想状况的最早资料。这三篇作文反映了启蒙思想、理性主义和人道主义对他的影响，反映了他的智力发展水平和独立思考的能力。特别是德语作文《青年在选择职业时的考虑》，既表达了少年马克思卓越超群的抱负，又说明他对现实的社会环境抱有冷静客观的态度。他写道："在选择职业时，我们应该遵循的主要指针是人类的幸福和我们自身的完美"，"如果我们选择了最能为人类而工作的职业，那么，重担就不能把我们压倒，因为这是为大家做出的牺牲；那时我们所享受的就不是可怜的、有限的、自私的乐趣，我们的幸福将属于千百万人。"为人类工作这一崇高理想预示了马克思后来思想发展的方向。

1835年秋，马克思进入波恩大学，次年转入柏林大学，学习法学。马克思在柏林大学学习时期是他的思想发展历程中的一个重要阶段。柏林大学是当时德国思想斗争的中心，黑格尔主义在这里占支配地位。黑格尔学派的左翼——青年黑格尔派在柏林十分活跃，其站在资产阶级激进主义立场上批判宗教教条，捍卫信仰自由和新闻出版自由，并力图从黑格尔哲学中引出反对封建专制制度的革命结论。1837年起，马克思接近青年黑格尔派，并成为柏林青年黑格尔派的博士俱乐部的积极成员。1839年起，马克思开始研究古希腊哲学，特别是伊壁鸠鲁哲学。他曾计划撰写一部全面论述伊壁鸠鲁主义、斯多亚主义和怀疑主义的著作。他选择这个题目，显然同青年黑格尔派的政治理论需要相联系，他们想通过阐述亚里士多德以后的古希腊晚期哲学的三个派别——伊壁鸠鲁主义、斯多亚主义和怀疑主义——来论证他们自己的要求个性自由的自我意识哲学、无神论观点和资产阶级民主主义观点。1841年4月，马克思以《德谟克利特的自然哲学和伊壁鸠鲁的自然哲学的差别》这篇论文获得了哲学博士学位，这是他研究古希腊哲学取得的实际成果。

从1842年初起，马克思直接参与现实政治问题的讨论，注意当时紧迫的政治问题。1842年5月，他开始为《莱茵报》撰稿，同年10月15日成了该报编辑。在他的影响下，《莱茵报》由一家自由资产阶级反对派的报纸变成具有鲜明革命民主主义倾向的人民喉舌。马克思在自己的政论文章中把矛头指向普鲁士封建专制制度，要求新闻出版自由，批评普鲁士的书报检查立法，反对查禁进步报刊；批判封建等级代表制，要求建立人民代表制；剖析普鲁士的立法及其思想基础；维护区乡制度改革运动，揭露普鲁士政府想取消进步的城乡权利平等原则的企图；批判普鲁士国家及其社会基础，捍卫全体人民的民主权利。

参加《莱茵报》的工作对马克思的政治和理论发展有着特别重要的意义。他在这里第一次亲身接触各种社会问题和经济问题，要对当时最紧迫的政治问题表明态度，要每天分析社会舆论对各阶级、各政治集团的主张和要求的不同反映，还要对付来自政府当局和书报检查机关的阻挠和迫害以及其他报刊对《莱茵报》的责难和攻击。这就为他提供了施展才干的舞台，使他能够积累社会政治经验，深入体察现实的社会状况，对资产阶级反对派和其他社会阶层提出的基本政治主张和经济要求有了直接的了解和切身的体会，推动他认真地研究社会经济问题，从而突破黑格尔唯心主义的局限，逐步确立他自己的政治和理论观点，并为向唯物主义和共产主义立场的彻底转变做好了准备。

1844年8月，马克思在巴黎同恩格斯会见，从此奠定了两位伟大的革命导师坚贞不渝的战斗友谊。同年，两人在巴黎合著《神圣家族》，尖锐地批判了青年黑格尔派的唯心主义哲学，阐明了人民群众是历史的创造者这一历史唯物主义的基本原理。就在这一年他还写作了《1844年经济学哲学手稿》。1845年，马克思因从事革命活动被逐出巴黎，迁居比利时首都布鲁塞尔，在此居住了三年多，他为制定无产阶级新世界观的科学原理，创建无产阶级政党展开了紧张的活动。1845年，马克思写出了著名的《关于费尔巴哈的提纲》。1845—1846年，他同恩格斯合写了第二部著作《德意志意识形态》，指出物质资料的生产是社会生活的基础，阐明了生产力和生产关系的辩证运动是历史发展的动力，分析了历史上出现的各个社会形态中生产力和生产关系的矛盾运动，论证了人类社会从资本主义过渡到共产主义的历史必然性，第一次提出了工人阶级夺取政权的历史任务。1846年他和恩格斯在布鲁塞尔建立了共产主义通讯委员会。1847年8月，两人共同创办德意志工人协会，以团结工人群众，传播科学社会主义，为此他们同当时流行的蒲鲁东主义、魏特林平均共产主义及德国"真正的社会主义"进行了激烈的斗争，扩大了社会主义的阵地。

1847年，马克思写了《哲学的贫困》一书，揭露和批判了蒲鲁东的小资产阶级社会主义，论述了辩证唯物主义和历史唯物主义的基本原理，提出了关于剩余价值的一些最初原理，并在全新的基础上开始制定无产阶级的政治经济学，指出在存在阶级对抗的社会里，暴力革命是不可避免的。在布鲁塞尔，马克思结识了威廉·沃尔夫等一批忠诚的共产主义战士。就在这一年春天，他应邀加入正义者同盟并将该同盟改组为共产主义者同盟。1847年12月—1848年1月，受"同盟"第二次代表大会的委托，同恩格斯一起起草了"同盟"的纲领，即举世闻名的《共产党宣言》，第一次全面、系统、完整、严密地阐明了马克思主义的世界观。《共产党宣言》提出了资本主义灭亡和社会主义胜利的历史必然性，无产阶级的伟大历史使命，阶级斗争对阶级社会发展的推动作用，暴力革命和无产阶级专政的必然性，无产阶级政党的基本原理和马克思主义的策略原则，它号召全世界无产者联合起来共同砸碎旧世界。《共产党宣言》的发表，标志着一种全新的思想体系——科学社会主义理论的诞生。

1848年2月，法国爆发了资产阶级民主革命，并迅速扩展到德国。马克思和恩格斯立即决定回国参加这场反对普鲁士专制主义的斗争，二人一起拟定了德国无产阶级在这次革命中的政治纲领和策略路线，并将三四百名"同盟"盟员逐个秘密送回德国参加斗争。4月初，他和恩格斯也回到德国，在科伦创办《新莱茵报》，以报纸为喉舌进行广泛的革命宣传，团结、指导群众进行反对专制制度的斗争，并通过报纸同各国民主派取得广泛联系。1849年革命失败，马克思被逐出普鲁士，几经周折于1849年8月底到伦敦定居。

从19世纪50年代起欧洲工人运动进入低潮，马克思根据当时形势的特点，以及"共产主义者同盟"的实际状况，决定改组"同盟"，同时着手总结这次革命的经验,加紧理论研究,积极培养工人运动的骨干。流亡生活和无固定收入使马克思一家的经济生活处于十分艰难的状态,主要是依靠恩格斯的无私援助才渡过重重难关。尽管如此,他丝毫没有动摇对事业的信念,没有放松自己的理论研究,相反在自己的家里热情接待流亡的国际革命战士,提高他们的觉悟,鼓舞他们的斗志,为他们解决流亡中的生活难题。1850年1月至同年11月,马克思写成《1848年至1850年的法兰西阶级斗争》,第二年初又写了《路易·波拿巴的雾月十八日》。这两部著作深刻地论述了阶级斗争和社会革命对历史发展的推动作用,提出了革命是历史的火车头的重要论点,第一次提出了无产阶级专政的科学概念,作出了无产阶级革命必须打碎资产阶级国家机器的结论,此外还阐述了无产阶级革命、工农联盟、不断革命等一系列原理,发展了科学社会主义理论。

19世纪50年代以后,马克思的理论研究主要集中于政治经济学领域。1859年发表《政治经济学批判》,第一次叙述了他的价值理论,并在这篇著作的序言里对历史唯物主义作了经典的表述。1867年,马克思发表《资本论》第一卷。马克思在这部不朽著作中从分析资本主义社会最常见的商品开始,揭露了资本主义经济运动的规律及其不可克服的内在矛盾,创立了剩余价值学说,论证了资本主义必然灭亡,社会主义必然胜利的规律,使社会主义学说牢牢地置于科学基础之上。在《资本论》中,马克思从研究资本主义发展的趋势出发,对未来共产主义社会的基本轮廓作了科学的描述。《资本论》第一卷出版后,马克思继续致力于之后各卷的写作和加工,但未能赶在生前出版。

从1851年起到1862年止,马克思为《纽约每日论坛报》和其他一些国家的报纸撰稿,阐述了他对各种重大国际政治问题的精辟见解。在这一时期的许多文章中,他热情支持殖民地半殖民地人民的革命斗争,强烈谴责沙皇俄国和西方资本主义国家对殖民地附属国的野蛮掠夺,号召资本主义国家的无产阶级支持殖民地、附属国的民族解放运动,提出了资本主义国家的无产阶级革命和殖民地民族解放运动是互相支持和互相制约的卓越见解。1850—1870年,马克思同住在曼彻斯特的恩格斯保持密切的联系，几乎天天通信，共同切磋各种政治、经济、社会和自然科学中的问题。这一时期，马克思还同各国工人运动的领导人继续保持联系，帮助他们提高理论水平，指导他们解决理论的和实践的问题。

19世纪60年代初，国际工人运动重趋高涨，1864年9月28日在伦敦建立了国际工人协会即第一国际，马克思成为国际的领导人，并同当时工人运动中的非科学的社会主义派别（蒲鲁东、巴枯宁、工联主义和拉萨尔派）展开了原则斗争，为马克思主义在国际工人运动中的统治地位奠定了基础。

1870年，普法战争爆发，马克思密切关注局势的发展，于7月和9月先后发表了两篇关于普法战争的宣言，以国际主义精神教育德法两国无产阶级。1871年3月18日，法国爆发了巴黎公社革命，马克思对巴黎无产阶级的革命首创精神给予高度评价，热情歌颂和积极支持巴黎公社。公社失败后，马克思强烈谴责梯也尔政府对公社社员的罪行，揭露各国资产阶级政府对巴黎公社的污蔑，并发动各国工人阶级援助逃亡出来的公社社员。在巴黎公社失败的第三天，马克思即在国际总委员会上宣读了《法兰西内战》一书，全面、深刻地总结了巴黎公社的经验，进一步发展了无产阶级革命和无产阶级专政的理论，丰富了马克思主义的国家学说。他指出："工人阶级不能简单地掌握现成的国家机器，并运用它达到自己的目的。"无产阶级必须用革命暴力打碎旧的国家机器，实行无产阶级专政。巴黎公社这种新型的国家政权，是"终于发现的、可以使劳动在经济上获得解放的政治形式"。同年9月，马克思在《纪念国际成立七周年》大会上讲话时指出："无产阶级专政的首要条件就是无产阶级的军队，工人阶级必须在战场上争得自身解放的权利。"

19世纪70年代初，德国工人运动中的两派——爱森纳赫派和拉萨尔派进行合并，爱森纳赫派醉心于形式上的团结，向拉萨尔派作了无原则的让步，在由他们起草的纲领草案中充满拉萨尔派的机会主义观点。对此，马克思写了《哥达纲领批判》，对纲领草案作了无情的揭露和批判。在批判中进一步发展了马克思主义的基本原理，第一次提出了过渡时期的理论，指出："在资本主义社会和共产主义社会之间，有一个从前者变为后者的革命转变时期。同这个时期相适应的也有一个政治上的过渡时期，这个时期的国家只能是无产阶级的革命专政。"马克思还将共产主义社会明确划分为高级和低级两个阶段。

1876—1878 年马克思对小资产阶级社会主义者杜林进行了批判。1879 年，马克思同恩格斯一起写了著名的《给奥·倍倍尔、威·李卜克内西、威·白拉克等人的通告信》，严厉批判了德国社会民主党内以伯恩施坦、赫希柏格、施拉姆为代表的苏黎世三人团的右倾机会主义错误。这一时期他对法、英、美等国的工人运动中的机会主义派别也毫不含糊地予以揭露和批判。

长期艰苦的物质生活、紧张繁重的理论研究和实际工作损害了马克思的健康，他久病不愈，于 1883 年 3 月 14 日在伦敦寓所逝世。恩格斯在他墓前的讲话中指出：马克思是一位巨人，也是一位科学巨匠，他发现了人类历史的发展规律，还发现了资产阶级社会运动的规律，然而"马克思首先是一个革命家。以某种方式参加推翻资本主义社会及其所建立的国家制度的事业，参加赖有他才第一次意识到本身地位和要求，意识到本身解放条件的现代无产阶级的解放事业，——这实际上就是他毕生的使命"。

二 时代背景

国际工人协会是在国际工人运动重新高涨，各国无产阶级迫切要求加强国际团结的形势下成立的。在 1848 年革命失败后的政治反动时期，欧洲工人运动被迫转入低潮。但是，革命沉重地打击了封建势力，加快了各国工业革命的步伐，使资本主义在欧洲得到迅速发展，资本主义世界市场已经形成，各国之间的经济、文化联系进一步加强，特别是无产阶级队伍在各国普遍壮大。1857—1859 年资本主义经济危机爆发以后，欧洲各国无产阶级同资产阶级的阶级矛盾激化，工人运动重新高涨。无产阶级在斗争中提高了觉悟，逐渐认识到加强国际团结的必要性。特别是在经济危机年代里，资本家经常从外国招雇工人以破坏本国工人的罢工斗争,这就促使各国工人感到必须团结起来以进行反对资本家的共同斗争,"全世界无产者,联合起来!"的战斗口号日益为千百万工人群众所理解和接受。建立一个工人阶级的国际组织已经成为普遍的迫切要求。

但是,当时马克思主义在工人运动中还不占统治地位,英国工联主义、法国的蒲鲁东主义、德国的拉萨尔主义还影响和控制着各国的工人运动。在这种情况下,马克思和恩格斯一方面要把工人的国际团结愿望从组织上固定下来,另一方面则要用科学共产主义从思想上武装广大工人群众,以便有利于开展反对各种非科学社会主义流派的斗争。为此,马克思和恩格斯进行了大量的工作。

1864年9月28日,英国、法国、德国、意大利、波兰以及爱尔兰的工人代表,在伦敦圣马丁堂举行大会,支援波兰人民起义。马克思应邀出席了大会。大会决定成立国际性的工人组织,并选出由各国代表组成的临时中央委员会(1866年底改称总委员会)。在10月11日的委员会会议上,这个组织正式被定名为国际工人协会,简称国际(即"英特纳雄耐尔")。在1889年第二国际成立以后,该组织又被称为第一国际。马克思受国际工人协会的委托,起草了《国际工人协会成立宣言》(简称《成立宣言》)和《国际工人协会共同章程》(简称《共同章程》)。马克思认为,"……成立国际是为了用工人阶级的真正的战斗组织来代替那些社会主义的或半社会主义的宗派"[1],"国际的任务就是为迎接即将到来的斗争,把工人阶级的力量组织并联合起来"[2]。但是,马克思考虑到当时工人运动的水平和各国工人运动的复杂情况,认为"要把我们的观点用目前水平的工人运动所能接受的形式表达出来,那是很困难的事情"[3]。为了有利于把各国正在战斗的整个无产阶级团结成为一个整体,有利于争取在工联主义、蒲鲁东主义、拉萨尔主义影响下的工人群众,马克思在起草文件时,既坚持了革命原则,又照顾了群众思想水平,做

---

[1] 《马克思恩格斯选集》第四卷,人民出版社2012年版,第496页。
[2] 《马克思恩格斯选集》第三卷,人民出版社2012年版,第1006页。
[3] 《马克思恩格斯全集》第三十一卷,人民出版社1972年版,第17页。

到了"实质上坚决,形式上温和"①,以极其巧妙的行文,使参加国际的一切党派都感到满意。马克思出色地完成了起草任务,使《成立宣言》成为原则性和灵活性相结合的典范。

第二节 《国际工人协会成立宣言》主要内容与观点

一 无产阶级和资产阶级两大对立阶级的对抗

随着资本主义工业的发展,资产阶级的财富与日俱增,工人阶级的生活水平日渐低下。1848年到1864年,随着工业的发展和贸易的扩大,显然工人群众依旧处在贫困的阶层。虽然在1850年英国的一家资产阶级报刊曾预言进出口贸易增加50%就可以消除这个国家的贫困现象,通过这样的谎言来安慰贫苦的工人阶层。工人阶层处在最为艰难的境地,爱尔兰人民逐渐被机器取代,被南部的牧羊场所排挤。连英格兰和苏格兰的最坏的刑事犯都比农业工人的工作轻松,这个最低限度的饮食供给恰巧与被贫困压迫的工人得到的养料相等。"丝织工人、缝纫女工、织手套工人、织袜工人以及其他工人的食物,平均比失业的棉织工人的救济口粮还坏。"②"不仅如此,在调查属于农业人口的家庭时发现,这些家庭有五分之一以上得不到必需的最低限度的含碳食物,有三分之一以上得不到必需的最低限度的含氮食物,并且在三个郡里(伯克郡、牛津郡和萨默塞特郡),缺乏含氮食物是通常的现象。"③

---

① 《马克思恩格斯全集》第三十一卷,人民出版社1972年版,第17页。
② 《马克思恩格斯选集》第三卷,人民出版社2012年版,第3页。
③ 《马克思恩格斯选集》第三卷,人民出版社2012年版,第3页。

伴随着资产阶级财富增多的是工人阶级的贫困和日渐下降的健康度，但是资产阶级依旧不改其本性，为了自己的利益隐瞒事实。财富收入差距的扩大以及土地向少数人的集中，使得资产阶级的脸庞露出了狰狞的笑容。工人付出的劳动远远超过他们得到的食物，工人阶级这种悲惨的境遇不是因为工人的懒惰而造成的，实际情况就是一切场合下劳动人民都处在最为艰难的境地。令人讽刺的是官方认为"不列颠工人的一般状况已经有了改善，并且应当承认这种改善是绝无仅有的，是任何一个国家和任何一个时代都比不上的"[①]。财政大臣被"国家进步"的统计数字弄得眼花缭乱，他得意忘形地喊道："从1842年到1852年，国内应纳税的收入增加了6%……在从1853年到1861年的8年内，如以1853年的收入为基础，这种收入则增加了20%。事实令人惊奇得几乎到了难以置信的程度……财富和实力这种令人陶醉的增长。"[②]但是这所有的一切都仅仅限于资产阶级。

二　工人阶级的经济斗争与政治斗争

贫困的工人阶级逐渐觉醒，为反抗资产阶级展开了长期的斗争，并取得了重大的胜利。自1848年起，资产阶级国家的工业得到了快速的发展，资产阶级的财富迅速得到了积累，但是对于贫困的工人阶级来说，自身的福利没有相应地提高，他们的生活条件几乎没有什么改变。于是工人阶级和资产阶级展开了长期的斗争，短期内取得了一定的成果，但是随着一部分工人阶级被增加的工资所诱惑以及短暂的工人阶级的失利，最终工人阶级退让并败下了阵地。

在1848年开始的革命之后，工人阶级争取到十小时工作法案的通过，这一法案也逐渐扩展到欧洲各地，这是工人阶级一次重大的胜利，是资产阶级政治经济学第一次在工人阶级政治经济学面前的投降。除此

---

① 《马克思恩格斯选集》第三卷，人民出版社2012年版，第4页。
② 《马克思恩格斯选集》第三卷，人民出版社2012年版，第4页。

之外还有一个重大的胜利就是合作运动，也就是说大规模的生产，并且是按照现代科学要求进行的生产，在没有利用雇佣工人阶级劳动的雇主阶级参加的条件下是能够进行的。他们证明：为了有效地进行生产，劳动工具不应当被垄断起来作为统治和掠夺工人的工具；雇佣劳动，也像奴隶劳动和农奴劳动一样，只是一种暂时的和低级的形式，它注定要让位于带着兴奋愉快心情自愿进行的联合劳动。如果合作劳动只是局限在部分范围内，始终不能够解决垄断势力的蔓延，更不能解放群众进而减轻他们贫困的重担，那这种合作劳动的作用是很小的。要解放劳动群众，合作劳动必须在全国范围内发展，因而也必须依靠全国的财力。"但是土地巨头和资本巨头总是要利用他们的政治特权来维护和永久保持他们的经济垄断的。他们不仅不会促进劳动解放，而且恰恰相反，会继续在它的道路上设置种种障碍。"① 马克思指出，无产阶级只有通过推翻资本主义制度，才能结束资产阶级的政治特权，从而实现无产阶级的彻底解放。夺取政权已成为工人阶级的伟大使命。

三 坚定夺取资产阶级政权的伟大使命

工人阶级需要团结一致，坚定信念，以夺取资产阶级的政权为伟大使命。马克思在这里鼓舞工人阶级团结起来，夺取政权就是工人阶级的伟大使命，英国、德国、意大利和法国等国的工人阶级都同时活跃起来而且都在努力从政治上改组工人政党。工人阶级具有人数众多的优势，但是需要组织、引导起来才能够发挥重要作用。所以"1864 年 9 月 28 日在圣马丁堂出席公开大会的各国工人创立了国际协会"。②

马克思鼓舞工人阶级要坚定信念，为争取工人阶级的解放斗争到底。"使西欧避免了为在大西洋彼岸永久保持和推广奴隶制进行可耻的十字军征讨冒险的，并不是统治阶级的智慧，而是英国工人阶级对于他

---

① 《马克思恩格斯选集》第三卷，人民出版社 2012 年版，第 9 页。
② 《马克思恩格斯选集》第三卷，人民出版社 2012 年版，第 10 页。

国际政治原著选读

们那种罪恶的疯狂行为所进行的英勇反抗。欧洲的上层阶级只是以无耻的赞许、假装的同情或白痴般的漠不关心态度来观望俄罗斯怎样侵占高加索的山区要塞和宰割英勇的波兰；这个头在圣彼得堡而爪牙在欧洲各国内阁的野蛮强国所从事的大规模的不曾遇到任何抵抗的侵略，给工人阶级指明了他们的责任，要他们洞悉国际政治的秘密，监督本国政府的外交活动，在必要时就用能用的一切办法反抗它；在不可能防止这种活动时就团结起来同时揭露它，努力做到使私人关系间应该遵循的那种简单的道德和正义的准则，成为各民族之间的关系中的至高无上的准则。"①

《国际工人协会成立宣言》节选②

虽然如此，1848年革命以来的这一段时期还不是白白地过去的。我们这里只指出两件重大的事实。

英国工人阶级经过30年惊人顽强的斗争，利用土地巨头和金融巨头间的暂时的分裂，终于争得了十小时工作日法案的通过。这一法案对于工厂工人在体力、道德和智力方面引起的非常良好的后果，在工厂视察员每半年一次的报告书中都曾指出过，现在已经为大家所公认。欧洲大陆上的大多数政府都不得不在作了或多或少的修改之后采用了英国的工厂法，而英国议会本身也不得不每年扩大这一法律的应用范围。但是工人的这一措施的奇迹般的成就，除了有实际的重要性以外，还有另一个重大的意义。资产阶级通过自己颇有名气的学者如尤尔博士、西尼耳教授及其他同类聪明人的口屡次预言，并且不停地重复说：对于工时的任何立法限制都必然要为不列颠工业敲起丧钟；不列颠工业像吸血鬼一样，只有靠吮吸人血，其中也有儿童的血，才能生存。古时杀害儿童是崇拜摩洛赫的

---

① 《马克思恩格斯选集》第三卷，人民出版社2012年版，第10—11页。
② 《马克思恩格斯选集》第三卷，人民出版社2012年版，第7—11页。

宗教的神秘仪式，但它只是在一些极隆重的场合下举行，大概一年不过一次；同时摩洛赫并没有表示专爱吃穷人的儿童。这种围绕用立法手段限制工时问题而展开的斗争所以更加激烈，撇开利润贪求者的惊慌不谈，是因为这里的问题涉及一个大的争论，即构成资产阶级政治经济学实质的供求规律的盲目统治和构成工人阶级政治经济学实质的由社会预见指导社会生产之间的争论。因此，十小时工作日法案不仅是一个重大的实际的成功，而且是一个原则的胜利；资产阶级政治经济学第一次在工人阶级政治经济学面前公开投降了。

但是，劳动的政治经济学对财产的政治经济学还取得了一个更大的胜利。我们说的是合作运动，特别是由少数勇敢的"手"独力创办起来的合作工厂。对这些伟大的社会试验的意义不论给予多么高的估价都是不算过分的。工人们不是在口头上，而是用事实证明：大规模的生产，并且是按照现代科学要求进行的生产，没有那个雇佣工人阶级的雇主阶级也能够进行；他们证明：为了有效地进行生产，劳动工具不应当被垄断起来作为统治和掠夺工人的工具；雇佣劳动，也像奴隶劳动和农奴劳动一样，只是一种暂时的和低级的形式，它注定要让位于带着兴奋愉快心情自愿进行的联合劳动。在英国，合作制的种子是由罗伯特·欧文播下的；大陆上工人进行的试验，实质上是从并非1848年发明的，而是1848年大声宣布的理论中得出的实际结论。

同时，1848年到1864年这个时期的经验毫无疑问地证明，不管合作劳动在原则上多么卓越，在实际上多么有效，只要它仍然限于个别工人的偶然努力的狭隘范围，就始终既不能阻止垄断势力按照几何级数增长，也不能解放群众，甚至不能显著地减轻他们的贫困的重担。也许正是由于这种原因，那些面善口惠的贵族，资产阶级的慈善空谈家，以至机灵的政治经济学家，先前在合作劳动制处于萌芽状态时曾枉费心机地想要把它铲除，嘲笑它是幻想家的空想，咒骂它是社会主义者的邪说，现在都突然令人作呕地捧起场来了。要解放劳动群众，合作劳动必须在全国范围内发展，因而也必须依靠全国的财力。但是土地巨头和资本巨头总是要利用他们的政治特权来维护和永久保持他们的经济垄断的。他们不仅不会促进劳动解放，而且恰恰相反，会继续在它的道路上设置种种障碍。请回忆一下帕麦斯顿勋爵在最近一次议会会议上攻击爱尔兰租佃者权利法案维护者的嘲弄口气吧。他大喊道：下院是土地所有者的议院。

所以，夺取政权已成为工人阶级的伟大使命。工人们似乎已经了解到这一点，因为英国、德国、意大利和法国都同时活跃起来了，并且同时都在努力从政治上改组工人政党。

工人的一个成功因素就是他们的人数；但是只有当工人通过组织而联合起来并获得知识的指导时，人数才能起举足轻重的作用。过去的经验证明：忽视在各国工人间应当存在的兄弟团结，忽视那应该鼓励他们在解放斗争中坚定地并肩作战的兄弟团结，就会使他们受到惩罚——使他们分散的努力遭到共同的失败。这种认识促使1864年9月28日在圣马丁堂出席公开大会的各国工人创立了国际协会。

还有一个信念鼓舞着这次大会的参加者。

工人阶级的解放既然要求工人们兄弟般的合作，那么在那种为追求罪恶目的而利用民族偏见并在掠夺战争中洒流人民鲜血和浪费人民财富的对外政策下，他们又怎么能完成这个伟大任务呢？使西欧避免了为在大西洋彼岸永久保持和推广奴隶制进行可耻的十字军征讨冒险的，并不是统治阶级的智慧，而是英国工人阶级对于他们那种罪恶的疯狂行为所进行的英勇反抗。欧洲的上层阶级只是以无耻的赞许、假装的同情或白痴般的漠不关心态度来观望俄罗斯怎样侵占高加索的山区要塞和宰割英勇的波兰；这个头在圣彼得堡而爪牙在欧洲各国内阁的野蛮强国所从事的大规模的不曾遇到任何抵抗的侵略，给工人阶级指明了他们的责任，要他们洞悉国际政治的秘密，监督本国政府的外交活动，在必要时就用能用的一切办法反抗它；在不可能防止这种活动时就团结起来同时揭露它，努力做到使私人关系间应该遵循的那种简单的道德和正义的准则，成为各民族之间的关系中的至高无上的准则。

为这样一种对外政策而进行的斗争，是争取工人阶级解放的总斗争的一部分。

第三节　学习与思考

一　《国际工人协会成立宣言》的历史贡献

第一，《国际工人协会成立宣言》是国际无产阶级的纲领性文件之一，是无产阶级的战斗组织和领导核心，深刻地说明了国际无产阶级团结的意义。马克思于1864年10月写的《国际工人协会成立宣言》，被收入《马克思恩格斯选集》（2012年版）第三卷。第一国际是马克思主义与工人运动相结合的产物，是国际无产阶级第一个群众性的革命组织。《国际工人协会成立宣言》是马克思为第一国际制定的国际无产阶级的第二份纲领性文件，而第一个纲领性文件是《共产党宣言》。

《国际工人协会成立宣言》是无产阶级革命的战斗组织和领导核心。该宣言所传达的思想与《共产党宣言》所宣扬的基本思想一脉相承，简要地阐明了国际工人协会成立的目的和意义。深刻地指出无产阶级与资产阶级之间的根本对立，这是资本主义生产方式导致的必然结果，同时也肯定地说明了工人运动在1848年革命失败之后在与资产阶级长期斗争过程中所取得的成就，也就是十小时工作法案以及合作运动，最终表明无产阶级只有推翻资本主义制度，建立无产阶级专政才能实现无产阶级的解放，工人们不能对资产阶级抱有任何幻想。为此，工人们需要科学的共产主义指导工人运动，用科学的社会主义武装工人阶级。全世界无产者联合起来。工人阶级必须同资产阶级利用民族偏见来压迫和奴役各国人民的罪恶目的进行坚决的斗争，要把这一斗争看作是"至高无上的准则"，强调了国际工人阶级团结的重要意义。

第二，《国际工人协会成立宣言》极大地团结鼓舞了广大的工人阶级，为实现无产阶级的伟大使命指明了方向。《国际工人协会成立宣言》在坚持科学社会主义基本原理的基础上，深刻阐述了无产阶级革命斗争的历史使命和根本目标，紧密结合了工人阶级经济斗争和政治斗争的实践，充分考虑了工人阶级的知识水平和理解能力，满足了各国工人阶级希望加强国际团结的迫切要求和现实需要，正确指导了国际工人运动沿着正确的道路向前发展。可以说没有马克思亲自起草的《国际工人协会成立宣言》等团结广大工人阶级的纲领性文件，就不会有国际工人协会沿着正确道路向前发展的可能。[①]

第三，《国际工人协会成立宣言》中蕴含了初期的马克思主义国际法的重要思想。《成立宣言》写道："野蛮强国所从事的大规模的不曾遇到任何抵抗的侵略，给工人阶级指明了他们的责任，要他们洞悉国际政治的秘密，监督本国政府的外交活动，在必要时就用能用的一切办法反抗它；在不可能防止这种活动时就团结起来同时揭露它，努力做到使私人关系间应该遵循的那种简单的道德和正义的准则，成为各民族之间的关系中的至高无上的准则。"[②] 这里提出的私人关系应该遵循的那种道德和正义的准则在国家间的运用，包括这样一些内容："维护世界和平，反对侵略战争；坚持各民族平等，反对民族压迫和民族偏见；坚持和维护各国工人的兄弟般团结，反对分裂等。"这些都是马克思主义国际法的重要思想。

[①] 岳鹏、王媛：《卡尔·马克思〈国际工人协会成立宣言〉的基本思想及其现实启示》，《长春大学学报》2016年第11期。
[②] 《马克思恩格斯选集》第三卷，人民出版社2012年版，第10—11页。

二 拓展与思考

1. 结合工业革命期间工人阶级悲惨境遇的案例，论述资产阶级的贪婪性与疯狂性。

2. 结合中国共产党的革命历程，分析说明马克思所阐述的"工人阶级要战胜资产阶级必须有组织地团结起来"的论断。

第三章 列宁与《帝国主义是资本主义的最高阶段》

《帝国主义是资本主义的最高阶段》是对马克思主义的新发展,是对资本主义垄断阶段的权威论述,为十月革命后在世界范围内开展的民族主义革命和社会主义革命提供了关键性指导。当今世界,垄断资产阶级的掠夺行径被跨国投资等各种形式粉饰,但其帝国主义本质仍存。因此,研读《帝国主义是资本主义的最高阶段》,深刻认识资本主义垄断阶段的本质,对我们仍有重要意义。

第一节 时代背景

1917年十月革命爆发前,俄国国内社会环境动荡不安。自十余年前的莫斯科起义后,俄国民众一直饱受社会动荡之苦,暴力阴霾在其头顶久久不散;1907年,崇尚专制和暴力的斯托雷平掌管政治大权,经济上奉行的寡头资本主义政策虽然带来了经济上的进步,但同样导致了社会贫富差距扩大;第一次世界大战爆发后,沙皇不顾群众的反对毅然宣战,结果却在战场节节败退……一场轰轰烈烈的大革命正在悄无声息

第三章　列宁与《帝国主义是资本主义的最高阶段》

地酝酿着。在此背景下，1915年12月，俄国孤帆出版社计划出版《战前和战时的欧洲》系列书籍，并邀请列宁为其撰写导言。

列宁出生于1870年的俄国，彼时俄国国内社会正在经历由资本主义向帝国主义的转变，因此自其学术工作开始便以帝国主义为研究主题，如《马克思主义与修正主义》（1908年）、《第二国际的破产》（1915年）等文章都涉及了帝国主义的相关理论。这篇应邀撰写的导言亦是如此，列宁分析了近半个世纪以来资本主义的发展状况，围绕帝国主义的特征、定义、地位等进行了详尽论述，最终于1916年6月成文《帝国主义是资本主义的最高阶段》作为《战前和战时的欧洲》系列书籍导言。

列宁在写作《帝国主义是资本主义的最高阶段》的20世纪初，资本主义世界、国际社会、国际共产主义运动都在经历剧变。

一　列宁简介[①]

列宁（弗拉基米尔·伊里奇·列宁，1870—1924），原姓乌里扬诺夫。全世界无产阶级和劳动人民的伟大导师和领袖，列宁主义的创始人。

1870年4月22日，列宁生于俄国辛比尔斯克（今乌里扬诺夫斯克）的教育工作者家庭。1887年中学毕业后，列宁进入喀山大学法律系，数月后因参加学生革命运动而被捕流放。1888年秋，列宁回到喀山，开始研究马克思的《资本论》，并加入马克思主义小组。一年后，来到萨马拉（今古比雪夫），组织了当地的第一个马克思主义小组。1893年8月，列宁迁居彼得堡。1895年，列宁将彼得堡所有的马克思主义工人小组统一起来，创立"工人阶级解放斗争协会"。这个斗争协会是俄国无产阶级政党的萌芽。同年12月列宁被捕入狱，1897年1月被流放到西伯利亚东部。1899年列宁写成《俄国资本主义的发展》，阐

[①] 夏征农主编：《社会主义辞典》，吉林人民出版社1985年版，第207—209页。

明了俄国革命的不可避免性。1900年初列宁从流放地归来，7月出国。同年12月，他创办的第一份马克思主义者的全俄政治报——《火星报》——在德国慕尼黑出刊。

1903年7月，列宁出席俄国社会民主工党第二次代表大会，经过斗争，大会通过的党纲把建立无产阶级专政作为党的最高纲领，在国际共产主义运动史上第一次把无产阶级专政列入党纲。在讨论党章时与马尔托夫发生尖锐的分歧，党内形成了拥护列宁的多数派——布尔什维克，和拥护马尔托夫的少数派——孟什维克。

1905年初，俄国爆发第一次资产阶级民主革命，列宁于该年7月写成《社会民主党在民主革命中的两种策略》，对党在民主革命中的策略作了深刻论证，11月由国外回到彼得堡，直接领导革命斗争。革命失败后，1907年12月，根据党的决议，列宁再度出国。在反动年代里，他领导布尔什维克党实行秘密工作和合法工作相结合的策略，开展对取消派和召回派的斗争，同时，为了粉碎俄国马赫主义者对马克思主义哲学的攻击，于1908年写成《唯物主义和经验批判主义》，捍卫和发展了马克思主义政党的理论基础。1912年1月，俄国社会民主工党第六次代表会议在布拉格主持召开，此次会议把孟什维克清除出党，布尔什维克党遂正式成为一个独立的政党。

1914年7月第一次世界大战爆发以后，列宁坚持无产阶级国际主义，团结各国革命左派，对第二国际机会主义领导公开站到资产阶级政府一边，堕落成为社会帝国主义者的叛徒行径进行坚决的斗争，提出"变帝国主义战争为国内战争"的革命口号，制定了大战期间马克思主义对于战争、和平革命问题的理论和策略。他在1915年8月写成的《论欧洲联邦口号》中第一次提出了社会主义可能首先在少数甚至在单独一个资本主义国家内获得胜利的重要原理。

1916年，列宁写成《帝国主义是资本主义的最高阶段》，全面分析了帝国主义的本质、特征和矛盾，揭示了帝国主义的历史地位，指出帝国主义是无产阶级社会革命的前夜。1917年俄国二月革命后，列宁于4月初从瑞士回到彼得格勒，发表著名的《四月提纲》，为党和俄国工人阶级明确制定了从资产阶级民主革命过渡到社会主义革命的方针。

1917年7月，资产阶级临时政府下令逮捕列宁，列宁被迫转入地下活动。在匿居期间，继续领导党的活动，并制定武装起义的具体计划，还写成著作《国家与革命》。10月7日，列宁秘密回到彼得格勒，亲自领导起义。10月下旬，列宁在全俄第二届苏维埃代表大会上作报告，提出具有历史意义的《和平法令》和《土地法令》草案，为大会通过后公布。11月7日，十月社会主义革命胜利。这次大会成立了第一届苏维埃政府，即人民委员会，列宁被选为人民委员会主席，肩负起领导全党、全国人民、巩固苏维埃政权、建设社会主义的重任。从1918年初开始，英、法、美、日等协约国干涉军先后进犯苏维埃国家，国内地主资产阶级在各地发动武装叛乱。在极其艰难的条件下，列宁领导苏维埃各族人民，积极组织红军，坚决同国内外敌人进行斗争。1918年3月，列宁主持缔结了《布列斯特和约》，使新生的苏维埃政权获得喘息时机。同年8月，列宁因遭社会革命党反革命分子的暗杀而受重伤。1919年3月，列宁主持召开共产国际（第三国际）成立大会。1920年12月全俄苏维埃第八次代表大会通过在列宁领导下制订的俄国电气化计划，列宁在大会报告中称这个计划是"第二个党纲"。

1921年3月，在俄国共产党（布尔什维克）第十次代表大会上，列宁提出用新经济政策代替战时共产主义政策。在巩固工农联盟的基础上，用"新的迂回方法"夺取资本主义阵地，使俄国逐步过渡到社会主义。1922年底，列宁健康状况恶化。在休养期间，列宁口授了《论合作制》《论我国革命》《宁肯少些，但要好些》等重要论文，对俄国共产党和苏维埃国家的工作，对俄国社会主义革命和建设，留下了许多极为宝贵的指示。

列宁对全世界被压迫民族和人民予以极大的同情和支持，号召全世界无产者和被压迫民族联合起来，为创建新世界而斗争。1924年1月21日，列宁在莫斯科附近的哥尔克村逝世。他的著作是马克思主义理论宝库的重要组成部分，已编成五十五卷俄文版《列宁全集》。

二　资本主义世界由自由竞争向垄断转变

工业革命不仅为人类社会带来了蒸汽机等高效的生产工具，更成为资产阶级的政治"扩音器"。工业革命以来，生产效率的提升为资产阶级的资本积累提供了极大便利，财富的积累与政治权力的篡夺同时进行。此时的资本主义世界尚处于自由竞争阶段：为努力实现工业化，资本家们不断从劳动力身上榨取剩余价值，进而实现自身资本增殖的目的。为扩大这种增殖的效率，加大压榨劳动力的力度，资本家们将重心转移到了资本等更为广泛的目标身上。于是，大量通过压榨获取的剩余价值经由积累转变为资本，生产规模随之扩大，通过可变资本催生不变资本的增长。此时，处于自由竞争阶段下的资本主义规模相对较小，扩张、垄断、兼并等现象并不多见，资本主义的剥削本质并未完全体现。

自由竞争的趋势是大企业吞并中小企业，进入19世纪60年代，资本主义的自由竞争道路也走到了尽头：一方面，电力革命的兴起再度刺激了生产效率的激增，大量资本的积累为产业规模的扩大以及兼并垄断行为的出现提供了条件；另一方面，资本主义社会的周期性经济危机如约而至，危机意识驱使资本家们纷纷扩大规模以谋求自身地位的稳固。此时的资本主义社会经济正在由自由竞争阶段向垄断阶段过渡，垄断组织纷纷出现并迅速发展。至20世纪初期，垄断已成为资本主义社会经济生活中的关键词，金融、工业等诸多部门接连沦为垄断组织的傀儡。"垄断既然已经形成，而且操纵着几十亿资本，它就绝对不可避免地要渗透到社会生活的各个方面去，而不管政治制度或其他任何'细节'如何。"[1]因此，不仅是经济生活，国家政治生活也被少数资本家们掌握，进而为其资本增殖提供便利。在经历过由自由竞争向垄断的转变之后，帝国主义眉目初现。

---

[1] 列宁：《帝国主义是资本主义的最高阶段》，人民出版社2020年版，第55页。

马克思与恩格斯处于资本主义的自由竞争阶段,并未经历过其向垄断阶段的转折,因此其理论并不能预先认识到帝国主义的相关特征。而对于资本主义世界由自由竞争向垄断的转变的观察则为列宁的研究提供了丰富的现实资料,在马克思主义基本原理的基础上,《帝国主义是资本主义的最高阶段》这一首部系统分析帝国主义特征的著作得以问世。

三 垄断资本的扩张激化阶级矛盾

垄断资本的扩张激化了无产阶级与资产阶级的冲突,生产社会化与生产资料私人占有之间的矛盾难以调和,资本家们带来的金融危机令全社会为之承担后果,经济动荡使得群众的怨恨不断积累,无产阶级开始了同垄断资产阶级以及国内封建残余的斗争。例如1905年12月的莫斯科起义,虽然暴动遭到了血腥镇压,但此类斗争形式开始在俄国社会愈演愈烈。

与此同时,为满足自身对利润与资本扩张的需要,垄断资产阶级开始将其掠夺之手伸向国外,帝国主义国家逐鹿全球,在世界范围内开展殖民地之争。自19世纪80年代至20世纪初,帝国主义国家对亚非拉地区的发展中国家进行了疯狂掠夺,绝大部分国家沦为帝国主义国家的殖民地,其人民处于一片水深火热中。在资本主义国家内部,资本主义与生俱来的不平等性滋生各国内部的经济差距,进而为之带来帝国主义国家间的利益纷争。

海外殖民地被瓜分殆尽,加之无产阶级与资产阶级、殖民国家与被殖民国家、帝国主义国家之间的诸多矛盾层层叠加,随后于1914年爆发了帝国主义列强重新划分势力范围、争夺世界霸权的第一次世界大战。第一次世界大战为世界范围内各国人民带来了深重灾难,人民群众的革命情绪日益高涨。在此背景下,无产阶级革命与民族主义革命同时酝酿,一场世界范围内的大革命蓄势待发。但没有理论指导的革命往往是失败的,无产阶级和被压迫的人民群众亟需理论上的武装以期为日后的革命提供指引,这一现实需求加速了《帝国主义是资本主义的最高阶段》的产生,后来的革命实践亦证明了其理论的正确性。

四 以"考茨基主义"为代表的修正主义盛行

马克思在《资本论》中已认识到资本主义世界由自由竞争向兼并垄断转变的趋势,恩格斯在其晚年同样指出了垄断资本主义出现的可能性,但由于时代限制,他们难以对后来行将发生的革命提前作出理论上的指导。世界范围内无产阶级革命和民族主义革命的开展需要马克思主义理论提供指导,基于此,在马克思与恩格斯去世后,国际共产主义运动在各国理论家和领导人的创新下逐渐分裂成左、中、右三个派别,修正主义在其中不断生根发芽。

左派以"革命之鹰"——罗莎·卢森堡为代表,列宁也在其内。卢森堡认为马克思理论存在不足,社会消费水平有限所导致的资本生产过程中的剩余商品不会完全囤积,进而催生经济危机,资本家同样也会消费这些剩余商品,但这种消费并不能完全解决其内部矛盾,而只是暂时地把这一矛盾推到了下一个过程。卢森堡将资本主义的发展划分为三个阶段,其中帝国主义属于第三个阶段,"帝国主义是资本积累对依然开放的非资本主义环境的竞争性争夺的政治表现"[1]。而这种斗争将伴随着暴力、欺诈等各种非正义性的手段,当这些非资本主义环境被瓜分殆尽时,帝国主义也将走向灭亡,这同列宁对帝国主义的观点相一致,即帝国主义是资本主义的最高阶段,是垄断的、腐朽的、垂死的资本主义。

右派以爱德华·伯恩斯坦为代表。伯恩斯坦认为资本主义的发展也会带来小生产者的福利,他否定资本主义内部的基本矛盾,转而认为兼并、垄断等现象并不存在,所谓的卡特尔、托拉斯只是资本主义生产方式的进化。伯恩斯坦进而认为社会不需要革命,资本主义可以自然而然地过渡到社会主义。

---

[1] [德]罗莎·卢森堡:《资本积累论》,董文琪译,商务印书馆2021年版,第446页。

中派以卡尔·考茨基为首，相较于右派明目张胆地修正马克思主义的伯恩斯坦，考茨基的行径更为狡黠隐蔽。他认为帝国主义是一种特殊的资本主义政策，应该将卡特尔这一形式应用于国际社会中，在垄断资本下通过建立国际联盟实现和平。考茨基巧妙地篡改了马克思主义，掩盖了资本主义社会的内部矛盾，向饱受战争与压迫之苦的无产阶级和群众编造谎言，一度挫败革命热情，将革命引至错误轨道。国际共产主义运动的内部分裂日益加深，以"考茨基主义"为代表的修正主义如同跳梁小丑般质疑着马克思主义理论的科学性，国际共产主义运动在无产阶级革命的未来走向这一问题上踟蹰不前。因此，证明"考茨基主义"的伪科学性，提出科学的、正确的帝国主义理论成为当务之急，这再次向《帝国主义是资本主义的最高阶段》发出呼唤。

第二节 《帝国主义是资本主义的最高阶段》主要内容与观点

从全书结构来看，《帝国主义是资本主义的最高阶段》由两篇序言和十章正文构成，其中序言包括一篇1917年俄文版序言和一篇1920年法文版和德文版序言，十章正文可大致划分为五部分：前六章对帝国主义的五个特征展开论述，第七章对帝国主义进行定义，第八章阐述帝国主义的寄生性和腐朽，第九章对"考茨基主义"展开批判，最后一章阐明帝国主义在历史中的地位。

相较于《帝国主义是资本主义的最高阶段》的正文，序言的撰写时间较晚，成文于十月革命后的一段历史时期。在这一新的历史条件下，列宁再次对其帝国主义理论和唯物史观进行了系统性阐述。在1917年的俄文版序言中，列宁指出本书的目的在于通过马克思主义的视角来说明帝国主义的本质，并且这一过程将由具体史实和统计数据加以支撑。同时，由于成文时期受政府意识形态管控，对于相关政治问题只能通过隐晦的方式表达,即"伊索寓言式的语言"。

在1920年成文的法文版和德文版序言中,列宁重申了本书的目的,即阐明资本主义世界的经济本质,随后针对正文内容进行了以下补充:在论述第一次世界大战的本质后指出,生产资料私有制只要存在,帝国主义战争便不可避免;战争终将引起革命,无产阶级革命也终将胜利;只有明确认识到"考茨基主义"的错误,才能成功且正确地争取到小资产阶级;帝国主义的寄生性和腐朽性在经济上滋生国际共产主义运动中的机会主义思想,机会主义者则是背离了国际共产主义运动的叛徒;"帝国主义是无产阶级社会革命的前夜"[1],帝国主义催生无产阶级社会革命,无产阶级社会革命必然发生。

一 垄断是帝国主义的本质

自由竞争导致生产的集中化,生产集中化导致垄断,资本主义由此演变为帝国主义,因此,帝国主义是资本主义的发展与变体。但帝国主义并没有消除资本主义内部的基本矛盾,它在保留资本主义私有制的基础上承认了生产力的社会化,在生产社会化发展到一定阶段后,资本主义世界的矛盾便会以经济危机的形式表现出来。在帝国主义阶段,虽然垄断资本家们吞并了无数中小型企业,但部分中小型企业仍然存在。因此,资本主义世界内部仍有竞争,且这种竞争程度更为剧烈、主体更为多元、手段更为多样、范围更为广泛。在垄断组织内部,各垄断组织为争夺专利技术、销售市场、生产材料等资源而相互厮杀;在垄断组织外部,垄断组织同那些没有加入其中的外部企业彼此竞争。

基于上述对帝国主义的阐述,列宁对帝国主义作出了以下三个定义。第一,帝国主义是资本主义的垄断阶段。即资本主义世界由自由竞争过渡到垄断阶段时,资本主义也随之转变为帝国主义。第二,帝国主义是发展到垄断组织和金融资本的统治已经确立、资本输出具有突出意

---

[1] 列宁:《帝国主义是资本主义的最高阶段》,人民出版社2020年版,第10页。

义、国际托拉斯开始瓜分世界、一些最大的资本主义国家已把世界全部领土瓜分完毕这一阶段的资本主义。这一定义是对上述帝国主义的五个基本特征的总结。第三,帝国主义是资本主义发展的一个特殊阶段。前两个定义都是对帝国主义经济特征的总结,因此,该定义是列宁为同当前国际共产主义运动中出现的修正主义者、机会主义者们划清界限,说明帝国主义的历史地位而作出的。

二 帝国主义的五个基本特征

正文中,列宁将帝国主义的基本特征归纳为以下五点:"(1)生产和资本的集中发展到这样高的程度,以致造成了在经济生活中起决定作用的垄断组织;(2)银行资本和工业资本已经融合起来,在这个'金融资本的'基础上形成了金融寡头;(3)和商品输出不同的资本输出具有特别重要的意义;(4)瓜分世界的资本家国际垄断同盟已经形成;(5)最大资本主义大国已把世界上的领土瓜分完毕。"[①]

以下针对这五个基本特征进行具体分析。

第一,资本集中形成垄断,垄断组织决定经济生活。列宁引出《资本论》中自由竞争导致生产集中,生产集中导致垄断这一结论,并运用美、英、德三国的数据对这一结论加以证明。在自由竞争中,企业间的竞争规律必然将导致大企业的胜出与中小企业的破产(尤其是在经济危机中),进而出现兼并现象,加速生产的集中。这种集中的程度不断加强,当少数大规模企业联合起来,达到足以操控该部门的生产与销售的程度时,垄断形成。垄断的形成也是从量变到质变的过程,在其形成过程中,生产的集中化导致该部门的必要资本额不断抬升,逐渐高耸的门槛将诸多新兴企业排除在外,同时部门内部的中小企业又因为大企业所具有的原材料、市场等优势而被不断淘汰,此时该部门内仅剩下了为数不多的几个巨型企业,为了避免彼此间的恶性竞争导致两败俱伤,这些

---

① 列宁:《帝国主义是资本主义的最高阶段》,人民出版社2020年版,第87页。

巨型企业达成协议共同控制市场价格。因此，在自由竞争的条件下，生产集中得以产生，并随之形成垄断。

垄断组织的发展历史可划分为三个阶段。首先是19世纪60年代和70年代，此时是自由竞争的最高阶段，垄断组织仍处于萌芽状态；其次是1873年经济危机后，卡特尔（垄断组织的形式之一）作为一种应对经济危机的临时措施得到了一定的发展，但此时的垄断组织仍不稳固，此时也是其发展阶段；最后是19世纪末以及1900—1903年的经济危机，此时卡特尔已然成为资本主义世界经济生活的一种基础，该阶段是垄断组织的成熟阶段，资本主义也在该阶段转化为帝国主义。

第二，银行资本同工业资本融合为金融寡头。资本主义的转变同样带来了金融业的变化。起初，银行只是负责负债业务、贷款业务的"普通的中介人"，在其信贷范围扩散到全社会但自身却被少数机构垄断后，银行成为"万能的垄断者"。生产集中导致大量资本在银行中积累，这些资本再度通过贷款等形式成为生产发展过程中所需的货币资本。银行部门之间同样存在竞争关系，为获得竞争优势，银行通过直接吞并或参与控制中小企业，进而实现资本的集中。"20世纪是从旧资本主义到新资本主义，从一般资本统治到金融资本统治的转折点"[①]，银行业由集中走向垄断。此时的银行已在金融业务中充分掌握了工业资本家们的经济状况，运用控制信贷额度等方式控制这些工业资本家的收入，形成工业资本对银行的依赖。借由这种依赖，银行将工业资本家及其手下的小业主、职员的收入收集起来，实现了自身资本的快速增长，进而得以实现生产资料的分配，但这种分配在本质上是不公平的，是对劳动人民的操控与剥削。"垄断既然已经形成，而且操纵着几十亿资本，它就绝对不可避免地要渗透到社会生活的各个方面去，而不管政治制度或其他任何'细节'如何。"[②] 极少数资本家在垄断国内工业部门后，开始贿赂政府高官、任命亲信参政，通过各种手段控制国家机器，逐步实现对整个社会

---

① 列宁：《帝国主义是资本主义的最高阶段》，人民出版社2020年版，第43页。
② 列宁：《帝国主义是资本主义的最高阶段》，人民出版社2020年版，第55页。

的控制。

第三，资本输出具有特别重要的意义。在自由竞争时期，资本主义主要向海外输出商品，进入垄断时期，资本主义开始向海外输出资本。在 20 世纪初，垄断组织开始遍布各资本主义国家，垄断导致的资本高度集中使得这些资本主义国家内部出现"过剩资本"。

列宁认为，"过剩资本"的产生依赖于远远落后于工业的农业发展水平以及民众落后的生活水平，"过剩资本"当然不会被资本家们用来改善这些落后的国内境况，而是被输出到落后国家，利用国外的落后创造更多的"过剩资本"。一方面，落后国家资本较少，地价低廉，劳动力以及原料的价格都很低，铁路港口等基础设施也都已建设完毕，这为资本输出提供了可能；另一方面，资本主义国家内部的产业集中和资本积累已经过度饱和，针对农业和民众生活条件的落后进行投资的空间已不再宽裕，"剩余资本"需要前往国外寻求投资对象，这是资本输出的必要。而对于资本输出的目标国来说，这种资本输出同时推动了商品输出，进而加强了输出国对输入国的剥削程度。同时，外来资本的大规模涌入也加速了输入国原有自然经济的解体，留下的经济真空被处于资本主义世界经济体系网络中的资本主义商品经济快速填补，输入国的无产阶级和劳动人民因此而受到了本国资本与外国资本的双重剥削，阶级矛盾与民族矛盾愈发剧烈。外来资本逐步控制输入国的经济命脉，但这一过程同时也从侧面加深了帝国主义国家的寄生性与腐朽。

第四，瓜分世界的资本家国际垄断同盟形成。在完成对国内市场和工业部门的控制后，垄断组织开始走向国际，通过国际性协议的达成形成国际卡特尔。资本输出的增长必然会暴露资本主义国家间的矛盾，代表着不同国家的垄断组织间的斗争日益加剧，为了减少此类斗争以便瓜分世界，各垄断组织签订国际协议，成立垄断同盟。作为国际垄断组织的一种，国际卡特尔对商品生产规模、生产技术、专利、销售区域、价格等都进行了规定，进而更好地服务于资本输出。站位于中派的考茨基为国际卡特尔进行了辩护，认为其"给人们带来了资本主义制度下各民族间可以实现和平的希望"。列宁指出，国际卡特尔的建立并不代表各国垄断组织间矛盾的消失，而只是为了更便捷地瓜分世界。这些资本家们为了获得利润而彼此斗争，虽然会在特定阶段相互联合，但其内部的矛盾是始终存在的，资本主义间的争斗也是不会改变的。如果"拿资本家同盟互相进行斗争和订立契约的形式（今天是和平的，明天是非和平的，后天又是非和平的）问题来偷换斗争和协议的内容问题，就等于堕落成诡辩家"。①

第五，世界领土已被资本主义大国瓜分完毕。在帝国主义的资本输出下，世界领土已经被分割完毕，而这种完毕并不代表帝国主义国家在世界范围内权力格局的稳定，由于资本主义内在的不平衡性，这些领土必然得到重新瓜分。当地球上所有无主土地都被霸占完毕后，后续的变化只能是重新分割，即从一个主人转变为另一个主人，而不是由无主地变为有主地。19 世纪 60 年代和 70 年代是资本主义世界自由竞争阶段的顶点，同时也是其殖民地掠夺狂潮的开端。因此，"资本主义向垄断资本主义阶段的过渡，即向金融资本的过渡，是同瓜分世界的斗争的尖锐化联系着的"②。

海外殖民并非帝国主义的特有现象，在资本主义的其他阶段同样存在，但帝国主义的殖民政策有其独特之处：独自占有原料产地的欲望导致殖民地斗争的发生，垄断组织的出现又加剧了这种斗争的剧烈程度，殖民者们拼尽全力最大限度地剥削殖民地，进而提升自身在竞争中的优势。因此，考茨基建议改善农业生产条件、增加原料供应进而促使殖民者放弃殖民政策的观点无非是一种绥靖行为。同时，帝国主义时代科学技术快速发展，昔日无用的土地在今日完全有可能产出原料，殖民者对殖民目标国的剥削将更为全面、更为彻底。资本输出同样会为殖民政策提供动力，其在国内造成的阶级矛盾亦会在国外寻求出路，进而加强对殖民地的掠夺。在殖民过程中，也会造成许多用来过渡的附属国家形式，半殖民地国家是其中的典型。例如清朝末年，彼时的中国在政治上拥有形式上的主权，但其

---

① 列宁：《帝国主义是资本主义的最高阶段》，人民出版社 2020 年版，第 73 页。
② 列宁：《帝国主义是资本主义的最高阶段》，人民出版社 2020 年版，第 76 页。

在经济、外交等诸多方面却被各帝国主义列强操纵。

三 帝国主义的寄生性和腐朽性

垄断是滋生帝国主义寄生性和腐朽性的经济基础。

首先，垄断必然会阻碍技术进步。垄断条件下，垄断组织按照垄断价格买入原料、卖出商品，直接失去了技术进步的动力。同时，为了维护自身的垄断地位，垄断组织也会千方百计地阻碍外部企业的技术进步。帝国主义时期，资本主义世界内部竞争仍存，有竞争便会有技术进步，但在垄断现象下，这种进步始终是不全面的、受阻碍的。

其次，进入帝国主义时期，大量的资本涌入少数帝国主义国家，这些帝国主义国家为实现资本的自我增殖，开始加强对海外的资本输出，导致国内服务业等非生产性部门扩大，服务于殖民的军费增加，这是对劳动力和财富的极大浪费，同时也加强了帝国主义国家对殖民地的寄生性。

再次，垄断资本主义的政治上层建筑，就是从民主制转向政治反动。自由竞争要求民主制，垄断则要求政治反动。在政治上走向反动并不代表着帝国主义势力的扩大，相反，政治上的反动是其腐朽性的生动体现，此时的资本主义世界内部混乱不堪，帝国主义早已奄奄一息，故而帝国主义是资本主义的最后阶段。

最后，获得巨额垄断利润的帝国主义者们也会在经济上收买无产阶级的上层，使无产阶级中形成一个特权阶层，该阶层便是机会主义形成的基础。机会主义者们为了获得帝国主义者抛洒的零星利润，不惜背叛国际共产主义运动，否认资本主义世界的各种矛盾，将社会沙文主义同资产阶级政策结合，为帝国主义者的丑恶行径进行辩护。因此，列宁一针见血地指出："不过不要把反对帝国主义、特别是反对机会主义的那些力量忘掉，这些力量，社会自由主义者霍布森自然是看不到的。"[①]

[①] 列宁：《帝国主义是资本主义的最高阶段》，人民出版社2020年版，第102页。

四 帝国主义是资本主义的最高阶段

垄断资本主义是帝国主义的经济实质，这也决定了其历史地位，即帝国主义阶段是资本主义世界在经过自由竞争阶段后的最高阶段。在帝国主义阶段中，资本主义世界的矛盾更为尖锐，包括无产阶级与资产阶级间的阶级矛盾、帝国主义国家与殖民地半殖民地国家间的民族矛盾以及各帝国主义列强之间的矛盾，这些矛盾不断锐化，只有彻底消灭帝国主义才能将这些矛盾调和。在用垄断取代自由竞争之后，大量资本纷纷涌入少数资本主义国家，这些国家在富裕之后并未放弃对落后农业国家的剥削，利用资本输出等形式寄生于殖民地上，不仅浪费了大量资源，亦激化了民族与阶级矛盾，更加剧了资本主义世界内部的发展不平衡。帝国主义拿出零星的垄断利润收买工人阶级中的上层群体，使其渗透至国际共产主义运动内部为帝国主义辩护，滋生了可憎的机会主义者与修正主义者，必须坚决反对这一群体。因此，就帝国主义的历史地位而言，帝国主义是过渡的资本主义、垂死的资本主义。

五 对帝国主义的批判

列宁首先指出，这种批评并非出于其自身主观意愿的对帝国主义的批评，而是在更为广泛意义上的，出于社会各阶级对帝国主义政策所采取的态度。对于中小资本家而言，他们受大资本家操纵，想要获得几乎被大资本家们瓜分殆尽的残羹剩饭，因此他们用各种方式美化、捍卫帝国主义。在工人阶级中，处于上层的工人阶级被资本家们收买，表面上支持社会主义，实际上却是社会帝国主义者，高举沙文主义的大旗向帝国主义投怀送抱。随后，列宁引用了美、英、德三国小资产阶级的例子，这些小资产阶级们被金融寡头剥削压迫，普遍反对帝国主义，但他们认为可以通过改良的方式对付帝国主义，认为帝国主义并非不可避免，在帝国主义制度下仍有可能实现和平。

第三章　列宁与《帝国主义是资本主义的最高阶段》

试图在保留资本主义的基础上反对帝国主义的温和想法无异于隔靴搔痒，丝毫不能触碰帝国主义的根基，无非一种天真的幻想。例如考茨基所著的《帝国主义》一书，表面上是马克思主义，实则是在助推帝国主义合理化。考茨基提出了花哨的超帝国主义理论，认为帝国主义主要有两方面的表现：统治落后农业地区，同时彼此相互争夺。然而这并不意味着资本主义大限将至，相反，资本主义国家可以将卡特尔运用到国际层面，形成帝国主义的神圣同盟，即超帝国主义。事实上，超帝国主义理论忽视了帝国主义的历史必然性，具有浓厚的改良主义色彩，并未认识到和揭示出帝国主义的反动性、腐朽性和寄生性，进而其理论本身也是反动的。因此，"考茨基主义"在列宁看来"不过是资产阶级的改良主义与和平主义，不过是一种善良而天真的愿望而已。不是充分暴露矛盾的深刻性，而是回避存在的矛盾，忘掉其中最重要的矛盾"[1]，"它同马克思主义毫无共同之点"[2]。

《帝国主义是资本主义的最高阶段》节选[3]

现在我们应当试作一个总结，把以上关于帝国主义的论述归纳一下。帝国主义是作为一般资本主义基本特性的发展和直接继续而生长起来的。但是，只有在资本主义发展到一定的、很高的阶段，资本主义的某些基本特性开始转化成自己的对立面，从资本主义到更高级的社会经济结构的过渡时代的特点已经全面形成和暴露出来的时候，资本主义才变成了资本帝国主义。在这一过程中，经济上的基本事实，就是资本主义的自由竞争为资本主义的垄断所代替。自由竞争是资本主义和一般商品生产的基本特性；垄断是自由竞争的直接对立面，但是我们眼看着自由竞争开始转化为垄断：自由竞

---

[1]　列宁：《帝国主义是资本主义的最高阶段》，人民出版社2020年版，第91页。
[2]　列宁：《帝国主义是资本主义的最高阶段》，人民出版社2020年版，第91页。
[3]　列宁：《帝国主义是资本主义的最高阶段》，人民出版社2020年版，第86—88页。

争造成大生产，排挤小生产，又用更大的生产来代替大生产，使生产和资本的集中达到这样的程度，以致从中产生了并且还在产生着垄断，即卡特尔、辛迪加、托拉斯以及同它们相融合的十来家支配着几十亿资金的银行的资本。同时，从自由竞争中生长起来的垄断并不消除自由竞争，而是凌驾于这种竞争之上，与之并存，因而产生许多特别尖锐特别剧烈的矛盾、摩擦和冲突。垄断是从资本主义到更高级的制度的过渡。

如果必须给帝国主义下一个尽量简短的定义，那就应当说，帝国主义是资本主义的垄断阶段。这样的定义能包括最主要之点，因为一方面，金融资本就是和工业家垄断同盟的资本融合起来的少数垄断性的最大银行的银行资本；另一方面，瓜分世界，就是由无阻碍地向未被任何一个资本主义大国占据的地区推行的殖民政策，过渡到垄断地占有已经瓜分完了的世界领土的殖民政策。

过于简短的定义虽然方便（因为它概括了主要之点），但是要从中分别推导出应当下定义的现象的那些最重要的特点，这样的定义毕竟是不够的。因此，如果不忘记所有定义都只有有条件的、相对的意义，永远也不能包括充分发展的现象一切方面的联系，就应当给帝国主义下这样一个定义，其中要包括帝国主义的如下五个基本特征：（1）生产和资本的集中发展到这样高的程度，以致造成了在经济生活中起决定作用的垄断组织；（2）银行资本和工业资本已经融合起来，在这个"金融资本的"基础上形成了金融寡头；（3）和商品输出不同的资本输出具有特别重要的意义；（4）瓜分世界的资本家国际垄断同盟已经形成；（5）最大资本主义大国已把世界上的领土瓜分完毕。帝国主义是发展到垄断组织和金融资本的统治已经确立、资本输出具有突出意义、国际托拉斯开始瓜分世界，一些最大的资本主义国家已把世界全部领土瓜分完毕这一阶段的资本主义。

下面我们还会看到，如果不仅注意到基本的、纯粹经济的概念（上述定义就只限于这些概念），而且注意到现阶段的资本主义同一般资本主义相比所占的历史地位，或者注意到帝国主义同工人运动中两个主要派别的关系，那就可以而且应当给帝国主义另外下一个定义。现在先必须指出，帝国主义，按上述意义来了解，无疑是资本主义发展的一个特殊阶段。为了使读者对于帝国主义有一个有充分根据的了解，我们故意尽量多引用了一些不得不承认最新资本主义经济中十分确凿的事实的资产阶级经济学家所发表的意见。为了同一目的，我们又引用了一些详细的统计材料，从中可以看出银行资本等究竟发展到了怎样的程度，看出量转化为质，发达的资本主义转化为帝国主义，究竟表现在什么地方。不用说，自然界和社会里的一切界限当然都是有条件的、变动的，如果去争论帝国主义究竟在哪一年或哪一个10年"最终"确立，那是荒唐的。

但是，我们不得不在帝国主义的定义问题上，首先同所谓第二国际时代（1889—1914年这25年间）主要的马克思主义理论家卡·考茨基进行争论。在1915年，甚至早在1914年11月，考茨基就十分坚决地反对我们给帝国主义下的定义所表述的基本思想，他说不应当把帝国主义了解为一个经济上的"时期"或阶段，而应当了解为一种政策，即金融资本"比较爱好的"政策；不应当把帝国主义和"现代资本主义""等同起来"；如果把帝国主义了解为"现代资本主义的一切现象"（卡特尔、保护主义、金融家的统治、殖民政策），那么帝国主义是资本主义所必需的这个问题就成了"最乏味的同义反复"，因为那样的话，"帝国主义就自然是资本主义生存所必需的了"，等等。为了最确切地表述考茨基的思想，我们引用他给帝国主义所下的定义，这个定义是直接反对我们所阐述的那些思想的实质的（因为，考茨基早已知道，多年来贯彻类似思想的德国马克思主义者阵营中所提出的反驳，正是马克思主义的一个派别所提出的反驳）。

第三节 学习与思考

一 《帝国主义是资本主义的最高阶段》的历史地位与当代价值

《帝国主义是资本主义的最高阶段》一书的问世标志着马克思主义思想中帝国主义理论的形成，是《资本论》之后又一研究资本主义经济的马克思主义思想巨作。从马克思主义的角度来看，列宁继承并发展了《资本论》中的相关理论与方法，在马克思主义辩证法的基础上论述了资本主义的发展阶段、资本输出等问题，阐明了帝国主义阶段各列强既联合又斗争的关系，对以"考茨基主义"为代表的机会主义、修正主义思想予以有力还击。第一次世界大战爆发后，国际共产主义运动内部出现了分裂，考茨基等第二国际社会主义者拒绝暴力革命，幻想通过改良方式实现从资本主义向社会主义的和平过渡，同时以爱国主义美化帝国主义战争。《帝国主义是资本主义的最高阶段》以马克思主义的理论和方法为基础，分析了帝国主义的特征、本质及历史地位，摇醒了部分无产阶级者的改良美梦，及时将国际共产主义运动扳回正轨，有效规避了考茨基、伯恩斯坦等人的思想可能带来的严重后果。

和平与发展早已成为当今世界的主题，资本主义与社会主义并存，科学技术飞速发展，生产方式较《帝国主义是资本主义的最高阶段》成文的20世纪初已发生了数次变革，我们不禁要问：资本主义是否产生了新发展？列宁的帝国主义理论还有价值吗？事实上，资本主义世界确实出现了新的变化：政府直接干预市场以缓解经济危机、推行社会福利政策以调和阶级矛盾、推动经济全球化以转移国内矛盾……但我们应当认识到，这些新变化并未改变资本主义的本质，其内部矛盾仍然存在，只是被政府的行政手段以及学者们的花哨理论所掩饰：福山视持有着"自由""民主"这两大价值观的资本主义制度为历史的终结，亨廷顿用不同文明之间的冲突取代阶级矛盾以及帝国主义国家和被剥削国家之间的矛盾，但他们只能掩饰却无法祛除资本主义国家的固有矛盾，经济危机仍然会不期而至。

帝国主义仍然存在，只是如今这种存在更为隐性。这些明确带有资本主义意识形态色彩的思想理论只能为我们提供一种更为多元的视角，并不能否定包括列宁帝国主义理论在内的马克思主义思想理论的科学性。我们应继承、坚持、发展马克思主义，在把握资本主义本质的基础上，认清当前资本主义的发展新趋势，抵制资本主义制度与思想的侵蚀，坚决反对帝国主义国家施加给国际社会的霸权主义与强权政治，巩固和发展中国特色社会主义。当前，诸多坚决捍卫资本主义制度的"斗士"们都已灰头土脸，无数事实都在印证列宁这句话的真理性："世界上没有一种力量能够挽救资本主义免于崩溃，能够阻挡工人阶级战胜资产阶级。"[①]

二 拓展与思考

1. 从帝国主义的五大特征分析帝国主义的本质。
2. 举例说明当代帝国主义的新变化。

---

① 《列宁全集》第四十二卷，人民出版社 2017 年版，第 83 页。

第四章 列宁与《民族和殖民地问题提纲初稿》

《民族和殖民地问题提纲初稿》是在帝国主义蔓延于世界各地的特定背景下的时代产物，体现了列宁对于帝国主义以及其中阶级问题的独特洞见，为后续殖民地与半殖民地的民族解放运动提供了科学指引。

第一节 时代背景

"1914—1918 年的帝国主义战争，在一切民族和全世界被压迫阶级面前，特别清楚地揭示了资产阶级民主词句的欺骗性，……使所谓在资本主义制度下各民族能够和平共居和一律平等的市侩的民族主义幻想更快地破灭。"[1]19 世纪末 20 世纪初，帝国主义、殖民主义蔓延于世界各处，民族问题纷纷出现。在此期间，殖民地半殖民地国家内部的工人阶级队伍出现并在不断的发展中粗具规模，已然成长为一支具有重要地位的强大的社会新兴力量。与此同时，农民群众的不满情绪日益浓烈，由世界范围内的无产者们组成的队伍也在不断壮大，民族资产阶级亦在此

---

[1] 《列宁全集》第三十九卷，人民出版社 2017 年版，第 164 页。

时崭露头角，具有了一定的社会地位。工人、农民和民族资产阶级们的革命热情不断高涨，民族解放运动和无产阶级革命运动一触即发。1917年11月7日，十月革命炮声轰鸣，人类社会开始由资本主义向社会主义过渡，殖民地半殖民地国家内部的民族解放运动从此成为无产阶级社会主义世界革命的一部分。

十月革命的思想及其取得的成果极大地鼓舞了殖民地半殖民地国家的民族解放运动，亚洲、非洲与拉丁美洲随后出现了第一次民族解放运动的高潮：1917年，巴西各工业开展罢工运动；1918年至1922年，印度各地纷纷展开了反抗英帝国主义的民族解放运动；朝鲜全体人民反抗日本帝国主义的"三一运动"于1919年3月1日爆发；1919年5月4日，第一次民族解放斗争高潮的顶峰——五四运动在中国打响；1919年，阿富汗赢得了反英民族解放战争；1921年墨西哥发生了工人武装运动；厄瓜多尔人民也在1926年打响了游击战。除此之外，土耳其、伊朗、阿富汗、埃及、海地等国都燃烧起了革命的烽火。在这次民族解放运动高潮中，各殖民地半殖民地国家以其空前广泛的规模、严密的组织性和不同寻常的战斗力猛烈地冲击了帝国主义全球殖民体系。

不仅如此，此次民族解放运动高潮中有一种现象十分重要。在这些殖民地半殖民地国家中，新兴的工人阶级登上了国内政治舞台。由于这些国家的工人阶级从刚步入政治舞台便肩负起了领导国内革命的重担，加上马克思列宁主义思想的广泛传播及其同国内革命运动的结合，共产党或共产主义组织纷纷在这些国家建立。在民族解放运动的时代背景下，这些国家的无产阶级觉醒并领导革命的时代已然到来。因此，西欧国家的无产阶级者和东方殖民地半殖民地国家的被压迫人民视帝国主义为共同敌人，两股力量相互交织，形成的革命洪流既有力推动了殖民地半殖民地国家民族解放运动的胜利，又为企图殖民世界的帝国主义带来了巨大冲击。惊慌失措的帝国主义国家于1920年建立了"国际联盟"企图化解危机，"国际联盟"通过"合作""和平""安全"等词汇粉饰自身重新瓜分世界殖民地的企图，同时镇压无产阶级革命斗争和殖民地半殖民地国家解放斗争，国际共产主义运动中的第二国际机会主义者也在此时背叛共产主义革命，投奔"国际联盟"。在这样的历史条件下，一项充满挑战的新任务出现在共产国际面前：在帝国主义的干扰下实现殖民地半殖民地国家的民族解放运动的胜利，进而推动世界革命运动的发展。

1920年7月19日至8月7日，共产国际二大在俄国的彼得格勒和莫斯科举行，本次会议由列宁领导，有中国、朝鲜、印度等殖民地半殖民地国家的共产党或共产主义小组代表参加，讨论分析殖民地半殖民地国家的民族民主革命运动的经验为本次会议的重要议程。在会议开始之前，列宁便草拟了《民族和殖民地问题提纲初稿》。共产国际二大召开期间，列宁亲自出席并领导了民族和殖民地问题委员会，并在7月26日作了"民族和殖民地问题委员会的报告"。在此期间，英属印度代表罗易向大会提交了《关于民族和殖民地问题的补充提纲》。经过民族和殖民地问题委员会对这两个提纲的审议，列宁的提纲在稍微修改后通过，对于罗易的提纲，列宁认为其是基于印度当时的具体情况创作的，对共产国际有着重大意义，但也批评了其中的一些观点，罗易的提纲在经过修改后也得到通过。需注意的是，不能笼统地认为这两个提纲都是列宁关于民族和殖民地问题的理论，也不能武断地认为两个提纲间存在着不可调和的分歧。两个提纲的主要区别在于其分析问题的视角和中心：列宁以俄国为视角，以欧洲无产阶级革命为中心；罗易则以殖民地半殖民地国家为视角，以殖民地半殖民地国家革命为中心。同时，列宁的理论观点主要在讨论殖民地半殖民地国家革命的具体路径，具有极强的现实性；而罗易的补充提纲主要在讨论殖民地半殖民地国家为社会主义革命的开展应做何准备，具有一定的理想性。因此，罗易的观点虽同列宁的观点有所区别，但总体上仍在列宁革命理论的范畴之内，两个提纲间的异同之处亦没有过度强调的必要。

第四章 列宁与《民族和殖民地问题提纲初稿》

第二节 《民族和殖民地问题提纲初稿》主要内容与观点

一 世界划分为少数压迫民族和多数被压迫民族

不能以孤立的观点看待殖民地问题，而是应该将其同整个社会的发展过程联系起来，因此，在解决殖民地问题时需要考虑到当时具体的历史环境与时代背景，真正理解该民族所处的政治、经济与文化处境。在近代西欧国家的资本主义萌芽时期，封建主义的阻碍是影响资本主义发展的最主要因素。因此，此时的民族问题主要是推翻封建主义以实现资本主义的发展。而在同时期的东方，西方资本主义为了满足其资本原始积累的需要开始将东方国家作为可供掠夺的殖民地，这些殖民地、附属国反对西方资本主义的民族解放运动随之展开，这些运动的领导者们不尽相同，有人民群众自发开展的，亦有新兴资产阶级组织的，但这种民族解放运动从其性质上来说仍属于资产阶级民主革命运动。此外，这些运动由于没有代表着世界范围内人民利益的无产阶级政党——共产党进行领导，属于旧的资产阶级民主主义革命，是旧的世界资产阶级民主主义革命的构成部分，并不属于社会主义革命，但这种革命却在客观上为反对帝国主义的社会主义革命提供了帮助，因此可以被划分为社会主义运动的联合力量。

在帝国主义时代，帝国主义国家将世界全部瓜分，帝国主义殖民体系形成，帝国主义在世界范围内不断剥削。无论是西欧的无产阶级还是东方的殖民地、附属国，都深受帝国主义的剥削与压迫。根据列宁的统计，当时全球共有17.5亿人，殖民地、附属国人口共计12.5亿人，在经济上依赖于帝国主义的国家的人口约有2.5亿，第一次世界大战战胜国的

· 67 ·

人口也只有不到 2.5 亿，瓜分世界的利益获得者更是占少数的资本家们。

此时帝国主义国家内的资本主义已由反封建时期进步的革命领导者转变为各国家、各民族反动的剥削者，这种资本主义已然严重阻碍了国际社会的发展。帝国主义和垄断资产阶级们为了保护自身在殖民地的利益，通过宣传资本主义理想价值观来粉饰其对于殖民地的剥削行为。一些帝国主义的辩护者们也企图为帝国主义和垄断资产阶级披上羊皮，宣扬民主、自由、平等以期模糊压迫民族和被压迫民族间的界限，从而掩盖殖民掠夺的本质。帝国主义对殖民地、附属国的掠夺严重阻碍了这些国家的社会发展和经济发展，这些国家在工业发展受阻的同时，其传统的家庭手工业亦受到了毁灭性的打击，进而成为帝国主义国家的原料产地、商品市场和投资地。同时帝国主义为维护自己的罪恶行径，充分利用剥削国原有统治阶级，即封建主义的软弱性和自私性，极力维护原有的封建剥削制度，土地进一步集中到了外来资本家和本国封建主手中，农民阶级受到更为严重的剥削。

为了在为资本扩张提供便利的同时加大剥削力度，帝国主义开始在这些国家的社会内部培养买办阶级、官僚贵族和封建地主，作为帝国主义的"代理人"进行社会统治。列宁对于帝国主义、垄断资产阶级和第二国际机会主义者、修正主义者们的行为嗤之以鼻，并强调需要严格地对压迫民族和被压迫民族进行划分并明确指出当时世界人口的划分情况，因为这种划分是同资本主义矛盾、帝国主义矛盾、第二国际机会主义密切联系着的。在此背景下，列宁指出："把被压迫的、附属的、没有平等权利的民族，同压迫的、剥削的、享有充分权利的民族也明确地加以区分。这同资产阶级民主的谎言是截然相反的，这种谎言掩盖金融资本和帝国主义的时代所特有的现象，即为数无几的最富裕的先进资本主义国家对世界大多数人实行殖民奴役和金融奴役。"[①]

在列宁关于压迫民族和被压迫民族划分理论的指导下，殖民地半殖民地人民同帝国主义展开了长期且艰巨的斗争。实践证明，列宁的理论

---

① 《列宁全集》第三十九卷，人民出版社 2017 年版，第 164 页。

是正确的：压迫民族节节败退，帝国主义殖民体系不断瓦解，作为被压迫民族的中国、朝鲜等国开始步入社会主义道路，亚非拉地区出现了越来越多的新兴民族独立国家。此时的帝国主义为维护其危在旦夕的统治，推出了"新殖民主义政策"：对民族解放运动和无产阶级革命运动进行暴力镇压，同时收买现代修正主义者以对被压迫民族进行欺骗，否定被压迫民族的民族解放运动，解除殖民地半殖民地人民的思想武装，使其反过来拥护帝国主义的殖民统治。因此，对压迫民族和被压迫民族进行划分的意义便在于明确帝国主义时期民族和殖民地问题的根源所在，认清帝国主义企图美化自身剥削行为和抹杀剥削者和被剥削者间关系的丑恶行径，进而为无产阶级、无产阶级政党和被压迫民族的人民提供解决这些问题的总体指导思想和具体行动方案。

二 全世界无产者和被压迫民族联合起来

在 1847 年 6 月共产主义者同盟第一次代表大会上，为替代起初正义者同盟提出的界限模糊的口号——"四海之内，人人皆兄弟"，会议拟定的《共产主义者同盟章程》中提出了"全世界无产者，联合起来"的口号。该口号随后得到了广泛的传播，已然深入人心，同时也对于无产阶级革命运动起到了积极的助推作用，只有无产者们在世界范围内实现联合，无产阶级才能得到真正且彻底的解放。在帝国主义时代，这一口号再次发生了变化。此时占世界人口少数的先进资本主义国家对占世界人口多数的殖民地半殖民地国家进行的剥削是世界范围内民族问题的总根源，因此，解决民族问题的基点在于进行民族解放运动、推翻帝国主义的殖民统治。无论是对于饱受压迫的西欧资本主义国家中的无产阶级，还是对于受尽剥削的东方不发达国家中的被压迫民族，帝国主义是他们共同的、首要的敌人。同时，当时帝国主义维持自身运作的主要财富活力来自殖民地与附属国，只有当这些殖民地与附属国完全断绝这种供给时，欧洲工人阶级才能去推翻欧洲资本主义。因此，被压迫民族的人民群众和欧洲无产阶级也因此密切地联系起来了，为了实现世界革命的成功，这两种力量必须在世界范围内联系起来。

"共产国际在民族和殖民地问题上的全部政策，主要应该是使各民族和各国的无产者和劳动群众为共同进行革命斗争、打倒地主和资产阶级而彼此接近起来。这是因为只有这种接近，才能保证战胜资本主义，如果没有这一胜利，便不能消灭民族压迫和不平等的现象。"[1]这种联合将形成地域上、阶级上范围广泛的反帝国主义战线。正处于水深火热的被剥削过程中的殖民地半殖民地人民应当认识到，他们所进行的民族解放运动是国际无产阶级革命的重要组成部分，只有实现同无产阶级的世界范围内的联合，被压迫民族才能真正并彻底地摆脱帝国主义的剥削，才能通过社会主义革命解决后续的民族问题。因此，1920年9月，列宁在共产国际东方各民族代表大会上提出了"全世界无产者和被压迫民族联合起来"的口号，推动国际社会主义革命进入新的阶段。

第一次世界大战期间，第二国际选择背叛共产国际以投靠帝国主义，他们通过宣传反动思想以蛊惑无产阶级，这无疑构成了对共产国际的严重威胁。而列宁关于压迫民族的无产阶级和被压迫民族的人民群众进行世界范围内的联合便是对这种威胁的有力回应。列宁指出，在将世界划分为少数人的压迫民族和多数人的被压迫民族后，压迫民族内的共产党人和无产阶级必须同意被压迫民族人民应有的权利，而在被压迫民族之中，共产党人应当积极推动压迫民族和被压迫民族的无产阶级进行联合。"各国共产党必须帮助这些国家的资产阶级民主解放运动；把落后国家沦为殖民地或在财政上加以控制的那个国家的工人，首先有义务给予最积极的帮助"[2]，这也是区分出第二国际政党的重要标准。

除了存在第二国际的威胁外，列宁亦指出："帝国主义列强历来对殖民地和弱小民族的压迫，在被压迫国家劳动群众的心中不仅播下了仇恨，而且播下了对整个压迫民族包括对这些民族的无产阶级的不信

---

[1] 《列宁全集》第三十九卷，人民出版社2017年版，第164页。
[2] 《列宁全集》第三十九卷，人民出版社2017年版，第167页。

任。"[1]第一次世界大战期间第二国际的背叛行为更是加剧了这种不信任心理。同时，这些被压迫民族由于长期受帝国主义剥削，其生产力发展相对落后，存在着一定的民族利己主义和民族狭隘性。列宁认为，在实现无产阶级专政从国内朝国际化发展的过程中，对于这种狭隘的民族主义的斗争具有极为重要的意义。因此，"各国有觉悟的共产主义无产阶级对于受压迫最久的国家和民族的民族感情残余必须持特别小心谨慎的态度，同样，为了更快地消除以上所说的不信任心理和各种偏见，必须作出一定的让步"[2]。同时，压迫民族的无产阶级者也应同殖民地半殖民地的民族解放运动密切联系起来，在国际化的过程中逐步克服这种狭隘的民族主义。中国共产党自成立以来便担负起了支持殖民地半殖民地国家人民的民族解放运动这一责任，中国反帝反封建革命的成功不断鼓舞着被压迫民族解放运动的开展，同时，解放战争中中国共产党取得的深得民心的胜利更是在向这些国家的人民群众宣告：社会主义阵营是世界各国人民寻求独立过程中的坚强后盾，通过实现同来自世界各国的无产阶级和被压迫民族人民的联合，帝国主义和垄断资本主义必然走向灭亡。帝国主义者为了破坏这种联合，在世界范围内开展了"共产主义威胁"的宣传，企图煽动反共产国际、反社会主义革命的运动。事实证明，这些宣传并没有达到其所预期的目的，反而从反面加强了这种联合，世界各国人民日益看清帝国主义罪恶的殖民贸易的本质，国际关系也将朝着更为平等的方向发展。

三 被压迫国家中资产阶级的两重性

明确区分资产阶级民族主义和无产阶级国际主义是取得社会主义革命胜利的另一前提。这里的资产阶级民族主义主要是指资本主义国家的资产阶级所标榜的思想，它们宣称"在资本主义制度下各民族能够和平

---

[1] 《列宁全集》第三十九卷，人民出版社 2017 年版，第 168 页。
[2] 《列宁全集》第三十九卷，人民出版社 2017 年版，第 169 页。

共居和一律平等",实际上是将全体人民的利益替代为本阶级的狭隘且片面的利益,这种企图模糊社会内部阶级划分的思想严重阻碍了社会主义革命的进程。但处于特定的时代背景与国际环境下,被压迫民族的资产阶级民族主义却有所不同,这种资产阶级民族主义对于本国的民族解放运动起着推动作用。结合殖民地半殖民地国家的政治经济特点来看,民族资产阶级受帝国主义的剥削和封建主义的挤压,因此从其利益的角度来看是反对帝国主义和封建主义的,但资产阶级又并没有完全断绝同帝国主义和封建主义的关系,没有进行彻底的民族民主革命的勇气。毛泽东同志指出:"民族资产阶级的这种两重性,决定了他们在一定时期中和一定程度上能够参加反帝国主义和反官僚军阀政府的革命,他们可以成为革命的一种力量。而在另一时期,就有跟在买办大资产阶级后面,作为反革命的助手的危险。"[1]

由于资产阶级的利己性,人民群众并不能将革命的领导权托付给他们,又由于资产阶级的软弱性,民族解放运动并不能将其作为可供信任的力量。资产阶级的软弱性并不代表其对于革命领导权的放弃,与之相反,资产阶级在利己性的驱动下对于革命的领导权垂涎三尺,企图通过革命实现自身私利。因此,列宁强调"必须坚决反对把落后国家内的资产阶级民主解放思潮涂上共产主义的色彩"[2],从而在联合资产阶级力量进行民族解放运动的同时防止资产阶级对于革命领导权的篡夺。

对于中国来说,列宁关于联合资产阶级的理论观点有着极为重要的意义。当时的中国国内存在着右倾机会主义和"左"倾机会主义两种思潮。右倾机会主义者只看到了资产阶级在民族解放运动中的积极作用,认为他们是人民群众利益的代表者和革命的决定力量,忽视了他们的软弱性和利己性,因此,右倾机会主义者选择了依靠资产阶级联盟而非工农联盟,从而放弃了革命的领导权;"左"倾机会主义者则过分强调资产阶级的软弱性和利己性,进而忽视了他们的革命性,认为

---

[1] 《毛泽东选集》第二卷,人民出版社 1991 年版,第 640 页。
[2] 《列宁全集》第三十九卷,人民出版社 2017 年版,第 168 页。

在革命过程中资产阶级是不可以联合的力量,从而放弃了对于他们的领导权。这两种思潮都是非常危险的,在前者的影响下,即使在资产阶级的领导下实现了革命的胜利,人民的利益也不可能得到普遍且真实的代表;在后者的影响下,抛开资产阶级对于民族解放运动的贡献,革命的成功将更有难度,更具挑战,充满更多的不确定性。以毛泽东同志为代表的中国共产党领导人们结合当时中国的具体条件和历史环境,正确地规避了这两种错误倾向:中国国内的资产阶级可以划分为官僚买办资产阶级和民族资产阶级两种,前者不具备革命性,因此应该予以严肃且彻底的反对,而后者除了软弱性、利己性外,亦具有革命性的一面,因此可以通过既联合又斗争的手段对待这一阶级,将斗争作为寻求团结的手段,将团结作为进行斗争的目的。在这一阶级政策的指导下,中国共产党人领导着广大人民群众不断壮大革命势力、争取中间势力、孤立反动势力,进一步巩固了革命的领导权,最终取得了新民主主义革命的胜利。

在被压迫民族中,民族资产阶级是可以联合且有必要联合的对象,那么资本主义道路是否为这类国家发展过程中的必经之路?列宁对于这一问题的答案是否定的,随后创造性地提出了"两个过渡"的思想:在处于资本主义阶段前的国家中,"尤其必须尽一切努力,用建立'劳动者苏维埃'等方法把苏维埃制度的基本原则应用到资本主义前的关系占统治地位的国家中去"[①],通过苏维埃制度过渡到共产主义。苏维埃制度主要是指由劳动者代表组成的会议形式的政权,其本质上是代表着劳动者利益的政权,是劳动者可以参与国家管理的政权。只有如此,劳动者权益得到切实的保障,其劳动积极性才能在最大程度上得到激发,进而推动社会的经济、文化等方面实现高效率且高质量的发展。至于如何实现第二个过渡,即在建立苏维埃制度后如何实现向共产主义的过渡,列宁并没有一次性地给出具体的实施路线,而是指出应该结合彼时的具体历史环境和实际情况再进行制定。列宁开创性的"两

---

① 《列宁全集》第三十九卷,人民出版社 2017 年版,第 167—168 页。

个过渡"思想为殖民地半殖民地国家的民族解放运动指出了一条具有光明前景且现实可行的路径,在这一思想的指导下,哈萨克斯坦、朝鲜民主主义人民共和国等国家纷纷跳过资本主义发展阶段,走上了通往人类福祉的社会主义道路。

四 无产阶级政党的领导作用

列宁认为,必须由无产阶级来领导被压迫民族的民族解放运动,只有在无产阶级的领导下才能取得真正的胜利。以十月革命为开端,帝国主义和垄断资本主义走向通往灭亡的道路,而此时世界各地的社会主义运动蓬勃兴起。在这样的时代背景下,如果被压迫民族在取得民族解放运动的胜利后选择走欧美资本主义国家走过的老路,建立代表着资产阶级狭隘利益的资本主义国家,无论是国际环境还是国内条件都是走不通的。帝国主义在走向死亡的过程中会更加依赖于对殖民地半殖民地的剥削,因此绝对不会同意这些国家走资本主义道路,即使允许,其所谓的资本主义国家在实质上也是这些帝国主义国家的剥削对象。国内人民和共产国际同样不会同意这些国家走资本主义道路,因为这些国家之所以能够取得民族解放运动的胜利,是同人民群众的浴血奋战和共产国际的援助分不开的。

此外,殖民地半殖民地国家内部无产阶级的出现与壮大亦为其领导民族解放运动提供了许可条件。帝国主义列强为了自身在殖民地半殖民地国家内的利益,尽可能保护并培养这些国家内部的反动势力,努力通过各种手段阻碍其国内的经济发展,但是生产力的发展态势是客观的,资本主义生产方式产生的社会历史发展态势也是必然的。帝国主义是极为矛盾的,它们在阻碍殖民地半殖民地国家发展的同时又在这些国家内部开设各种企业并修筑基础设施以方便自己的掠夺。在这种社会条件下,无产阶级在这些国家中得以产生并不断发展。在这些殖民地半殖民地国家中,社会内部的阶级和政党众多,那么为什么掌握领导权的是无产阶级,是共产党呢?因为所有阶级和政党中只有无产阶级和共产党没有软弱性和自利性,能够吸收历史中革命运动的经验并运用于自己的事业，在代表着广大人民群众利益的同时具有严密的组织性和对于革命道路的正确洞见，只有无产阶级和共产党能够领导农民群众、民族资产阶级开展革命并通往胜利。因此，革命领导权归属于无产阶级还是资产阶级是殖民地半殖民地国家民族解放运动成败的决定性因素。

在无产阶级和共产党掌握革命领导权的具体路径方面，列宁认为，在本国内部建立一个属于无产阶级并代表着无产阶级和广大人民群众的政党后，必须找到一个可靠的同盟者。这个同盟者需要和无产阶级一样渴望民族解放运动的彻底胜利，并且同意无产阶级和共产党的领导，这个同盟者便是农民群众。这些殖民地半殖民地国家一般都是生产关系较为落后的农业国，农民占国家人口的大多数，虽然生产力较为落后，但是这些农民有着高昂且彻底的革命热情，并在历史发展中形成了优良的革命斗争传统，民族问题在本质上便是农民问题，因此，农民也是民族解放运动最为基本、最为重要的军队，农民革命的领导权则是无产阶级领导权的主要标志。为联合农民群众并成为农民革命的领导者，无产阶级和共产党必须对农民群众进行的民族解放运动予以支持和援助，为农民群众的利益而奋斗。因此，列宁指出："必须特别援助落后国家中反对地主、反对大土地占有制、反对各种封建主义现象或封建主义残余的农民运动，竭力使农民运动具有最大的革命性，使西欧共产主义无产阶级与东方各殖民地以至一切落后国家的农民革命运动结成尽可能密切的联盟。"[1]

关于无产阶级和共产党同农民群众之间的关系，列宁指出要通过革命精神教育、组织农民群众，将建立和发展工农联盟作为共产党的主要任务。因为只有实现无产阶级和农民群众的结合，才能保证同民族资产阶级合作的正确性，同时推动工农联盟和民族资产阶级共同革命。基于此理论，毛泽东同志十分重视农民群众最为关注的问题——土地问题，将反封建的土地革命作为新民主主义革命的内容之一。在探讨中国新民

---

[1] 《列宁全集》第三十九卷，人民出版社2017年版，第167页。

主主义革命两大任务的关系时，毛泽东同志结合列宁主义的相关理论指出："中国革命的两大任务，是互相关联的。如果不推翻帝国主义的统治，就不能消灭封建地主阶级的统治，因为帝国主义是封建地主阶级的主要支持者。反之，因为封建地主阶级是帝国主义统治中国的主要社会基础，而农民则是中国革命的主力军，如果不帮助农民推翻封建地主阶级，就不能组成中国革命的强大的队伍而推翻帝国主义的统治。所以，民族革命和民主革命这样两个基本任务，是互相区别，又是互相统一的。"[1] 在后来的实践中，以农民群众为出发点的"农村包围城市"道路更是对于列宁该理论的创造性发展，中国革命和世界各地民族解放运动取得的卓越成效已然证明了该理论的重要性和价值所在：由共产党领导的无产阶级和农民群众联合的、民族资产阶级参与的革命必然取得伟大的胜利，而企图抛弃工农联盟、无视农民群众的利益，或者将资产阶级同工农联盟完全割裂开来，这种形式的革命必然走向失败，人民群众的利益也不可能得到保障。

《民族和殖民地问题提纲初稿》节选 [2]

8.共产国际在这方面的任务，是进一步地发展、研究以及通过实际来检验在苏维埃制度和苏维埃运动基础上所产生的这些新的联邦国家。既然承认联邦制是走向完全统一的过渡形式，那就必须力求建立愈来愈密切的联邦制联盟，第一，因为没有各苏维埃共和国最密切的联盟，便不能捍卫被军事方面无比强大的世界帝国主义列强所包围的各苏维埃共和国的生存；第二，因为各苏维埃共和国之间必须有一个密切的经济联盟，否则便不能恢复被帝国主义所破坏了的生产力，便不能保证劳动者的福利；第三，因为估计到建立统一的、由各国无产阶级按总计划调整的完整的世界经济的趋势，这

---

[1] 《毛泽东选集》第二卷，人民出版社1991年版，第637页。
[2] 《列宁全集》第三十九卷，人民出版社2017年版，第165—169页。

种趋势在资本主义制度下已经十分明显地表现出来,在社会主义制度下必然会继续发展而臻于完善。

9. 在国家内部关系方面,共产国际的民族政策决不能只限于空洞地、形式地、纯粹宣言式地、实际上却不负任何责任地承认民族平等,就像资产阶级民主派所做的那样。这些人不管是坦率地承认自己是资产阶级民主派,或者是像第二国际的社会党人那样,借社会党人的称号来掩饰自己,都是一样的。

不仅在各国共产党的全部宣传鼓动工作(议会讲坛上和议会讲坛外的宣传鼓动)中,应当不断地揭露各资本主义国家违背本国的"民主"宪法,经常破坏民族平等,破坏保障少数民族权利的种种事实,而且还必须做到:第一,经常解释,只有在反资产阶级的斗争中首先把无产者、然后把全体劳动者联合起来的苏维埃制度,才能实际上给各民族以平等;第二,各国共产党必须直接帮助附属的或没有平等权利的民族(例如爱尔兰,美国的黑人等)和殖民地的革命运动。

没有后面这个特别重要的条件,反对压迫附属民族和殖民地的斗争以及承认他们有国家分离权就仍然是一块假招牌,正像我们在第二国际各党那里看到的一样。

10. 口头上承认国际主义,而事实上在全部宣传、鼓动和实际工作中却用市侩民族主义与和平主义偷换国际主义,这不仅在第二国际各党中是最常见的现象,而且在那些已经退出这个国际的政党中,甚至在目前往往自称为共产党的政党中也是最常见的现象。把无产阶级专政由一国的(即存在于一个国家的,不能决定全世界政治的)专政转变为国际的专政(即至少是几个先进国家的,对全世界政治能够起决定影响的无产阶级专政)的任务愈迫切,同最顽固的小资产阶级民族主义偏见这种祸害的斗争就愈会提到首要地位。小资产阶级民族主义宣称,只要承认民族平等就是国际主义,同时却把民族利己主义当作不可侵犯的东西保留下来(更不用说这种承认纯粹是口头上的),而无产阶级的国际主义,第一,要求一个国家的无产阶级斗争的利益服从全世界范围的无产阶级斗争的利益;

第二，要求正在战胜资产阶级的民族，有能力有决心为推翻国际资本而承担最大的民族牺牲。

因此，在已经完全是资本主义的、拥有真正是无产阶级先锋队的工人政党的国家中，首要的任务就是同歪曲国际主义的概念和政策的机会主义和市侩和平主义作斗争。

11. 对于封建关系或宗法关系、宗法农民关系占优势的比较落后的国家和民族，要特别注意以下各点：

第一，各国共产党必须帮助这些国家的资产阶级民主解放运动；把落后国家沦为殖民地或在财政上加以控制的那个国家的工人，首先有义务给予最积极的帮助；

第二，必须同落后国家内具有影响的僧侣及其他反动分子和中世纪制度的代表者作斗争；

第三，必须同那些企图利用反欧美帝国主义的解放运动来巩固可汗、地主、毛拉等地位的泛伊斯兰主义和其他类似的思潮作斗争；

第四，必须特别援助落后国家中反对地主、反对大土地占有制、反对各种封建主义现象或封建主义残余的农民运动，竭力使农民运动具有最大的革命性，使西欧共产主义无产阶级与东方各殖民地以至一切落后国家的农民革命运动结成尽可能密切的联盟；尤其必须尽一切努力，用建立"劳动者苏维埃"等方法把苏维埃制度的基本原则应用到资本主义前的关系占统治地位的国家中去；

第五，必须坚决反对把落后国家内的资产阶级民主解放思潮涂上共产主义的色彩；共产国际援助殖民地和落后国家的资产阶级民主民族运动，只能是有条件的，这个条件是各落后国家未来的无产阶级政党（不仅名义上是共产党）的分子已在集结起来，并且通过教育认识到同本国资产阶级民主运动作斗争是自己的特殊任务；共产国际应当同殖民地和落后国家的资产阶级民主派结成临时联盟，但是不要同他们融合，要绝对保持无产阶级运动的独立性，即使这一运动还处在最初的萌芽状态也应如此；

第六，必须向一切国家，特别是落后国家的最广大的劳动群众不断地说明和揭露帝国主义列强一贯进行的欺骗，即打着建立政治上独立的国家的幌子，来建立在经济、财政和军事方面都完全依赖于它们的国家；在目前国际形势下，除了建立苏维埃共和国联盟，附属民族和弱小民族别无生路。

12. 帝国主义列强历来对殖民地和弱小民族的压迫，在被压迫国家劳动群众的心中不仅播下了仇恨，而且播下了对整个压迫民族包括对这些民族的无产阶级的不信任。这些民族的无产阶级的多数正式领袖，在1914—1919年曾经站在社会沙文主义的立场上，借口"保卫祖国"来保卫"本国"资产阶级压榨殖民地和掠夺财政上不独立的国家的"权利"，他们这种背叛社会主义的卑鄙行径不能不加深这种完全合乎情理的不信任心理。另一方面，一个国家愈是落后，这个国家的小农业生产、宗法性和闭塞性就愈加厉害，也就必然使最深的小资产阶级偏见，即民族利己主义和民族狭隘性的偏见表现得特别厉害和顽固。既然这些偏见只有在各先进国家内的帝国主义和资本主义消灭以后，只有在落后国家的经济生活全部基础急剧改变以后才能消逝，那么这些偏见的消逝，就不能不是极其缓慢的。因此，各国有觉悟的共产主义无产阶级对于受压迫最久的国家和民族的民族感情残余必须持特别小心谨慎的态度，同样，为了更快地消除以上所说的不信任心理和各种偏见，必须作出一定的让步。没有世界各国和各民族的无产阶级以至全体劳动群众自愿要求结盟和统一的愿望，战胜资本主义这一事业是不能顺利完成的。

第三节 学习与思考

一 学习启迪

作为列宁的重要著作之一,《民族和殖民地问题提纲初稿》圆满地解决了共产国际第二次代表大会期间共产党人面临的重要问题:为帝国主义时代下的殖民地半殖民地国家被压迫民族的民族解放运动同无产阶级的社会主义革命在世界范围内的联合提供理论指导。通过《民族和殖民问题提纲初稿》,列宁一针见血地揭露了资产阶级企图通过"平等""和平"抹杀阶级划分的伪善做法,指出只有消灭阶级才能实现平等,推翻帝国主义才能解决民族问题。同时,帝国主义时代下的世界已然划分为少数人的压迫民族和多数人的被压迫民族两部分,世界范围无产阶级和被压迫民族有条件且有必要联合起来共同推翻帝国主义。此外,列宁亦为这种联合提供了具体的方法路径,如防止资产阶级民族解放思想涂上共产主义迷彩、为克服被压迫民族的不信任感与狭隘性需作出一些让步等。这些思想为共产国际制定关于殖民地问题的具体政策提供了理论指导,在思想上武装了同第二国际机会主义的斗争,同时亦推动了被压迫民族的民族解放运动的开展,为殖民地半殖民地国家的人民群众提供了推翻帝国主义、实现解放与发展的现实路径。

在一百多年后的今天,列宁的这些思想依然在散发着强有力的光芒,源源不断地为世界范围内被压迫民族的解放运动提供着理论营养。这些思想为中国共产党刚成立时革命纲领的制定提供了理论依据,是中国人民革命的有力的思想武器之一。列宁逝世后,毛泽东同志依然坚持捍卫列宁主义及其理论思想,在建设中华人民共和国的伟大历史实践中消除了各种形式的机会主义和企图篡改列宁思想的修正主义,并进一步创造性地丰富与发展了列宁理论。基于列宁的民族和殖民地革命学说,毛泽东同志指出了具有普遍意义的新民主主义革命的总路线,即"无产阶级领导的,人民大众的,反对帝国主义、封建主义和官僚资本主义的革命"①。

当下,在世界范围内无产阶级和被压迫民族人民群众的联合斗争下,其势头已然不如当年,但帝国主义仍以国家垄断资本主义、单边主义、经济霸权等隐性方式存在于国际社会中,在世界范围内彻底完成社会主义革命,实现共产主义依然任重而道远。在这一过程中,我们要坚持马克思列宁主义、毛泽东思想、邓小平理论、"三个代表"重要思想、科学发展观,全面贯彻习近平新时代中国特色社会主义思想,充分发挥这些思想在社会主义建设实践过程中的指导作用,谨慎规避修正主义、机会主义陷阱,在通往共产主义的道路上行稳致远。在当前的国际社会中,殖民剥削、民族压迫的现象已经逐渐退出历史舞台,但这并不代表列宁的民族和殖民地革命学说已经失去了其实践指导价值,在共产党领导下的无产阶级和人民群众的伟大历史实践中,这些理论学说必然会得到丰富与发展,在21世纪的国际社会绽放出新的思想光芒。

二 拓展与思考

1. 列宁关于划分压迫民族与被压迫民族的理论有何当代启示?
2. 列宁是如何论述无产阶级政党的领导作用的?

---

① 《毛泽东选集》第四卷,人民出版社1991年版,第1316—1317页。

第二编 中国古代国家间政治思想原著选读

第五章　孔子与《论语》

国家间道义是国际交往中大多数国家所认同的以平等、正义、和平、民主为价值追求，对国家行为有一定约束力的行为规范。依据道义规范国际行为的国家，则会占据道义制高点，增强国家软实力，赢得其他国家的尊重和支持。在战乱频繁的春秋末期，先贤孔子、荀子等提出了"礼""和而不同""义以为上""德不孤，必有邻"等一系列调节人与人、诸侯国与诸侯国之间关系的国家间道义思想。深入挖掘他们博大精深的国家间道义思想，不仅对国际关系理论中国范式的建构有一定的理论价值，而且对当前中国实现和平发展有着重要的现实意义。[①]

[①] 关于孔子的国家间政治思想，参见余丽、董文博《孔子国家间道义思想与当代国际关系建构》，《国际关系学院学报》2012年第3期。

第一节　原著简介

一　孔子简介[①]

孔子（前551—前479），名丘，字仲尼，春秋晚期鲁国陬邑（今山东曲阜东南）人，伟大的思想家和教育家，儒家学派的创始人，被后世尊称为"大成至圣先师"。

孔子先世是宋国贵族。少"贫且贱"，及长，做过"委吏"（司会计）和"乘田"（管畜牧）等事。学无常师，相传曾问礼于老聃，学乐于苌弘，学琴于师襄。聚徒讲学，从事政治活动。年五十，由鲁国中都宰升任司寇。后又周游宋、卫、陈、蔡、楚等国，前后达十三年。自称："如有用我者，吾其为东周乎？"终不见用。六十八岁时返鲁。晚年致力于教育，整理《诗》《书》等古代文献，并把鲁史官所记《春秋》加以删修，成为中国第一部编年体的历史著作。相传先后有弟子三千人，其中著名的有七十余人。其学以"仁"为核心，认为"仁"即"爱人"。提出"己所不欲，勿施于人""己欲立而立人，己欲达而达人"等论点，即所谓"忠恕"之道。又以"孝悌"为"仁"之本，以为"仁"的执行要以"礼"为规范，他说："克己复礼为仁。""仁"的思想的强调，表现了对一般人的重视。

在世界观上，相信有人格意义的"天"："获罪于天，无所祷也"，但又把天看成自然之物；重视祭祀，但又怀疑鬼神的存在："祭如在，祭神如神在"；相信天命，强调"知命"，"不知命，无以为君子"，但

[①] 《辞海》，上海辞书出版社2010年版，第2182页。

又重视人为，在生活和学习上取积极态度。在认识论和教育思想方面，承认"生而知之""唯上智与下愚不移"，但强调"学而时习之"，提倡"不知为不知"的求实态度。注重"学"与"思"的结合，提出"学而不思则罔，思而不学则殆"和"温故而知新"等命题。主张"有教无类"，因材施教，并有"学而不厌，诲人不倦"的精神。在美学上，主张"依于仁，游于艺"和"兴于诗，立于礼，成于乐"，强调美与善的统一。提出诗可以"兴""观""群""怨"。政治上提出"正名"的主张，认为"君君、臣臣、父父、子子"，都应实副其"名"；提倡德治和教化，反对苛政和任意刑杀，并提出"不患寡而患不均，不患贫而患不安"的论点。自汉以后，孔子学说成为两千余年传统文化的主流，影响极大。封建统治者一直把他奉为圣人。

孔子一生秉承"述而不著"的原则，并未留下本人所著的专门著作。他的思想主要体现在他从政、教育以及日常的言行和整理编撰的古籍中。孔子的思想博大精深，内容涉及伦理、政治、经济等多个方面。其中以伦理和政治两个领域的论述最为深刻，对后世影响最大。

孔子开儒家学说之先河，提出了一系列处理诸侯国与诸侯国之间关系的思想，即国家间道义[①]的思想。其中，他尤为重视道义的作用，视之为行政立国之本。他认为事君不能以苟合顺从为上，而是应该首先考虑是否符合"道"，要"以道事君"。他把道义看得高于君主、高于权力和地位，主张道统高于君统，道义重于权令，从道不从君。虽然孔子生活的时代不同于今天，古代的天下范围也并非我们今天所说的全球，但孔子有言："道不行，乘桴浮于海""子欲居九夷"，可知他已经把眼光

[①] 对国家间道义概念的界定，参见余丽、李涛《中国国家间道义思想探本溯源——基于先秦诸子国家间道义思想的对比分析》，《世界经济与政治》2011年第3期。在此，笔者将国家间道义的评价对象确定为国际社会中国家行为体的国际行为。它是用来判断和评价国家行为体的国际行为是否正义的标准或原则。它是从道德和伦理的视角对国家行为体的国际行为进行评价的。它需要回答的问题是一国的国际行为是否正义以及怎样做才是正义的。国家间道义思想是人们对国家间道义的内涵及其评判标准总的认识与看法。"国家间"(inter-state)和"国际"(international)有细微的差别，笔者认为在此用"国家间"的概念更准确。

放到了"九夷"与"海外",这已经凸显其处理国家间关系的意识。

二 时代背景

孔子生活在社会大变革、大调整的春秋末期。如果说夏、商、西周是以共主国为中心,包括诸侯国及少数民族政权在内的"单极"国际体系,春秋战国时期则是以"得天下"为追求的"多极"国际体系。虽然先秦国家的概念与现代国家的概念有一定的差别,但古今国际政治具有共通性。就先秦中原文化区域下的国际政治行为体而言,国家行为体主要包括由夏、商、西周、春秋和战国时期的共主国、诸侯国和少数民族政权构成的国家行为体,它们已经具备了领土、人口、军队等国家构成的基本要素及拥有部分的对内与对外权限,无疑在一定程度上体现出国家的本质属性。因此,本文在以下论述中使用的国家、国际体系、国际社会等现代概念来解释彼时社会现实有其合理性与可行性。基于彼时礼崩乐坏、诸侯争霸、华夏秩序混乱不堪的局面,孔子提出了国家间道义思想以此来调节华夏秩序的失范,并为之付诸实践而奔走呼号。

孔子国家间道义思想的逻辑起点是某种抽象的法则。在他看来,这些法则是人类社会中个人和团体都必须遵循的,是仅适用于人类社会的"礼"。"礼"是孔子思想体系的核心概念之一。孔子崇尚周礼,一心想恢复西周时期的礼制社会。西周拥有一套较为发达而完备的行为规范,用来调节人与人之间、诸侯国与诸侯国之间的关系,这套行为规范体系被称为"周礼"①。在西周的全盛时期,周礼达到了相当完善的程度。从国家间政治的层面来看,在这套规范的约束之下,各种各样的行为体有序地互动,形成了天下较为安定有序的局面。孔子对此大为赞赏。他说:"周监于二代,郁郁乎文哉!吾从周。"②

---

① 目前学界的普遍看法是,周礼是在周成王时由辅政的周公旦主持制定的。它是一套调节人与人之间、诸侯国与诸侯国之间关系的行为规范,道德因素在其中起着巨大的作用。此时仅仅奠定了周礼的基本精神和基本内容,其系统化和制度化当在西周中后期。
② 《诸子集成》卷一:《论语正义·卷三·八佾第三》,中华书局2006年版,第56页。

孔子尊周，并不是要完全照搬西周的规范，而是对周王室依靠规范来处理诸侯国之间的关系，以维护天下秩序这一做法的认可。孔子认为，春秋时期之所以出现"天下无道，礼乐征伐自诸侯出"的混乱局面，其主要原因就在于人心的蜕变，纲常伦理的沦丧，礼乐权威的丧失。孔子在谈起鲁国的大贵族季氏的僭越行为时愤慨地说："八佾舞于庭，是可忍也，孰不可忍也？"[1]佾指舞列，一列八人为一佾，八列六十四人的舞队在彼时仅天子才有权享用，季氏越礼而用之，孔子对此无礼僭越的行为深恶痛绝。他认为，要扭转彼时天下无序、诸侯混战的局面，使社会生活恢复到有序状态的唯一途径就是要像西周那样，重新建立一套能为天下所遵行的、符合当时国际道德的、正义的行为规范。此规范必须占据道义的高地，并以此规范来约束人们的行为。为此，孔子提出了一套自己的思想体系，主张以"仁"[2]为核心来构建新的规范。

第二节 《论语》主要内容与观点

孔子崇尚用"礼"来约束国家的行为方式，调节国家间关系，维护天下秩序。是否遵守"礼"就成为孔子评判一国国际行为道义性的主要标准。可以说，"礼"是孔子国家间道义思想的逻辑起点。其国家间道义思想的主要内容包括以下三个方面。

---

[1] 《诸子集成》卷一：《论语正义·卷三·八佾第三》，中华书局 2006 年版，第 41 页。
[2] "仁"的概念并不是孔子首创的，在《尚书》和《诗经》中已出现该字，在春秋时期逐渐普及。例如，在《国语》《左传》中都多次出现"仁"字，其基本意思都是"爱人"。孔子吸收了当时已经出现，但很不完善的"仁"这一概念中"爱人"的思想，在此基础上对其进行充实、提高，逐步形成了一个以"仁"为核心的思想体系。

一 "礼之用,和为贵"的秩序观

孔子提倡"礼",不仅把它看作是调节人与人、人与社会之间关系的准则,更把它看作是周天子与诸侯国之间关系的根本行为规范。当华夏体系礼崩乐坏,诸侯国成为体系内主要的行为体,且相互之间不断进行争霸战争之时,孔子希望用"礼"来约束各诸侯行为体的争霸行为,使华夏体系实现一种和谐稳定的秩序。孔子在《论语》中七十多次提到"礼"。当然,他所指的"礼"并不是原封不动地恢复西周时的旧等级、旧规范,而是在继承《周礼》精华的基础上根据时代的要求对其改进与发展。如在君臣关系方面,孔子提出:"君使臣以礼,臣事君以忠。"这改变了《周礼》对君臣关系的规范,要求君臣双方都要遵"礼"。从国际政治的视角解读孔子的思想,我们会发现孔子所言"礼"的核心并不是一味地恪守"周礼"、忠君尊王,而是更多地强调根据"礼"的要求实现华夏体系内有序的、和谐稳定的国际秩序。为此,孔子从个人、国家、体系三个层面进行了具体阐述。就个人道义修养而言,孔子提出"克己复礼为仁"。"泛爱众而亲仁"是孔子对人的要求。在孔子看来,"克己"才能达到"礼",才能实现人的最高境界"仁";只有体系内最小行为体的个人实现了"仁",体系才有了实现稳定的根本保障。其中,孔子把领导人的个人道义修养视为建立正义国际秩序的必要条件。他在《大学》中指出:"古之欲明明德于天下者,先治其国;欲治其国者,先齐其家;欲齐其家者,先修其身。"就国内政治而言,孔子主张治理国家要做到"为国以礼"才能实现国内秩序的稳定。就华夏体系而言,孔子更是主张用"礼"来规范体系秩序。《论语·颜渊》中子曰:"克己复礼为仁。一日克己复礼,天下归仁焉。"可见,孔子把"礼"视为实现"天下归仁"的手段和必要途径,要实现华夏体系稳定的秩序就必须靠"礼"的约束。正如孔子在《礼记·经解》中所言:"礼之于正国也,犹衡之于轻重也,绳墨之于曲直也,规矩之于方圜也。"

一言以蔽之,孔子的国际秩序思想即为"礼之用,和为贵"的国际秩序观。孔子把建立以"礼"为准则的国际秩序作为手段，其最终且最理想的国际秩序是实现"和"。"和"是"礼"的最高境界，《论语·学而》中有："礼之用，和为贵。"《中庸》亦有"和也者，天下之达道也。致中和，天地位焉，万物育焉"。

二 "义以为上"的合作观

对于国际行为体之间相互合作的价值取向，孔子言："放于利而行，多怨。"即认为仅根据利益行事会招致怨恨。孔子提倡"君子义以为上"，也就是说置道义价值于物质利益之上。当然，孔子并不一概否定物质利益，而是主张在符合"道"的基础之上，追求正当的"利"。孔子曰："富与贵，是人之所欲也，不以其道得之，不处也。"孔子在人际交往中的"义""利"取向，正是孔子以"仁"为核心的国家间道义思想的主要体现。

在孔子看来，人与人、国与国的关系在义利观上的最低标准应该遵循"己所不欲，勿施于人"，最高标准则为"己欲立而立人，己欲达而达人"。在孔子生活的社会里，君主的道义就代表着国家的道义，孔子对君主个人在义利观上的道义要求，自然也是他在国家交往中对国家行为体所期望的道义要求。诚如汉斯·摩根索所言："国际道义是个人主权者——即某个君主及其继承人——和相对较小的、有内聚力的、成分相同的贵族统治集团关注的事情。"孔子还提出"仁者爱人"思想。这不仅适用于人际关系，也适用于国际关系。孔子强调，诸侯国间的交往应该彼此"宽恕"，要求别国遵守的制度规范，自己首先要遵守，这才是双方合作的基础。

概言之，孔子"义以为上"的国际合作观就是指在国际合作中国际行为体要本着包容、仁爱的精神，在符合道义的基础上追求正当利益，实现互利共赢。

国际政治原著选读

三 "德不孤,必有邻"的国家形象观

国家形象是指一国在国际社会中形成的其他国家对其总体概貌的印象、看法、态度、评价的综合反映。国家形象虽然是外部世界对一国的价值判断,但其决定因素源于国内因素。

孔子曰:"德不孤,必有邻。"即君主应该有道义,才不会感到孤单,也一定会有志同道合的人和国与之为伍。可以认为,孔子"德不孤,必有邻"的国家形象观是指国家首先要对内实行德政,得到国内民众的支持与拥护,进而在国际上才能获得国际社会的认可与尊重。这种以德服民而非以力服民的思想能够对国际社会形成一种号召力和吸引力,从而为国家赢得良好的声誉。也就是说,孔子把德看作是统治天下的必备条件,国家行为体只有具备了"德",才能对其他行为体有吸引力和号召力,其他行为体才可能心悦诚服地认可并接受其政策主张和价值观念。

怎样塑造一国良好的国家形象呢?孔子认为,首先,必须注重软实力建设,尤其要将人民的信任置于重中之重。他说:"自古皆有死,民无信不立。"其次,统治者要实行德政,运用巧实力,自然会使天下人心归服,从而受到他国的尊重,达到"近者说,远者来","譬如北辰,居其所而众星共之"的境界。

《论语·为政篇》节选[①]

子曰:"为政以德,譬如北辰,居其所而众星共之。"
子曰:"《诗》三百,一言以蔽之,曰:'思无邪'。"
子曰:"道之以政,齐之以刑,民免而无耻。道之以德,齐之

[①] 《诸子集成》卷一:《论语正义·卷二·为政第二》,中华书局2006年版,第20—41页。

以礼,有耻且格。"

子曰:"吾十有五而志于学,三十而立,四十而不惑,五十而知天命,六十而耳顺,七十而从心所欲,不逾矩。"

孟懿子问孝。子曰:"无违。"樊迟御,子告之曰:"孟孙问孝于我,我对曰'无违'。"樊迟曰:"何谓也?"子曰:"生,事之以礼;死,葬之以礼,祭之以礼。"

孟武伯问孝。子曰:"父母唯其疾之忧。"

子游问孝。子曰:"今之孝者,是谓能养。至于犬马,皆能有养;不敬,何以别乎?"

子夏问孝。子曰:"色难。有事,弟子服其劳;有酒食,先生馔,曾是以为孝乎?"

子曰:"吾与回言终日,不违,如愚。退而省其私,亦足以发,回也不愚。"

子曰:"视其所以,观其所由,察其所安。人焉廋哉?人焉廋哉?"

子曰:"温故而知新,可以为师矣。"

子曰:"君子不器。"

子贡问君子。子曰:"先行其言,而后从之。"

子曰:"君子周而不比,小人比而不周。"

子曰:"学而不思则罔,思而不学则殆。"

子曰:"攻乎异端,斯害也已。"

子曰:"由,诲汝知之乎?知之为知之,不知为不知,是知也。"

子张学干禄。子曰:"多闻阙疑,慎言其余,则寡尤。多见阙殆,慎行其余,则寡悔。言寡尤,行寡悔,禄在其中矣。"

哀公问曰:"何为则民服?"孔子对曰:"举直错诸枉,则民服;举枉错诸直,则民不服。"

季康子问:"使民敬、忠以劝,如之何?"子曰:"临之以庄,则敬;孝慈,则忠;举善而教不能,则劝。"

或谓孔子曰:"子奚不为政?"子曰:"《书》云:'孝乎惟孝,友于兄弟,施于有政。'是亦为政,奚其为为政?"

子曰:"人而无信,不知其可也。大车无輗,小车无軏,其何以行之哉?"

子张问:"十世可知也?"子曰:"殷因于夏礼,所损益,可知也;周因于殷礼,所损益,可知也。其或继周者,虽百世,可知也。"

子曰:"非其鬼而祭之,谄也。见义不为,无勇也。"

第三节 评析与思考

一 评析

春秋时期是中国历史上一个充满战乱和变革的时期。在那个政治动荡和社会变革的时代,先贤孔子提出了"礼""和而不同""义以为上""德不孤,必有邻"等一系列调节人与人、诸侯国与诸侯国之间关系的国家间道义思想。其不仅为春秋以降的中国政治思想文化奠定了基础,而且对当今中国处理国家间关系与实现和平发展进程有着重要的现实意义。

首先,有利于构建和谐稳定的国际秩序。两千多年前孔子提倡用"礼"来约束规范人之间、诸侯国之间的交往行为,更多的是强调诸侯国之间交往应遵循道义规范,最终实现安定和谐的华夏秩序。这种"和"的思想在当代国际关系中则表现为各国在国际交往中要追求"求同存异"的理念。在现有国际体系中,由于行为体国家利益、民族文化、价值取向等的不同，彼此间必然会产生矛盾与纠纷，此时各行为体若能本着"礼"的理念行事，以"和"为价值取向，必将使国际社会达到一种和谐稳定、和而不同的理想状态。

孔子生活在从奴隶社会向封建社会过渡的时期，他所提倡的"礼"制精神与"和而不同"理念深刻揭示了在体系转型期如何实现建立和谐稳定的国际秩序之目标。孔子主张"克己复礼"才能达到"天下归仁"的境界，要求国际社会各国要仁义友爱，要从自身的道义修养做起。当今，和平与发展是时代主题，但霸权主义和强权政治却依然威胁着世界的和谐发展。民族国家体系为了避免战争行为的发生，构建国际机制和国际规范成为必要选择。而孔子的"礼"制主张，有利于建构正义的国际规范和机制。因为只有各个国家在国际交往中坚持"和而不同"的理念，才能真正承认与包容不同国家之间文化和社会制度的多样性与差异性，才能真正坚持"己所不欲，勿施于人"的原则，对他国以"礼"相待，国际社会才能真正建立起和谐稳定的国际秩序。尤其是在当前国际体系的转型时期，孔子的国家间道义思想无疑具有重要的积极作用。

其次，有利于加强国际合作与机制建设。孔子重义轻利的义利观，虽然与推行霸权主义的国家格格不入，却与世界上多数国家要求开展多边合作的理念相一致。当前生态环境恶化、资源枯竭、粮食危机、贫富两极分化、恐怖主义泛滥等全球性问题威胁着人类的生存和发展。任何民族和国家都不能置身事外，更不可能单靠一国的力量来解决这些全球性问题，唯有各国际行为体之间以"义"作为取舍标准，承认多样性的合作，以包容精神平等相待、和平共处，把"己欲立而立人，己欲达而达人""己所不欲，勿施于人"的国家间道义精神运用到现实国际交往之中，才能实现多种力量和谐共存、平等协商，共同解决人类面临的重大问题。

最后，有利于提高国家交往的公信力。一般意义上的国家交往的公信力，是衡量一国在国际社会的国际行为被国内民众和国际社会接受和信任的程度，即国际公信力。国际公信力是一个国家软实力的重要组成部分。在信息化时代，随着全球化的深入发展，国际行为体的交往更加频繁，相互依赖程度更加紧密，因而国际公信力的作用则更加凸显。国际公信力是国家间道义思想的一种重要表现形式，它由一国国内的凝聚力和该国在国际社会的声誉和形象决定的。

孔子的国家间道义思想对如何提高国家交往的公信力指明了方向。首先，就国内而言，本国民众的公信力直接关系到一国外交政策的实施效果，甚至会影响到本国政府的政权稳定。在孔子看来为政的三个要素（足食、足兵、民信之矣）中，民信尤为重要。在信息化时代，民众对政府的决策影响越来越大，民众所具有的道义原则对外交政策的影响随之也逐渐加强。其次，就国际社会而言，拥有良好的国家形象在国际交往中能赢得他国的信任，有助于他国接受或认同本国的外交政策，从而有利于其国家利益的实现。自由制度主义大师罗伯特·基欧汉曾说："如果一国承认国际关系准则的道义约束力，并公开承诺遵守这些原则，将对这个国家的声誉起到一种标识作用。"国际公信力在国际关系中是一项重要的外交资源，拥有较高国际公信力的国家无论是外交声明还是外交行动都会赢得广泛的国际认同，提升国家的吸引力。最后，随着全球化的深入推进，近年来全球公民社会发展迅速，民间外交的作用显现。民间外交所具有的自发性、非官方性、灵活性等特点有利于消除不同民族、国家之间由于不同文化和价值信仰的差异而产生的交往隔阂，从而实现相互理解和包容。孔子主张："君子敬而无失，与人恭而有礼，四海之内，皆兄弟也。"这种恭、宽、信、敏、惠的交往规范，有利于民间外交的顺利开展。

孔子强调提高国家形象的国家间道义思想重在道义教化，重在提高人民、政治领导人的道义修养，这对于提高国家间交往的公信力至关重要。孔子主张作为国君，修身才是治国、平天下的根本，修身才能对内增强国家向心力、凝聚力，对外增强国家的号召力、影响力。孔子这种强调国家道义修养来增强国家软实力的思想，对于当前国际政治仍有借鉴意义。不可否认，在以民族国家为主体的国际社会里，国际道义与国家利益的践行时常会发生冲突，国际关系理论的各个流派对此的见解也不尽相同，如何在两者之间寻找平衡是人类面临的重大课题。民族国家追求国家利益无可厚非，但除了国家利益之外，人类还存在着全球共同利益。在国家利益与全球利益之间寻求平衡，才是和平与合作的基础。当今时代，霸权主义和强权政治的市场越来越小，国际政治中的道义作用更加凸显。

在春秋战国诸侯分裂割据、战乱频繁的历史时期，诸侯国之间并未真正做到和谐交往，孔子的国家间道义思想也未真正起到规范诸侯国行为的作用，在当时特定时代并没有在诸侯国之间引起较大反响。但是，随着世界全球化进程的扩展与深化，孔子国家间道义思想却对当代国际关系的建构有着不可忽视的重要作用，对我们今天构建和谐稳定的国际秩序、加强国际合作与机制的建设、提高国家间交往的公信力等方面都有着重要作用。随着人类社会文明的进步，孔子国家间道义思想在全球化进程中日益闪耀着智慧的光芒，为中国在国际舞台上赢得外交主动提供了理论支持与精神动力。

二　拓展与思考

孔子的国家间道义思想对建设有中国特色的国际关系理论有何启示？

第六章　荀况与《荀子》

荀子是春秋战国时期儒家学派最后一位重要的代表人物。荀子继承了孔子重"礼"的思想，是中国先秦儒家学派礼论之集大成者。荀子批判地接受并创造性地发展了儒家正统的思想和理论，主张"礼法并施"，提出"制天命而用之"的人定胜天的思想，反对鬼神迷信，提出性恶论，重视习俗和教育对人的影响，并强调学以致用，其思想集中反映在《荀子》一书中。荀子一生政治活动不顺，然而其思想却因《荀子》三十二篇而得以流传。[①]

[①] 关于荀子国家间政治思想，参见余丽、李涛《中国国家间道义思想探本溯源——基于先秦诸子国家间道义思想的对比分析》，《世界经济与政治》2011年第3期；李涛《先秦国家间道义思想研究》，硕士学位论文，郑州大学，2011年。

第六章 荀况与《荀子》

第一节 原著简介

一 荀况简介[①]

荀子,名况,字卿,又称"孙卿",战国末期赵国人,生卒年不详,晚于孟子百年左右。荀子五十岁时,始游学齐国稷下。齐襄王时,荀卿最为老师,三为祭酒,后遭齐人谗言,遂去齐适楚,楚相春申君任之为兰陵令。春申君被害后,荀卿废居兰陵,晚年"著数万言而卒,因葬兰陵"(《史记·孟子荀卿列传》)。李斯和韩非都是荀子的学生。

荀子是继孔、孟之后的又一位儒学大师,精通《诗》《礼》《易》《春秋》。荀子的思想是时代发展的产物。战国末期,封建生产关系已经基本确立,经过长时间的兼并战争,结束诸侯割据的局面、建立一个统一的中央集权制国家成为时代的要求。此时,学术思想也由百家争鸣趋向于互相吸收、互相融合。荀子适应时代的要求,批判吸收了各家之长,兼取儒、道、墨、法等诸家思想,成为战国后期一位集大成的思想家。综观《荀子》一书,其思想博大精深,内容极为丰富,凡自然、社会、哲学、政治、经济、军事、文学等皆有涉猎,堪称中国思想史上的一座丰碑。

荀子是杰出的进步思想家,这突出地表现在他对宇宙自然的看法上。在先秦时代的哲学中,儒家认为"天"是有意志、有精神的宇宙万物的主宰者,人的命运是由上天决定的。孔、孟都认为"死生有命,富贵在天"。荀子在对这种"天人合一"的唯心主义"天命论"进行尖锐

[①] 《荀子》,方勇、李波译注,中华书局 2011 年版,前言。

批判的基础上，吸收了道家天道自然的宇宙观，但又摒弃了老庄消极无为的思想，大胆地提出了"明于天人之分"（《天论》）的唯物主义自然观。他认为"天行有常，不为尧存，不为桀亡。应之以治则吉，应之以乱则凶"（《天论》），天是无意志无目的的自然界，有自己的运行规律，不以个人的意志为转移，社会的治乱和国家的兴亡是政治造成的，与天没有关系。因此荀子提出了"制天命而用之"的口号，认为人们只要发挥自己的主观能动作用，认识、掌握自然规律，就能改造自然界、利用自然界。他说："大天而思之，孰与物畜而制之？从天而颂之，孰与制天命而用之？望时而待之，孰与应时而使之？"（《天论》）荀子的这种"人定胜天"的光辉命题在中国思想史上无疑具有划时代的革命意义。

荀子的自然观反映到人性论上，形成了他的"性恶说"，这是荀子哲学思想的一个重要基石。荀子批判了孟子天赋道德观念的"性善说"，在"天人之分"基础上提出了"性伪之分"。他认为人的本性"固无礼义"（《性恶》），不像孟子说的那样天生是善的，而是恶的，充满了对物质欲望的渴求。人们的善良行为是后天人为努力的结果，"人之性恶，其善者伪也"（《性恶》）。人性虽不可改变，但可以改造，荀子主张"化性起伪"。他说："性也者，吾所不能为也，然而可化也。"（《儒效》）要求人们不断地学习、实践来改造本"恶"的人性，实现"性伪合"（《礼论》）。基于此，荀子提出了"涂之人可以为禹"（《性恶》）的著名论点，认为人们只要不断地"积伪"，都可以成为禹一样的人。荀子的性恶论从另一角度论证了人性问题，有其积极的进步意义，但他离开了人的社会属性，仅仅从自然生物性来谈论人性，没有从根本上解决人性的本质问题，而是一种抽象的人性论。

在性恶论的基础上，荀子提出了他的政治论。荀子的政治理想是建立一个"四海之内若一家"（《王制》）、"天下为一"（《王霸》）的中央集权制国家，"隆礼""重法"是其政治理论的核心内容。荀子认为，礼可以制约人们的情欲，自觉约束人们的行为，它不仅是一种使"贵贱有等，长幼有差，贫富轻重皆有称"（《富国》）的伦理道德等级制度，更是治国之根本，是一种最高的政治纲领。"礼者，治辨之极也，强国之本也，威行之道也"(《议兵》)，"人之命在天，国之命在礼"(《强国》)，礼的作用重大，关系到国家的存亡，只有隆礼，才能治国。"礼义生而制法度"(《性恶》)，礼是治国治民之本，而法则是必不可少的手段，"隆礼至法则国有常"(《君道》)，荀子主张治理国家必须礼法并重，要做到"尚贤任能""赏功罚过"，严刑重罚。在治理国家的方法上，荀子不像孟子那样重王道贱霸道，而是王霸并重，"隆礼尊贤而王，重法爱民而霸"(《天论》)，认为二者只是层次不一样。与此同时，荀子批评了孟子的"法先王"，言必称"三王"的复古思想，明确提出"百王之道，后王是也"(《不苟》)、"法后王，一制度"(《儒效》)，强调要从现实生活中去考察过去的历史，而不要盲目崇古。在经济上荀子提倡以农为本、开源节流、节用裕民、上下俱富的富国论思想。

　　荀子的认识论是建立在进步的自然观基础之上的，在哲学史上占据重要的地位。他反对孟子的"良知""良能""万物皆备于我"的说法，而继承了孔子"学而知之"的认识论思想。荀子首先肯定了人具有认识事物的能力，客观事物是可以被认识的"凡以知，人之性也；可以知，物之理也"(《解蔽》)。他认为人们经过不断地努力学习、实践，依靠外界客观条件就能获得丰富的认识。那么人是如何认识事物的呢？荀子认为人的认识过程要经过"天官意物"和"心有征知"(《正名》)两个阶段，即人的各种感觉器官（天官）首先同外界事物进行广泛的接触，再经过心的"征知"，即把获得的各种现象分析、综合，才能得到全面的认识。他告诫人们在认识过程中要防止各种片面性，克服那种"蔽于一曲而暗于大理"(《解蔽》)的毛病。荀子特别重视"行"的作用，强调人的认识仅得到"知"是远远不够的，"行"才是认识的归宿和终点。"知之不若行之""学至于行之而止"(《儒效》)，荀子的这种知行统一观在哲学史上具有深刻的意义。

　　与荀子的认识论相联系的是他的以"正名"为目的的逻辑思想。战国末期，社会上形成了一股名辩思潮，各家各派纷纷加入了这场大讨论中，荀子也积极参加了这场名辩争论。针对当时"圣王没，名守慢，奇辞起，名实乱"(《正名》)和"（析辞）擅作名以乱正名"(《正名》)的情况，荀子在孔子"名不正则言不顺"的正名学说的基础上，提出了他的正名主张："故王者之制名，名定而实辨，道行而志通，则慎率民而一焉。"（《正名》）他认为，统治者通过"制名"，使名实相副，就可以统一人民的思想，使人民遵守法度。荀子主要从三个方面进行了分析。制定名称的原因是"制名以指实"，"上以明贵贱，下以辨同异"（《正名》），制名是关系到国家治与乱的大事，"此所为有名也"（《正名》）。不同名称制定的根据是"缘天官"，天官必须与各自的对象相接触，然后再加以验证，"此所缘而以同异也"（《正名》）。名称的命名是"约定俗成"的，但要做到"稽实定数"，"此制名之枢要也"（《正名》）。荀子建立的一套完整的逻辑学说，对中国古代逻辑思想的发展作出了很大的贡献。

荀子作为一位杰出的哲学家，其思想对后代进步思想家产生了深刻的影响。如东汉王充的"天地合气""万物自生"（《论衡·自然》）的思想，唐代柳宗元的"功者自功，祸者自祸"（《天说》）的思想，刘禹锡"天与人交相胜"（《天论》）的思想，和清初王夫之的"圣人之志在胜天"（《张子正蒙注·太和》）的思想等，都能看到荀子"天人之分""人定胜天"自然观的影子。此外，后世一大批文学家也从荀子的散文中汲取了丰富的营养。汉初政论家贾谊、晁错的政论散文明显受到了荀子散文的影响，唐代的柳宗元、刘禹锡和宋代的王安石等人的文章，也都带有荀子散文的风格。

然而，历史上的荀子却是个饱受争议的人物。本来荀子站在时代的高度，对各家各派的观点进行了批判和总结，其思想带有鲜明的时代气息，虽然以儒为宗，但对儒家思想进行了富有时代特色的发挥和改造，具有明显的进步性。但是荀子在当时却"名声不白、徒与不众、光辉不博"（《尧问》），不为人们重视。其对思孟学派的批判以及性恶说，也引起了后儒的不满，有人甚至把他归为法家一派。所以荀子虽与孟子同为大儒，但远没有得到孟子那样的礼遇，后人对他的评价褒贬不一。

二　时代背景

战国时期，诸国纷争不断。在持续的战争和冲突当中，社会从奴隶社会向封建社会逐步过渡，与此同时，各种思想文化也应运而生，对当时的社会政治发展产生了重要的影响，可以说波澜壮阔的剧烈变动是荀子思想得以发扬的时代背景。封建社会经过不断的改革变化逐渐得以稳固，社会思想也因此发生了深刻的变化，国家社会的统一呼声高涨，学术上各执己见、百家争鸣的思想环境不再适应当时的社会发展。如何整理百家学说，提出合理有效的治国思想成为要务。荀子希望通过自己的政治思想，借助圣人的教化，转变百姓的思想性情，从而实现社会的和谐发展和国家的统一。正如郭沫若所言："荀子是先秦诸子中最后一位大师，他不仅集了儒家的大成，而且可以说是集了百家的大成的……他是把百家争鸣的学说差不多都融会贯通了。"荀子是先秦时期百家争鸣的集大成者，早年周游列国，学识渊博，曾三次担任齐国"稷下学宫"的"祭酒"一职。后前往楚国，为春申君赏识做了兰陵县令，春申君去世之后被免职，遂长居于兰陵直至去世。荀子桃李满天下，其中韩非、李斯都是他的入室弟子。韩非、李斯为法家主要代表人，师承于荀子，荀子为此也受到过质疑和抨击。

荀子对儒家的经典著作有着重要的贡献，对儒家的思想进行了重新整理。其著作《荀子》充分地展现了荀子自身优秀的思想理论，强调"礼"在社会中的规范作用。"礼"不仅是一个人人生的最高准则，而且也是治理国家的最高准则。荀子反对孟子的性善论，首倡性恶论。荀子认为人的道德品质是后天形成的，是环境影响和教育的结果，因此更加注重后天教育的重要性。荀子还是一位杰出的唯物主义思想家，其言"天行有常"，不信鬼神，提出了"制天命而用之"和"人定胜天"的命题。对于荀子而言，宇宙存在着不以人们意志为转移的规律，人可以利用自然、改造自然。荀子的思想对中国传统文化和思想史产生了深远的影响，也对现代政治社会和人类文明的发展具有一定的启示和借鉴意义。

第二节 《荀子》主要内容与观点

荀子国家间道义思想的逻辑起点是人性。荀子持性恶论。荀子认为人性是以人的肉体为基础的，是人先天就具有的本能。人性本恶，性中无善。然而，可以化性去伪，改造人性。性恶论既是荀子政治思想的基点，也是其国家间道义思想的逻辑起点。

在人性问题上，荀子持性恶论的立场，这在儒家学派中并不多见。荀子认为，人性是以人的物质结构为基础的，是不经过后天努力天生就具有的本能。他说："生之所以然者谓之性，性之和所生，精合感应，不事而自然谓之性。"① 这就是说，生来就有的叫作性。它是由人体自身的阴阳二气相互作用而产生的，是人的本能与外界事物相互接触而产生的反应，是不必经过后天的人为努力而具有的本能。在这样定义了"性"之后，荀子说人性是恶的。他说："人之性恶，其善者伪也。今人之性，生而有好利焉，顺是，故争夺生而辞让亡焉；生而有疾恶焉，顺是，故残贼生而忠信亡焉；生而有耳目之欲，有好声色焉，顺是，故淫乱生而礼义文理亡焉。然则从人之性，顺人之情，必出于争夺，合于犯分乱理，而归于暴。故必将有师法之化，礼义之导，然后出于辞让，合于文理而归于治。用此观之，然则人之性恶明矣，其善者伪也。"② 这就是说，人生来就具有好利、嫉恶、好声色等生理本能。若对人性不加以节制，任其发展，人间将不会有辞让、忠信、礼义文理等好的方面，将

---

① 《诸子集成》卷二：《荀子集解·卷十六·正名篇第二十二》，中华书局2006年版，第274页。
② 《诸子集成》卷二：《荀子集解·卷十七·性恶篇第二十三》，中华书局2006年版，第289页。

充满着为私利而进行的争夺。这正是战争、淫乱等丑恶现象的根源。因此,他得出人性恶的结论。

然而,事实是人间确有辞让、忠信、礼义文理等积极的因素存在,这又当如何解释呢?荀子说,这不叫"性",这叫"伪"。正是为了防止人类在纵欲之中走向毁灭,才必须以礼法来教化人民。这种在外界力量的教化和自身的努力改造之下所形成的诸如辞让、忠信、礼义文理等有别于人的先天生理本性的东西就叫作"伪"。然则,人何以能被教化?在荀子看来,人本性中虽无善,然人性具有向善的可能。这是因为,普通的人"皆有可以知仁义法正之质,皆有可以能仁义法正之具,然则其可以为禹明矣"[1]。所谓"质"是指人先天具有的思维能力,"具"指人先天就具有的实践能力。荀子认为人具有这两种先天的能力,因而都是可以被仁义之法教化的。总之,荀子认为,人性本恶,性中无善。然而,可以化性起伪,改造人性。

一 崇尚礼制

人性本恶,若人人都纵欲而为,则必将天下大乱。然而,人又是可以被教化的。这就自然引出了一个问题,即以什么为指导思想、以什么为具体措施来教化大众?荀子说,以礼制为措施,以仁德为主题来教化百姓。这就是他主张的"礼义"。荀子继承了孔子"尚礼"的思想,对礼制在治理社会、减少纷争、实现大众的福利方面的作用极为认同。他说:"礼起于何也?曰:人生而有欲,欲而不得,则不能无求。求而无度量分界,则不能不争;争则乱,乱则穷。先王恶其乱也,故制礼义以分之,以养人之欲,给人之求。使欲必不穷乎物,物必不屈于欲。两者相持而长,是礼之所起也。"[2]在这里,荀子道出了礼的源起和目的。他

---

[1] 《诸子集成》卷二:《荀子集解·卷十七·性恶篇第二十三》,中华书局2006年版,第295页。

[2] 《诸子集成》卷二:《荀子集解·卷十三·礼论篇第十九》,中华书局2006年版,第231页。

认为，为了这个社会不至于在人们为了私利的争夺中走向灭亡，必须制定礼制规范来节制人的欲望，划清人们在社会中的地位名分，调节人们之间由欲望所产生的需求之间的矛盾，调节人的需求与资源之间的矛盾。这就是礼的起源。制定礼制的目的是平衡人们无限的欲望与有限的社会资源供给。这样做的原因不是其他，就是人性恶。他说"故檃栝之生，为枸木也；绳墨之起，为不直也；立君上，明礼义，为性恶也"①。荀子崇尚礼治。在他看来，礼是治国之本和为政的基础。他说："故人之命在天，国之命在礼。"②"礼者，政之挽也；为政不以礼，政不行矣"③。荀子认为礼是社会成员都应遵守的有等级的系统的行为规范。他认为社会必须是分等级的。他说："礼者，贵贱有等，长幼有差，贫富轻重皆有称者也。"④这就是说，制定礼制的目的就是将人类社会进行差别化。他又说："礼者，人之所履也。失所履，必颠蹶陷溺"。⑤就是说，礼是人们都应遵循的制度规范。这些都是荀子对礼的重要性的论述。那么，礼要怎样才能起作用呢？一靠强制执行，二靠教化。但更重要的是要靠教化。将礼内化为普通大众的认识，才能更好地发挥其作用。所以，礼本身又是一个重要的教化工具。

在明确了礼制对人类社会的重要性之后，紧接着的问题是，应当制定怎样的礼制来教化大众呢？荀子认为，礼制的制定必须以"仁德"为基础，也可以说成以"义"为基础。荀子认为，天子应以"礼"治理天下，诸侯国之间应以"礼"作为处理彼此间关系的规范。礼应以仁德为基础。这样，一国的国家行为是否符合以仁德为基础的礼制就成为衡量一国国家行为道义性的标准了。

---

① 《诸子集成》卷二:《荀子集解·卷十七·性恶篇第二十三》，中华书局2006年版，第294页。
② 《诸子集成》卷二:《荀子集解·卷十一·强国篇第十六》，中华书局2006年版，第194页。
③ 《诸子集成》卷二:《荀子集解·卷十九·大略篇第二十七》，中华书局2006年版，第325页。
④ 《诸子集成》卷二:《荀子集解·卷六·富国篇第十》，中华书局2006年版，第115页。
⑤ 《诸子集成》卷二:《荀子集解·卷十九·大略篇第二十七》，中华书局2006年版，第327页。

二　得道义者得天下

荀子根据一国国际行为所遵循的行为规范和行为模式的特点与道义水平，提出了王权国家、霸权国家和强权国家三种国家类型。在《王制》中，荀子对这三类国家的行为进行了阐述。他说"王夺之人，霸夺之与，强夺之地"。[①]这一句话是对王、霸、强三类国家国际行为特点的高度概括。这就是说，王权国家重在争取他国人民的民心，霸权国家重在争取更多的同盟国，而强权国家重在掠夺别国的领土。紧接着他说："夺之人者臣诸侯，夺之与者友诸侯，夺之地者敌诸侯。臣诸侯者王，友诸侯者霸，敌诸侯者危。"[②]这就是说，争夺民心的王权国家可以使天下诸侯臣服于自己，争夺盟国的霸权国家可以使诸侯成为自己的朋友，争夺土地的强权国家就会使诸侯成为自己的敌人。使诸侯臣服的能够称王天下，同诸侯友好的能够称霸诸侯，和诸侯为敌的就会危险了。

荀子并没有明确说明他的个人倾向，但我们可以明显地看出，他的态度是赞扬王权，肯定霸权，贬斥强权。这是因为"王"这一概念在先秦诸子，特别是儒家思想中是一个十分崇高神圣的概念，荀子用"王"来指代他心目中理想的国家类型。这种国家是世界的领导国，是正义的国际制度的制定者、主导者与维护者。在荀子看来，王权国家的行为原则就代表了最高的国家间道义原则。王权国家是正义的化身，其行为就是正义的标准。

与孟子不同，荀子对"霸"字并没有赋予太多的贬义色彩，而是在中性的意义上使用它，甚至还带有一定的肯定意味。他曾说，做到霸权国已经很不容易了，并且对春秋五霸的态度也较为肯定。因此，荀子认为，霸权国家的某些行为也是符合国家间道义的，也是应予肯定的。

荀子是在贬义上使用"强"这一概念的，他对强权国家的行为基本

[①] 《诸子集成》卷二：《荀子集解·卷五·王制篇第九》，中华书局2006年版，第98页。
[②] 《诸子集成》卷二：《荀子集解·卷五·王制篇第九》，中华书局2006年版，第98页。

持否定态度。在荀子的认识中，强权国家是道义水平最低的一类国家，其国际行为就是不道义的代名词。荀子将其认为不道义的国际行为都归结于强权国家，从而使强权国家成为其批判的对象。纵观《荀子》全篇，凡是在谈论国家的国际行为模式和行为原则时，荀子通常使用对比的方法，十分明确地提出自己推崇和肯定哪种行为模式，贬抑和反对哪种行为模式。前者都是王权国家，后者多是强权国家。而荀子确定其褒贬的标准便是一国国际行为道义水平的高低。

荀子对道义的重要性有着深刻的认识，对道义的感召力更是毫不怀疑。他认为，道义是人最宝贵的东西。他说："水火有气而无生，草木有生而无知，禽兽有知而无义，人有气、有生、有知，亦且有义，故最为天下贵也。"[1]这就是说，水火有气却没有生命，草木有生命却没有知觉，禽兽有知觉却不讲道义。人有气、有生命、有知觉、又讲道义，所以人是天下最贵重的。正是道义将人与禽兽区别开来，正是因人讲道义才显得贵重。道义之于人的重要性不言自明了。

对人来说，道义至关重要，对国家来说，道义同样重要。在荀子看来，最完美的国家就是王权国家。那么，什么样的国家才能是王权国家呢？何谓"王天下"呢？荀子说："取天下者，非负其土地而从之之谓也，道足以壹人而已矣。"[2]这就是说，取天下或说称王天下并不是指其他国家都带着土地前来追随我，也并不是我侵占、吞并或拥有了其他国家的土地，而是指我奉行的政治原则足以使天下所有国家都团结在我的周围。这样的国家就是王权国家。荀子认为，王权国家是整个国际体系的领导国家，不仅在国际体系中拥有最高的权势，而且拥有国际权威。一国取得这样的国际地位的过程和结果就是"王天下"。

王权国家的基本特征是什么？成为王权国家应具备什么条件呢？荀子说，王权国家是"仁眇天下，义眇天下，威眇天下"[3]。这就是说，王

---

[1] 《诸子集成》卷二：《荀子集解·卷五·王制篇第九》，中华书局2006年版，第104页。
[2] 《诸子集成》卷二：《荀子集解·卷七·王霸篇第十一》，中华书局2006年版，第139页。
[3] 《诸子集成》卷二：《荀子集解·卷五·王制篇第九》，中华书局2006年版，第100页。

权国家的基本特征在于其仁爱高于天下各国,道义高于天下各国,威势高于天下各国。行仁德在国际社会中占据道义的高地,是王权国家的基本特征。而成为王权国家的条件也在于此。他又说:"故用国者,义立而王,信立而霸,权谋立而亡。"①这就是说,靠道义来立国处事就能称王天下,靠信誉来立国处事就能称霸天下,而若靠权力和计谋来立国处事就只能亡国了。他还说"故古之人有以一国取天下者,非往行之也,修政其所莫不愿,如是而可以诛暴禁悍矣。"②这就是说,有凭借一个国家的力量就拥有天下的,这并不是靠到他国进行掠夺,而是行仁德、讲道义,将自己的国家治理好,就会引得天下人的向往,这样就可以铲除强暴、制止凶悍而称王天下了。由此,他认为,道义是称王天下的基本条件。

荀子认为,国家在处理国际关系时不重视道义就会使其走向危亡。他说,"故人主不务得道而广有其势,是其所以危也"③。这就是说,君主如果不致力于掌握礼仪之道,不重视道义,而只求扩展他的势力,这就是危险而亡国的原因了。反之,国家若能重视国家间道义,行仁德,则能使其安然立身于国际社会,美名传天下。他说:"案然修仁义,伉隆高,正法则,选贤良,养百姓,为是之日,而名声刲天下之美矣。"④

三 国家间道义的基本原则

第一,互相尊重,友好相处。国际关系中的互相尊重,就是尊重对方应有的国际权利,不恃强凌弱,以大欺小。荀子在论述霸权国如何才能获得霸权地位时,阐明了他对国家间关系的这一看法。他说:"修友敌之道,以敬接诸侯,则诸侯说之矣。所以亲之者,以不并也;并之

---

① 《诸子集成》卷二:《荀子集解·卷七·王霸篇第十一》,中华书局2006年版,第131页。
② 《诸子集成》卷二:《荀子集解·卷五·王制篇第九》,中华书局2006年版,第110页。
③ 《诸子集成》卷二:《荀子集解·卷三·仲尼篇第七》,中华书局2006年版,第69页。
④ 《诸子集成》卷二:《荀子集解·卷五·王制篇第九》,中华书局2006年版,第110页。

见，则诸侯疏矣。"①这就是说，一个国家应与别国处理好关系，尊重他国，这样才能受到其他国家的欢迎。而别的国家之所以能与其维持友好关系，是因为该国不凭借自身强大的力量吞并之。这样的国家，才能称霸诸侯。显然，荀子对这种处理国家间关系的态度是赞赏的。而"王者之法"，在"养万民"，在使"通流财物粟米，无有滞留，使相归移也，四海之内若一家。故近者不隐其能，远者不疾其劳，无幽闲隐僻之国，莫不趋使而安乐之"。这就是说，好的世界领导国就是使各国能够和睦相处，互惠互利，互通有无，从而共享繁荣与太平。这是一种基于互相尊重，而又高于互相尊重的对待他国的态度。

第二，扶弱禁暴，不搞武力兼并。荀子认为，这是王道国家的行为方式，也是他所赞同的国家间道义的基本原则。他说："彼王者则不然：致贤而能以救不肖，致强而能以宽弱，战必能殆之，而羞与之斗，委然成文，以示之天下，而暴国安自化矣。有灾缪者，然后诛之。"②这就是说，王权国家能够救助弱者，宽容弱者。制定了正义的制度而公布于天下，对于挑衅制度和扰乱国际社会的国家则以正义之师讨伐之。对此，荀子是赞赏的。他还说，霸权国能做到"存亡继绝，卫弱禁暴，而无兼并之心，则诸侯亲之矣"③。就是说，霸权国能做到保存将要灭亡的国家，延续已经灭绝的国家，让其香火得以延续。保护弱小国家，制止残暴的国家而没有吞并之心，这样的国际行为才是受欢迎的，也是荀子赞赏的有道义的国家行为。

第三，讲求国际信用。在国际关系中，荀子十分注重战略诚信。他说："君子养心莫善于诚。"④对人如此，对国家亦如此。他说："政令已陈，虽睹利败，不欺其民；约结已定，虽睹利败，不欺其与。如是，则兵劲城固，敌国畏之；国一綦明，与国信之，虽在僻陋之国，威动天

---

① 《诸子集成》卷二：《荀子集解·卷五·王制篇第九》，中华书局2006年版，第100页。
② 《诸子集成》卷二：《荀子集解·卷三·仲尼篇第七》，中华书局2006年版，第68页。
③ 《诸子集成》卷二：《荀子集解·卷五·王制篇第九》，中华书局2006年版，第100页。
④ 《诸子集成》卷二：《荀子集解·卷二·不苟篇第三》，中华书局2006年版，第28页。

下，五伯是也。"①这就是说，政令一经发布，便不会因自身利益有所损害而失信于人民。盟约即签，便不会因自身利益有所损害而失信于盟友。这样的国家就会国防巩固，国家统一，道义彰明于天地，盟国信任于左右。这是成就霸业的基本条件，也是为荀子所赞赏的讲道义的国家行为。荀子反对唯利是图，见利忘义，不讲信用。他说："挈国以呼功利，不务张其义，齐其信，唯利之求，内则不惮诈其民而求小利焉；外则不惮诈其与而求大利焉，内不修正其所以有，然常欲人之有。如是，则臣下百姓莫不以诈心待其上矣。上诈其下，下诈其上，则是上下析也。如是，则敌国轻之，与国疑之，权谋日行，而国不免危削，綦之而亡，齐闵薛公是也。"②这就是说，一个国家若唯利是图，不讲道义，不讲信用，对内对外的行为都以利益为导向，君主与臣下之间、国与国之间互相欺诈，靠权术谋略行事，国家就不免会被削弱而灭亡了。荀子反对国与国之间依靠欺诈诡计的方式进行无休止的争夺。它在评论春秋五霸的行为为什么没有得到孔子门下的称道之时说："乡方略，审劳佚，畜积修斗，而能颠倒其敌者也。诈心以胜矣。彼以让饰争，依乎仁而蹈利者也，小人之杰也，彼固曷足称乎大君子之门哉！"③这就是说，春秋五霸都是只重视方法策略。他们对内合理使用民力，注重积累国力。但对外则靠阴谋诡计来取胜，打着谦让的名义而互相争夺，打着仁义旗号而谋其私利，因此，不为孔子门人所称道。其行为同样也不为荀子所认可。

第四，支持正义战争，反对穷兵黩武。对战争的态度也鲜明地反映了他的国家间道义思想。荀子支持正义战争，反对穷兵黩武，反对侵略掠夺，反对军事吞并。在荀子看来，战争是为了禁止横暴，消除危害，而不是国家为了私利进行掠夺的手段。他说："彼兵者所以禁暴除害

---

① 《诸子集成》卷二：《荀子集解·卷七·王霸篇第十一》，中华书局2006年版，第133页。
② 《诸子集成》卷二：《荀子集解·卷七·王霸篇第十一》，中华书局2006年版，第133—134页。
③ 《诸子集成》卷二：《荀子集解·卷三·仲尼篇第七》，中华书局2006年版，第68页。

也，非争夺也。"① 因此，他以仁义为用兵的最高原则，对先王的仁义之师极为推崇，认为仁者之兵将无往而不胜。以仁义为最高原则，以禁止横暴、消除危害的正义之师，其威德加诸海内，美名满扬天下。他说："故仁人之兵，所存者神，所过者化，若时雨之降，莫不说喜。是以尧伐驩兜，舜伐有苗，禹伐共工，汤伐有夏，文王伐崇，武王伐纣，此四帝两王，皆以仁义之兵行于天下也。故近者亲其善，远方慕其义，兵不血刃，远迩来服，德盛于此，施及四极。"② 因此，他反对靠军事力量进行的兼并战争，而主张以仁德和道义的吸引力来获得他国人民的归服。他说："有以德兼人者，有以力兼人者，有以富兼人者。"③ 荀子主张以德兼人。所谓以德兼人就是"彼贵我名声，美我德行，欲为我民，故辟门除涂，以迎吾入"④。这就是说，别国人民对我国心存敬仰而自愿归附我国者叫"以德兼人"。而所谓"以力兼人"就是他国人民"非贵我名声也，非美我德行也，彼畏我威，劫我势，故民虽有离心，不敢有畔虑，若是则戎甲俞众，奉养必费。"⑤ 这就是说，别国民众在我国的威压之下被迫归服，就是"以力兼人"。还有一种叫"以富兼人"，他国人民"非贵我名声也，非美我德行也，用贫求富，用饥求饱，虚腹张口，来归我食"。⑥ 就是说他国人民仅仅是贪图我国的财富而归服我国的，就是"以富兼人"。荀子认为"是故得地而权弥重，兼人而兵俞强；是以德兼人者也"⑦，"是故得地而权弥轻，兼人而兵俞弱；是以力兼人者也"⑧，"是故得地而权弥轻，兼人而国俞贫；是以富兼人者也"⑨。这就是说，只有

---

① 《诸子集成》卷二：《荀子集解·卷十·议兵篇第十五》，中华书局2006年版，第185页。
② 《诸子集成》卷二：《荀子集解·卷十·议兵篇第十五》，中华书局2006年版，第185—186页。
③ 《诸子集成》卷二：《荀子集解·卷十·议兵篇第十五》，中华书局2006年版，第191页。
④ 《诸子集成》卷二：《荀子集解·卷十·议兵篇第十五》，中华书局2006年版，第191页。
⑤ 《诸子集成》卷二：《荀子集解·卷十·议兵篇第十五》，中华书局2006年版，第191页。
⑥ 《诸子集成》卷二：《荀子集解·卷十·议兵篇第十五》，中华书局2006年版，第192页。
⑦ 《诸子集成》卷二：《荀子集解·卷十·议兵篇第十五》，中华书局2006年版，第191页。
⑧ 《诸子集成》卷二：《荀子集解·卷十·议兵篇第十五》，中华书局2006年版，第191—192页。
⑨ 《诸子集成》卷二：《荀子集解·卷十·议兵篇第十五》，中华书局2006年版，第192页。

以德兼人才是王制之道，才是讲国家间道义的正义之举。

至此，我们可以对荀子的国家间道义思想进行总结。荀子认为，道义对一个国家至关重要，是一国在国际体系中安身立命、获得世界领导国地位的必备条件。荀子判定一国国际行为是否具有道义和道义水平高低的基本依据，就是看该国的国际行为是否符合以仁德为基础的礼制的要求。凡是能以仁德为国际行为的基本指导方针，以礼制的基本精神和基本要求为准则的国际行为，就是有道义的，反之，就是无道义的。

《荀子集解·卷五·王制篇第九》节选[①]

请问为政？曰：贤能不待次而举，罢不能不待须而废，元恶不待教而诛，中庸不待政而化。分未定也则有昭缪。虽王公士大夫之子孙也，不能属于礼义，则归之庶人。虽庶人之子孙也，积文学，正身行，能属于礼义，则归之卿相士大夫。故奸言、奸说、奸事、奸能、遁逃反侧之民，职而教之，须而待之，勉之以庆赏，惩之以刑罚，安职则畜，不安职则弃。五疾，上收而养之，材而事之，官施而衣食之，兼覆无遗。才行反时者死无赦。夫是之谓天德，是王者之政也。

听政之大分：以善至者待之以礼，以不善至者待之以刑。两者分别，则贤不肖不杂，是非不乱。贤不肖不杂则英杰至，是非不乱则国家治。若是，名声日闻，天下愿，令行禁止，王者之事毕矣。

凡听，威严猛厉而不好假道人，则下畏恐而不亲，周闭而不竭，若是，则大事殆乎驰，小事殆乎遂。和解调通，好假道人而无所凝止之，则奸言并至，尝试之说锋起。若是，则听大事烦，是又伤之也。故法而不议，则法之所不至者必废。职而不通，则职之所不及者必队。故法而议，职而通，无隐谋，无遗善，而百事无过，

[①] 《诸子集成》卷二：《荀子集解·卷五·王制篇第九》，中华书局2006年版，第94—102页。

非君子莫能。故公平者，听之衡也；中和者，听之绳也。其有法者以法行，无法者以类举，听之尽也；偏党而无经，听之辟也；故有良法而乱者，有之矣，有君子而乱者，自古及今，未尝闻也。《传》曰："治生乎君子，乱生乎小人。"此之谓也。

分均则不偏，埶齐则不壹，众齐则不使。有天有地而上下有差；明王始立而处国有制。夫两贵之不能相事，两贱之不能相使，是天数也。埶位齐而欲恶同，物不能澹则必争，争则必乱，乱则穷矣。先王恶其乱也，故制礼义以分之，使有贫富贵贱之等，足以相兼临者，是养天下之本也。《书》曰："维齐非齐。"此之谓也。

马骇舆，则君子不安舆，庶人骇政，则君子不安位。马骇舆则莫若静之；庶人骇政，则莫若惠之。选贤良，举笃敬，兴孝弟，收孤寡，补贫穷，如是，则庶人安政矣。庶人安政，然后君子安位。《传》曰："君者，舟也；庶人者，水也。水则载舟，水则覆舟。"此之谓也。故君人者，欲安，则莫若平政爱民矣，欲荣，则莫若隆礼敬士矣，欲立功名，则莫若尚贤使能矣，是君人者之大节也。三节者当，则其余莫不当矣；三节者不当，则其余虽曲当，犹将无益也。孔子曰："大节是也，小节是也，上君也。大节是也，小节一出焉，一入焉，中君也。大节非也，小节虽是也，吾无观其余矣。"成侯、嗣公，聚敛计数之君也，未及取民也；子产，取民者也，未及为政也；管仲，为政者也，未及修礼也。故修礼者王，为政者强，取民者安，聚敛者亡。故王者富民，霸者富士，仅存之国富大夫，亡国富筐箧，实府库。筐箧已富，府库已实，而百姓贫，夫是之谓上溢而下漏，入不可以守，出不可以战，则倾覆灭亡可立而待也。故我聚之以亡，敌得之以强。聚敛者，召寇、肥敌、亡国、危身之道也，故明君不蹈也。

王夺之人，霸夺之与，强夺之地。夺之人者臣诸侯，夺之与者友诸侯，夺之地者敌诸侯。臣诸侯者王，友诸侯者霸，敌诸侯者危。用强者，人之城守，人之出战，而我以力胜之也，则伤人之民必甚矣。伤人之民甚，则人之民必恶我必甚矣；人之民恶我甚，则日欲与我斗。人之城守，人之出战，而我以力胜之，则伤吾民必甚矣；伤吾民甚，则吾民之恶我必甚矣；吾民之恶我甚，则日不欲为我斗。人之民日欲与我斗，吾民日不欲为我斗，是强者之所以反弱也。地来而民去，累多而功少，虽守者益，所以守者损，是以大者之所以反削也。诸侯莫不怀交接怨而不忘其敌，伺强大之间，承强大之敝，此强大之殆时也。知强大者不务强也，虑以王命，全其力，凝其德。力全则诸侯不能弱也，德凝则诸侯不能削也，天下无王霸主，则常胜矣。是知强道者也。

彼霸者则不然，辟田野，实仓廪，便备用，案谨募选阅材伎之士，然后渐庆赏以先之，严刑罚以纠之。存亡继绝，卫弱禁暴，而无兼并之心，则诸侯亲之矣；修友敌之道以敬接诸侯，则诸侯说之矣。所以亲之者，以不并也，并之见，则诸侯疏矣；所以说之者，以友敌也，臣之见，则诸侯离矣。故明其不并之行，信其友敌之道，天下无王霸主，则常胜矣。是知霸道者也。闵王毁于五国，桓公劫于鲁庄，无它故焉，非其道而虑之以王也。彼王者不然：仁眇天下，义眇天下，威眇天下。仁眇天下，故天下莫不亲也；义眇天下，故天下莫不贵也；威眇天下，故天下莫敢敌也。以不敌之威，辅服人之道，故不战而胜，不攻而得，甲兵不劳而天下服。是知王道者也。知此三具者，欲王而王，欲霸而霸，欲强而强矣。

王者之人：饰动以礼义，听断以类，明振毫末，举措应变而不穷。夫是之谓有原。是王者之人也。

王者之制：道不过三代，法不二后王；道过三代谓之荡，法二后王谓之不雅。衣服有制，宫室有度，人徒有数，丧祭械用，皆有等宜，声，则凡非雅声者举废，色，则凡非旧文者举息，械用，则凡非旧器者举毁，夫是之谓复古。是王者之制也。

王者之论：无德不贵，无能不官，无功不赏，无罪不罚，朝无幸位，民无幸生，尚贤使能，而等位不遗，析愿禁悍，而刑罚不过。百姓晓然皆知夫为善于家而取赏于朝也；为不善于幽而蒙刑于显也。夫是之谓定论。是王者之论也。

王者之法：等赋、政事，财万物，所以养万民也。田野什一，关市几而不征，山林泽梁，以时禁发而不税。相地而衰政，理道之远近而致贡，通流财物粟米，无有滞留，使相归移也。四海之内若一家。故近者不隐其能，远者不疾其劳，无幽闲隐僻之国，莫不趋使而安乐之。夫是之谓人师。是王者之法也。

《荀子集解·卷六·富国篇第十》节选[1]

观国之治乱臧否，至于疆易而端已见矣。其候徼支缭，其竟关之政尽察，是乱国已。入其境，其田畴秽，都邑露，是贪主已。观其朝廷，则其贵者不贤；观其官职，则其治者不能；观其便嬖，则其信者不悫；是暗主已。凡主相臣下百吏之俗，其于货财取与计数也，顺孰尽察，其礼义节奏也，芒轫僈楛，是辱国已。其耕者乐田，其战士安难，其百吏好法，其朝廷隆礼，其卿相调议，是治国已。观其朝廷，则其贵者贤；观其官职，则其治者能；观其便嬖，则其信者悫；是明主已。凡主相臣下百吏之属，其于货财取与计数也，宽饶简易；其于礼义节奏也，陵谨尽察，是荣国已。贤齐则其亲者先贵，能齐则其故者先官，其臣下百吏，污者皆化而修，悍者皆化而愿，躁者皆化而悫，是明主之功已。

观国之强弱贫富有征验：上不隆礼则兵弱，上不爱民则兵弱，已诺不信则兵弱，庆赏不渐则兵弱，将率不能则兵弱。上好功则国贫，上好利则国贫，士大夫众则国贫，工商众则国贫，无制数度量则国贫。下贫则上贫，下富则上富。故田野县鄙者，财之本也；垣窌仓廪者，财之末也。百姓时和、事业得叙者，货之源也；等赋府库者，货之流也。故明主必谨养其和，节其流，开其源，而时斟酌

---

[1] 《诸子集成》卷二：《荀子集解·卷六·富国篇第十》，中华书局2006年版，第124—130页。

焉，潢然使天下必有余，而上不忧不足。如是，则上下俱富，交无所藏之，是知国计之极也。故禹十年水，汤七年旱，而天下无菜色者，十年之后，年谷复熟，而陈积有余。是无它故焉，知本末源流之谓也。故田野荒而仓廪实，百姓虚而府库满，夫是之谓国蹷。伐其本，竭其源，而并之其末，然而主相不知恶也，则其倾覆灭亡可立而待也。以国持之而不足以容其身，夫是之谓至贫，是愚主之极也。将以求富而丧其国，将以求利而危其身，古有万国，今有十数焉。是无它故焉，其所以失之一也。君人者，亦可以觉矣。百里之国，足以独立矣。

凡攻人者，非以为名，则案以为利也，不然，则忿之也。仁人之用国，将修志意，正身行，伉隆高，致忠信，期文理。布衣紃屦之士诚是，则虽在穷阎漏屋，而王公不能与之争名；以国载之，则天下莫之能隐匿也。若是，则为名者不攻也。将辟田野，实仓廪，便备用，上下一心，三军同力，与之远举极战，则不可。境内之聚也保固，视可午其军，取其将，若拨麷。彼得之不足以药伤补败。彼爱其爪牙，畏其仇敌，若是则为利者不攻也。将修小大强弱之义以持慎之，礼节将甚文，珪璧将甚硕，货赂将甚厚，所以说之者必将雅文辩慧之君子也。彼苟有人意焉，夫谁能忿之？若是，则忿之者不攻也。为名者否，为利者否，为忿者否，则国安于盘石，寿于旗翼。人皆乱，我独治；人皆危，我独安；人皆失丧之，我按起而治之。故仁人之用国，非特将持其有而已也，又将兼人。诗曰："淑人君子，其仪不忒。其仪不忒，正是四国。"此之谓也。

持国之难易：事强暴之国难，使强暴之国事我易。事之以货宝，则货宝单而交不结；约信盟誓，则约定而畔无日；割国之锱铢以赂之，则割定而欲无厌。事之弥烦，其侵人愈甚，必至于资单国举然后已。虽左尧而右舜，未有能以此道得免焉者也。辟之是犹使处女婴宝珠佩宝玉，负戴黄金，而遇中山之盗也，虽为之逢蒙视，诎要桡膕，君卢屋妾，由将不足以免也。故非有一人之道也，直将巧繁拜请而畏事之，则不足以持国安身。故明君不道也。必将修礼以齐朝，正法以齐官，平政以齐民；然后节奏齐于朝，百事齐于官，众庶齐于下。如是，则近者竞亲，远方致愿，上下一心，三军同力，名声足以暴炙之，威强足以捶笞之，拱揖指挥，而强暴之国莫不趋使，譬之是犹乌获与焦侥搏也。故曰：事强暴之国难，使强暴之国事我易。此之谓也。

第三节　评析与思考

一　评析

荀子的国家间政治思想强调了仁政、德治和道德优先，他的思想对于国家间的和平相处和道德统治产生了重要影响。具体来说，荀子的国家间政治思想呈现出以下特点。

第一，强调仁政与和谐共处。荀子认为国家间应以仁政为基础，通过君主的仁德和人民的道德修养，实现和平共处和社会的和谐。他强调君主应以仁义为准则，对待其他国家和人民应具备仁爱之心。认为国家的政治实力远比国家的经济、军事实力重要。他以周文王与桀、纣做比，详细论述了周文王之所以能以百里之地取天下，桀、纣贵为共主却失天下的关键在于前者秉承了圣王道义，而后者抛弃了圣王道义。在他看来，一取一舍俨然已经成为左右国家前途的分水岭。另外，他还说："汤、武非取天下也，修其道，行其义，兴天下之同利，除天下之同害，而天下归之也。"荀子从正反两个方面清晰地阐明了他对国家权力结构的认识，君主应优先提升政治道义，加大政治道义比重，并且要明确知道占据道义高位之于得天下的重要意义。

第二，重视德治和道德优先。荀子主张国家的治理应以德行和道德为核心，通过道德教化和榜样作用来引导人民的行为。他认为只有国家内部道德优良，才能在国际事务中展现诚信和正义。他在《君道》一文中指出君主要想把国家治理好，就必须提高自身道德修养。为了达到这一目的就必须做到以下三点。首先，"隆礼至法"，也即要推崇礼义，使礼法高于一切；其次，君主必须善于用人，做到"尚贤使能"，"慎取相"；最后，要善于听取各方意见、明察一切，也即所谓的"兼听齐明，则天下归之"。当然，荀子除了提出上述主张外，还提出了以爱民、诚信等方式加强君主修养。

第三，和平共处和非侵略原则。荀子主张君主应以和平共处为首要原则，遵循非侵略原则处理国家间的关系。他反对通过战争和侵略来扩大领土和利益，主张以和平的手段解决国际争端。他主张"将修小大强弱之义以持慎之，礼节将甚文，圭璧将甚硕，货赂将甚厚"，其意就是指在处理与弱小国家的关系时，应该以礼相待，多多施予恩惠，唯有如此方能堪称道义。

总体而言，荀子的国家间政治思想强调了仁政、德治与和平共处的原则，强调国家间的道德和道义，对于和平相处和道德统治产生了重要影响。他的思想对后世在国际关系理论和国际合作方面的发展提供了有益的启示，尤其在强调道德和道义在国际事务处理中的重要性方面具有不可忽视的价值。

二 拓展与思考

1. 荀子的国家间道义思想与孔子的国家间道义思想有何区别与联系？

2. 荀子的国家间道义思想对建设有中国特色的国际关系理论有何启示？

第七章 韩非与《韩非子》

　　《韩非子》是先秦法家集大成之杰作,是我国古代政治学方面的名著,在古代哲学、文学史上也享有盛誉。它和先秦诸子百家如道家、儒家、墨家、兵家、名家、阴阳家等学派的著作交相辉映,共同编织了灿烂夺目的中国古代优秀传统文化彩虹。宋朝名相赵普说:"半部《论语》治天下。"无独有偶,近代著名学者章太炎称"半部《韩非子》治天下"。严复在上光绪的"万言书"中也说:"在今天要谈救亡图存的学说,我想只有申不害、韩非子的大致可用。"可以说,《韩非子》是我国重要的文化遗产,其中蕴含着丰富的国家间政治思想。①

---

① 关于韩非子国家间政治思想,参见余丽、李涛《中国国家间道义思想探本溯源——基于先秦诸子国家间道义思想的对比分析》,《世界经济与政治》2011年第3期;参见李涛《先秦国家间道义思想研究》,硕士学位论文,郑州大学,2011年。

第七章 韩非与《韩非子》

第一节 原著简介

一 韩非简介

韩非(前280—前233),战国末期韩国人,法家主要代表人物。出身于韩国贵族,为韩国之庶公子①,曾师从于荀子,先秦法家学说的集大成者,在文学、史学领域也造诣颇深,还是一位爱国志士。他曾建议韩王变法图强,不见用。著《孤愤》《五蠹》《说难》等十余万言,受到秦王政的重视,被邀出使秦国。不久因李斯、姚贾谗害,自杀于狱中。韩非死后,后人搜集其遗著,并加入他人论述韩非学说的文章,后编成《韩非子》,共五十五篇,二十卷。《韩非子》提出了"法""术""势"相结合的法治主张。

生于战国末期的韩非学识渊博,对先秦各主要流派的学说均有涉猎。他曾经系统地研究了春秋战国时期各家各派代表人物的著作与思想,对其或批判或借鉴或发展,最后形成了自己独特的思想体系。韩非对儒、墨两家学说基本持批判态度②,对老子的思想则进行借鉴并按照自己的理解和需要进行了发挥,对商鞅、慎到、申不害等先秦法家代表人物的思想则基本全部予以吸收,并能融会贯通而有突破性地发展。主张"为治者……不务德而务法""赏厚而信,刑重而必"(《韩非子·定法》)。称法的制定,应该"编著之图籍,设之于官府,而布之

---

① 此处借用蔡元培对韩非子身世的说法。参见蔡元培《中国伦理学史》。蔡氏说法来源于其对《史记》中所记韩非子身世的理解。《史记》记载为"韩非者,韩之诸公子也"。(《史记·老子韩非列传》)

② 韩非对荀子的思想有所借鉴,并有所演变和发展。如"人性恶"的主张。

于百姓"(《难三》)。法的施行,应该"刑过不避大臣,赏善不遗匹夫"(《有度》)。

韩非的政治思想主要有三个来源:一是商鞅的法,二是申不害的术,三是慎到的势。此外,也吸收了道家、儒家、墨家、名家的一些思想,加以融会贯通,构成自己的独到见解,形成了臻于完善的法家思想体系,这是他一生智慧的结晶。所谓法,就是以法治国,不以君主的个人意志为转移,而是"以法为本",做到"矫上之失""一民之轨""法不阿贵""令行禁止",它与"礼不下庶人,刑不上大夫"的贵族法权观念相比,显然是历史的重大进步。术,是君主驭臣之术,和法一样重要,二者缺一不可。"君无术则蔽于上,臣无法则乱于下。此不可一无,皆帝王之具也。"不同的是,法宜公开,术宜深藏。势,就是权力和地位。失势,君主就大权旁落,权臣就当道,国家就衰亡。任势,就是实行中央集权,君主专制,实现富国强兵。结束诸侯割据和战乱,在当时来说,中央集权是历史的必然和进步。

韩非在哲学上发展了荀子的学说,认为"道"是事物运动的普遍规律,而"理"则是具体事物运动的特殊规律。他肯定具体事物是不断变化的,"道""理"也都要随之而变化。提出"缘道理以从事",反对"无缘而妄意度"。主张用"参验"的方法来验证人的认识。注意到事物的矛盾性,强调对立面不可调和,提出"杂反之学不两立而治"(《显学》)。韩非认为历史是不断变化的,主张"世异则事异""事异则备变"的历史观。他还认为"人民众而货财寡"是社会动乱的原因。强调一切社会关系,如君臣父子、交换及剥削关系,均出于人们的"自为心"或"计算之心"。他还肯定趋利避害乃人之常情,也是国家执行赏罚、法令的依据。

二 时代背景

韩非所处的时代是中国历史上诸侯争霸、战乱连绵的空前动荡时期,他目睹了韩国屡次败于秦国,损兵削地,国势日衰,便多次上书韩

第七章　韩非与《韩非子》

王，希望韩王变法图强，但韩王均不采纳。《韩非子》这部著作就是韩非愤世嫉俗之作，他目睹国家衰亡，自己的谏言又被拒绝，失望之余只好埋头著书，写下了十余万言的惊世佳作。当时秦王正是踌躇满志，驾长策而驭宇内之际，偶读《孤愤》《五蠹》两篇奇文，以为先贤所作，恨不得见。这时廷尉李斯告诉秦王说这是他的同学韩非所作。于是，秦王急攻韩国，韩非临危受命，出使秦国，并被召见。但是，未见重用。这时，李斯乘机陷害韩非，韩非于公元前233年在狱中自杀。然而，令韩非没有想到的是，在他死后十二年，秦始皇实现了由他提出的建立中央集权君主专制帝国的愿望。

韩非所处的战国时期，正是中国历史上大变革、大动荡时代的末期。生产力的发展、经济关系的变革，对各诸侯国的实力产生了重要影响。农业生产工具的改进和农业技术的提升，使得农业产量增加，贸易和商业活动蓬勃发展。这些变化一方面加强了各诸侯国的经济实力，另一方面使各诸侯国力量的不平衡加剧，于是出现了诸侯国之间更为激烈的兼并战争。为了争夺领土、资源和政治优势，各国之间展开了频繁的战争和外交斗争。这种局势使得各国的统治者和政治家面临巨大的挑战，需要寻找有效的治国之道和政治策略。

韩非深刻理解战国时期的动荡局势，他在《韩非子》中提出了一系列治国之策和政治理论，旨在帮助各诸侯国的统治者应对兼并战争的挑战。他的思想强调权谋政治、实用主义和集权统治，对当时政治和社会状况提出了独特的见解和解决方案。他强调建立强大的中央集权和严格的法律制度，以维护国家的统一和稳定。他主张依法治国，通过明确的法律规定和严厉的制度来约束人民和统治者，以确保社会秩序和公平正义。他主张实行权谋政治，强调利益的最大化和国家实力的增强。他强调统治者应具备智慧、勇气和果断的决策能力，通过权谋手段来巩固自身的政治地位和国家的实力。

总而言之，战国时期的大变革、大动荡局势为《韩非子》的创作创造了关键的历史背景。韩非以自己的思想和见解回应了战国时期的社会需求和政治挑战。在战争频繁、兼并竞争激烈的环境中，韩非对于强国统一、国家稳定和法治的追求成为他的核心思想。作为一个具有政治洞察力和战略眼光的思想家,韩非通过他的思想体系为战国时期的统治者提供了应对兼并战争和社会动荡的治国方略。他对权谋政治、法治和经济发展的关注,为后来中国政治和法律制度的发展奠定了重要基础。

第二节 《韩非子》主要内容与观点

韩非子的政治思想源于其对人性的认识。他认为人性好利。韩非子的人性好利说师承于荀子的人性恶理论,但主要强调其中的"人性好利"。韩非子虽未直接提到"人性"一词,但他多次谈到人性。如:"夫安利者就之,危害者去之,此人之情也。"[1]"人情皆喜贵而恶贱。"[2]"医善吮人之伤,含人之血,非骨肉之亲也,利所加也。故舆人成舆,则欲人之富贵,匠人成棺,则欲人之夭死也,非舆人仁而匠人贼也,人不贵则舆不售,人不死则棺不买,情非憎人也,利在人之死也。"[3]"且臣尽死力以与君市,君垂爵禄以与臣市,君臣之际,非父子之亲也,计数之所出也。"[4]等等。在韩非子看来,趋利避害、谋求自身利益最大化是人性使然,无须对其作出道德评价。人所需要做的,就是利用好人性这一特点,达到自己的目的。总之,人性好利既是韩非子政治理论的基点,也

---

[1] 《诸子集成》卷五:《韩非子集解·卷四·奸劫弑臣第十四》,中华书局2006年版,第69页。

[2] 《诸子集成》卷五:《韩非子集解·卷十六·难三第三十八》,中华书局2006年版,第282页。

[3] 《诸子集成》卷五:《韩非子集解·卷五·备内第十七》,中华书局2006年版,第83—84页。

[4] 《诸子集成》卷五:《韩非子集解·卷十五·难一第三十六》,中华书局2006年版,第267页。

是其国家间政治思想的逻辑起点。

一 重权力轻道义

从人性好利的角度来看,道德力量实际上是相当有限的。韩非子举例说:"仲尼,天下圣人也,修行明道以游海内,海内说其仁,美其义,而为服役者七十人,盖贵仁者寡,能义者难也。故以天下之大,而为服役者七十人,而仁义者一人。"① 这就是说作为圣人的孔子,一生致力于推行仁义,然而,为他服务的才只有七十个人,而真行仁义者只有一人而已。由此可见,仁义的号召力实在是太微弱了。

人与人之间的关系尚且如此,国家之间的关系就更不用说了。韩非子认为,国与国之间只能讲实力,而不能讲仁义。如果国与国之间还讲仁义,则国家危亡矣。在韩非子看来,在国际社会中,实力决定一切。国家在选择外交政策时,首要考虑的是国家实力,至于道义因素,则基本不予考虑。他说:"是故力多则人朝,力寡则朝于人,故明君务力。"② 他认为在国际社会中,实力强大了就会引得别国朝拜,实力弱小了只能朝拜强国。所以,英明的君主都应该致力于增强国力,而不应致力于广布道义与仁德。韩非子认为,国家间关系的模式也完全取决于实力。他说:"夫韩不服秦之义,而服于强也。"③ 韩国称臣于秦国,并不是出于道义,而是臣服于秦的实力。秦国与韩国之间的关系模式,是两国实力对比的必然结果。因此,韩非子说"言先王之仁义,无益于治"④。这就是说,空谈仁义道德,对治理国家没有好处。在此,韩非将道义的作用贬到了最低点。

那么,在韩非子看来,是否道义在国际关系中就没有作用了呢? 不

---

① 《诸子集成》卷五:《韩非子集解·卷十九·五蠹第四十九》,中华书局2006年版,第342页。
② 《诸子集成》卷五:《韩非子集解·卷十九·显学第五十》,中华书局2006年版,第354页。
③ 《诸子集成》卷五:《韩非子集解·卷一·存韩第二》,中华书局2006年版,第11页。
④ 《诸子集成》卷五:《韩非子集解·卷十九·显学第五十》,中华书局2006年版,第356页。

能这么讲。韩非子说:"古者文王处丰、镐之间,地方百里,行仁义而怀西戎,遂王天下。徐偃王处汉东,地方五百里,行仁义,割地而朝者三十有六国,荆文王恐其害己也,举兵伐徐,遂灭之。故文王行仁义而王天下,偃王行仁义而丧其国,是仁义用于古不用于今也。故曰:世异则事异。"① 这就是说,文王能王天下的关键在于其行道义。崇高的道义给西岐带来了巨大的国际声誉和号召力,引得天下人纷纷归服文王。道义给文王与西岐带来了巨大的权力。这是西岐这一西域小国最终能打败强大的商王室的重要原因。只是到了战国时期,道义的力量失去了作用。这是因为时代条件变化了,国际政治的游戏规则改变了。到战国时期,国际政治已经是赤裸裸的实力政治了。弱肉强食的丛林法则成了此时唯一的游戏规则。对此,韩非子总结道:"上古竞于道德,中世逐于智谋,当今争于气力。"② 这就是说,韩非子承认,道义曾经在国家间关系中发挥过重要作用,甚至曾经起决定性的作用。只是到了战国时期,道义的作用逐渐消失了。

由此引出一个问题,在韩非子看来,"上古"与"当今"有什么不同呢?换句话讲,道义在国际关系中发挥重要作用的历史条件是什么呢?搞清这一问题,是理解韩非子国家间道义思想的关键。韩非子认为上古时期的情况有以下三个特点。第一,生产力水平低下,人类面临的主要问题是征服大自然,人与自然的矛盾是当时的主要矛盾。韩非说:"上古之世,人民少而禽兽众,人民不胜禽兽虫蛇,有圣人作,构木为巢,以避群害,而民悦之,使王天下,号之曰有巢氏。民食果蓏蚌蛤,腥臊恶臭而伤害腹胃,民多疾病。有圣人作,钻燧取火,以化腥臊,而民说之,使王天下,号之曰燧人氏。"③ 彼时,人类的力量太过渺小,在

---

① 《诸子集成》卷五:《韩非子集解·卷十九·五蠹第四十九》,中华书局2006年版,第341页。
② 《诸子集成》卷五:《韩非子集解·卷十九·五蠹第四十九》,中华书局2006年版,第341页。
③ 《诸子集成》卷五:《韩非子集解·卷十九·五蠹第四十九》,中华书局2006年版,第339页。

大自然带来的灾害与威胁面前往往束手无策。在这种情况下，凡是能带领人们征服大自然，造福于全人类的人便会受到人们的尊重。这样的人就具有崇高的道义力量。在韩非子看来，这种因带领人们战胜大自然而具有的道义力量，是获得现实权力的充要条件。第二，人口少而资源丰富。韩非子说："古者丈夫不耕，草木之实足食也；妇人不织，禽兽之皮足衣也。不事力而养足，人民少而财有余，故民不争。是以厚赏不行，重罚不用，而民自治。"① 这就是说，人们不用为生存而争夺资源。社会斗争主要发生在人与自然之间，而不是人类社会内部。正因如此，所以民风淳朴。第三，上古时期，社会剩余价值少，人类创造的财富仅能满足自己的生活。人们基本上是自食其力，忙于自己的生存，即使获得权力也不会带来什么实际的利益与好处。因此，人们不去为权力而争斗。他说："尧之王天下也，茅茨不翦，采椽不斫；粝粢之食，藜藿之羹；冬日麑裘，夏日葛衣；虽监门之服养不亏于此矣。禹之王天下也，身执耒臿，以为民先，股无胈，胫不生毛；虽臣虏之劳不苦于此矣。"② 尧舜虽为王，但也得亲自终年劳作不息，生活与普通人无太大差别。在韩非子看来，上述三种条件是道义能在国际关系中发挥重要作用的前提。

至此，我们可以看出韩非子秉承唯物主义的世界观和历史观，认为趋利避害是人的天性，国家之间关系的好坏与模式主要取决于国家实力与国家利益。通常情况下，道义在国际关系中的作用是微乎其微的，是不起决定作用的。但为人类整体谋福利，保卫和增进人类整体福利与利益的行为会提高一国的道德声望。这种道义的力量可以转化为一国的国家权力。

---

① 《诸子集成》卷五：《韩非子集解·卷十九·五蠹第四十九》，中华书局2006年版，第339页。
② 《诸子集成》卷五：《韩非子集解·卷十九·五蠹第四十九》，中华书局2006年版，第340页。

二 重视国家经济和军事实力

韩非子同样提出应提高经济和军事实力在国家权力结构中的比重,认为在凭借实力取胜的诸侯争霸中,唯有依靠经济和军事实力才能避免国家利益的损耗,实现国家的对外战略。他说:"夫马之所以能任重引车致远道者,以筋力也。万乘之主、千乘之君所以制天下而征诸侯者,以其威势也。威势者,人主之筋力也。"① 这是说,马之所以能负重拉车到达远方,凭借的是其力量。君主之所以能统治天下,征伐诸侯,乃是凭借其威势。威势就是君主的力量。他在《功名》一篇中又说:"桀为天子,能制天下,非贤也,势重也;尧为匹夫,不能正三家,非不肖也,位卑也。"② 韩非子以桀和尧作比,说明道义因素之于国家权力毫无用处,真正起决定性作用的还是"势"。这里他所说的"势"多指国家的硬实力。他还说"国多力,而天下莫之能侵也","力多则人朝,力寡则朝于人",明确点出国家硬实力对于国家安全和国家前途的重要性。

三 奉法者强则国强

韩非子主张以法治和发展农业作为提升国家权力的方式。他认为"奉法者强则国强,奉法者弱则国弱"③。奉法程度成为决定一国国力的重要指标。为何如此?韩非子回答道:其一,"官行法,则浮萌趋于耕农,而游士危于战陈"④;其二,"官官治则国富,国富则兵强,而霸王之业

---

① 《诸子集成》卷五:《韩非子集解·卷二十·人主第五十二》,中华书局2006年版,第362页。
② 《诸子集成》卷五:《韩非子集解·卷八·功名第二十八》,中华书局2006年版,第155页。
③ 《诸子集成》卷五:《韩非子集解·卷二·有度第六》,中华书局2006年版,第21页。
④ 《诸子集成》卷五:《韩非子集解·卷四·和氏第十三》,中华书局2006年版,第67页。

成矣"①;其三,"法明则内无变乱之患,计得则外无死虏之祸。"② 这也就是说,韩非子认为以法治国既可以强制游民从事农业生产、充实军队人数,也可以提高施政效率,加快富国进度,并可以维护国内稳定。这三项因素对于提高国家经济和军事实力都有着十分重要的作用。

四 "不生粟之国亡"

除了倾向于以制度化的法治建设提升国家权力外,韩非子还十分注重农业的发展。所以他说"仓廪之所以实者耕农之本务也"一语道出了农业发展对于提升国家经济实力的重要性。他所提出的"富国以农,距敌恃卒","使其商工游食之民少"的经济政策,其目的也正是为了通过发展农业来提高国家的经济实力。韩非子与其他法家学者对于提升国家权力目的的看法保持一致。他说"邦以存为常,霸王其可也",也就是说他以维护国家生存为国家的最低层次的利益需求,以称霸天下为国家最高层次的利益需求。在群雄并起的时代,韩非子的政治抱负绝对不会仅仅停留于维护国家生存的层次,而是致力于以无以匹敌的国家权力达到"事在四方,要在中央,圣人执要,四方来效"的战略目标。

《韩非子·五蠹》节选 ③

上古之世,人民少而禽兽众,人民不胜禽兽虫蛇。有圣人作,构木为巢,以避群害,而民悦之,使王天下,号之曰有巢氏。民食果蓏蚌蛤,腥臊恶臭而伤害腹胃,民多疾病。有圣人作,钻燧

---

① 《诸子集成》卷五:《韩非子集解·卷十八·六反第四十六》,中华书局2006年版,第319页。
② 《诸子集成》卷五:《韩非子集解·卷十八·八说第四十七》,中华书局2006年版,第328页。
③ 《诸子集成》卷五:《韩非子集解·卷十九·五蠹第四十九》,中华书局2006年版,第339—350页。

取火，以化腥臊，而民说之，使王天下，号之曰燧人氏。中古之世，天下大水，而鲧、禹决渎。近古之世，桀、纣暴乱，而汤、武征伐。今有构木钻燧于夏后氏之世者，必为鲧、禹笑矣；有决渎于殷、周之世者，必为汤、武笑矣。然则今有美尧、舜、鲧、禹、汤、武之道于当今之世者，必为新圣笑矣。是以圣人不期修古，不法常可，论世之事，因为之备。

宋人有耕者，田中有株，兔走触株，折颈而死，因释其耒而守株，冀复得兔。兔不可复得，而身为宋国笑。今欲以先王之政，治当世之民，皆守株之类也。

古者丈夫不耕，草木之实足食也；妇人不织，禽兽之皮足衣也。不事力而养足，人民少而财有余，故民不争。是以厚赏不行，重罚不用，而民自治。今人有五子不为多，子又有五子，大父未死而有二十五孙。是以人民众而货财寡，事力劳而供养薄，故民争，虽倍赏累罚而不免于乱。

尧之王天下也，茅茨不翦，采椽不斫；粝粢之食，藜藿之羹；冬日麑裘，夏日葛衣；虽监门之服养，不亏于此矣。禹之王天下也，身执耒臿，以为民先，股无胈，胫不生毛，虽臣虏之劳，不苦于此矣。以是言之，夫古之让天子者，是去监门之养而离臣虏之劳也，古传天下而不足多也。今之县令，一日身死，子孙累世絜驾，故人重之。是以人之于让也，轻辞古之天子，难去今之县令者，薄厚之实异也。夫山居而谷汲者，膢腊而相遗以水；泽居苦水者，买庸而决窦。故饥岁之春，幼弟不饟；穰岁之秋，疏客必食。非疏骨肉，爱过客也，多少之实异也。是以古之易财，非仁也，财多也；今之争夺，非鄙也，财寡也。轻辞天子，非高也，势薄也；重争士橐，非下也，权重也。故圣人议多少、论薄厚为之政。故罚薄不为慈，诛严不为戾，称俗而行也。故事因于世，而备适于事。

古者文王处丰、镐之间，地方百里，行仁义而怀西戎，遂王天下。徐偃王处汉东，地方五百里，行仁义，割地而朝者三十有六国。荆文王恐其害己也，举兵伐徐，遂灭之。故文王行仁义而王天下，偃王行仁义而丧其国，是仁义用于古不用于今也。故曰：世异则事异。当舜之时，有苗不服，禹将伐之。舜曰："不可。上德不厚而行武，非道也。"乃修教三年，执干戚舞，有苗乃服。共工之战，铁铦短者及乎敌，铠甲不坚者伤乎体。是干戚用于古不用于今也。故曰：事异则备变。上古竞于道德，中世逐于智谋，当今争于气力。齐将攻鲁，鲁使子贡说之。齐人曰："子言非不辩也，吾所欲者土地也，非斯言所谓也。"遂举兵伐鲁，去门十里以为界。故偃王仁义而徐亡，子贡辩智而鲁削。以是言之，夫仁义辩智，非所以持国也。去偃王之仁，息子贡之智，循徐、鲁之力，使敌万乘，则齐、荆之欲不得行于二国矣。

第三节　评析与思考

一　评析

韩非子是法家思想的集大成者，他的国家间政治思想具有较为典型的现实主义色彩，对后世的国家间政治实践产生了重要影响。具体来看，其国家间政治思想具有以下特点。

第一，具有功利主义和实用主义的色彩。韩非子的思想强调国家的利益和实力的最大化，注重在国际关系中追求国家的权力和利益。他强调利益的最大化和实用主义的思维方式，提出了一系列权谋手段和策略，以达到维护国家安全和统一的目标。

第二，充斥着权力政治和现实主义的元素。韩非子认为国际政治是一个充满竞争和冲突的领域，强调强权政治的重要性。他主张国家应当通过建立强大的军事力量和集中权力来确保自身的安全和地位。他的思想一定程度上反映了现实主义国际关系理论的核心观点。

第三，重视中央集权和国家统一。韩非子主张通过中央集权国家统一来实现国家的稳定和统治的有效性。他认为国家的统一对于国际政治的稳定和国家实力的提升至关重要，因此提出了建立强大中央权威的思想。

第四，强调法治治理和秩序维护。韩非子非常重视法律的作用，主张依法治国、法治的原则在国际关系中同样适用。他认为明确的法律规范和严厉的制度可以维护社会秩序、公正和稳定，这种观点对后来国际法和国际秩序的发展产生了影响。

第五，追求以实力为基础的外交政策。韩非子认为外交政策应当以实力为基础，通过军事力量和政治权力的积累来保护国家的利益。他主张通过权谋手段和实用主义的思维来处理外交关系，以确保国家的安全和利益。

总而言之，韩非子的国际政治思想强调国家实力、国家利益和国家统一，注重国际关系中的实用主义和强权政治。他的思想对后世国际关系理论和实践产生了重要影响，特别是在现实主义和实用主义的领域。他对国家安全和统一的重视，在一定程度上为国家的稳定和发展提供了保障。他对法治和秩序的重视也为国际社会的规范和合作提供了一定的参考。

然而，同时也要认识到他的思想在某些方面存在局限性。韩非子的思想主要关注国家的权力和利益，而在对待其他国家的态度上缺乏关注和考虑。他的国际政治思想更偏向于单一国家的利益追求，而忽视了国际合作和共赢的可能性。此外，韩非子的思想也存在着认同强权政治和权谋手段的倾向，这可能导致冲突和敌对关系的加剧。他对权力和实力的追求，可能会导致国际体系中的紧张局势和战争的增加。

综上所述，韩非子的国际政治思想在强调国家利益、实力和权谋手段方面具有一定的价值，但也需要与其他国际关系理论相结合，综合考虑合作、互惠和共同发展的因素。在当代国际政治中，国家间的相互依存和全球性挑战的出现,使得国际合作和多边主义的重要性更加凸显。因此,对韩非子的国际政治思想进行评价时,需要综合考虑其贡献和局限,并将其与现代国际关系的特点和要求相结合。

二 拓展与思考

1. 韩非子的国家权力观和国家粮食安全观的核心内容是什么?
2. 韩非子的国家间政治思想对建设有中国特色的国际关系理论有何启示?

第三编 西方国际政治思想原著选读

第八章　修昔底德与《伯罗奔尼撒战争史》

第一节　原著简介

一　修昔底德简介

修昔底德（Thucydides，约前460—前400/396），雅典贵族，古希腊历史学家、文学家和雅典十将军之一。修昔底德凭其所著《伯罗奔尼撒战争史》在西方史学史上占据重要地位，他的作品对后世的历史研究和国际关系理论有深远的影响，被誉为政治现实主义学派之父。

修昔底德的一生充满了传奇色彩和深刻意义。他不仅是古希腊政治和军事舞台上的重要人物，更是历史学领域的杰出代表。关于修昔底德生平史实资料甚少，和他同时代的作家几乎没有人提到过他。学界内公认修昔底德生活在雅典的极盛时期，处于古希腊文化的全盛时期。修昔底德的成长受到雅典著名的政治学家、哲学家、艺术家群体的影响，例如伯里克利的政治演说，埃斯库罗斯、索福克利斯等人的戏剧，希罗多德等人的历史著作，"医学之父"希波克拉底所代表的"实验""科学"精神，诡辩派的哲学思想等。成年后的修昔底德，凭借其出色的个人才能和家族的支持，顺利步入仕途。在伯罗奔尼撒战争这一重大历史事件的背景下，他展现出了作为军事将领的勇气和决断，被推选为雅典"十将军"之一。然而，命运的转折发生在他率军增援安菲波里斯的战役中，尽管他迅速响应了守将的求援，但未能及时挽救城市的命运，这一结果不仅导致了他的军事失败，更引发了政治上的严重后果——他被指控贻误战机并有通敌嫌疑，从而被革职并长期放逐。放逐期间，修昔底德并未放弃对时代的关注和思考。相反，他利用这段时间深入观察、记录并反思伯罗奔尼撒战争的每一个细节。他不局限于书面资料的收集，经常亲自前往战场进行实地考察，甚至涉足敌对阵地进行深入了解。这种严谨求实的治学态度，为他后来撰写《伯罗奔尼撒战争史》这部不朽的历史著作奠定了坚实的基础。战争的结束为修昔底德带来了转机，他获得了特赦并重返故乡雅典。虽然他的政治生涯可能已不复往昔的辉煌，但他在历史学领域的贡献却永载史册。修昔底德的历史观和方法论对后世产生了深远的影响，他强调历史事件的复杂性和多因性，提倡以客观、中立的态度记录历史事实，为后世的历史学研究树立了典范。

  修昔底德的思想体现了他对人性、政治和历史的深刻洞察。他认为人类的行为主要受到恐惧、利益和荣誉的驱动，而国家之间的关系则取决于实力和利益的平衡。他对自己和所描述的人物都保持一种客观、批判和审慎的态度，不隐瞒也不美化任何错误或罪恶。修昔底德的创作风格也显示了他的高超技巧和艺术感。他最著名的篇章包括《阵亡将士国葬典礼上伯里克利的演说》《弥罗斯人的辩论》《瘟疫及其影响》等，都是西方文化中不朽的经典。修昔底德的著作在古代并未获得广泛关注，在其死后三百多年湮没无闻，直到罗马共和国末年及帝国初年才又流行起来。但是他的观点和分析深深影响了后世的历史学家、政治家和国际关系学者。他的作品被认为是现代战争史和国际政治理论的重要基石，

第八章　修昔底德与《伯罗奔尼撒战争史》

对我们理解战争、国家冲突和国际关系提供了宝贵的启示。

二　时代背景

从公元前 6 世纪起，希腊奴隶社会发展欣欣向荣，工商业奴隶主阶级在与旧贵族斗争的过程中建立起奴隶民主政治，在与自然作斗争的过程中发展了自然哲学，整体上，古希腊的奴隶社会处于上升期。而修昔底德生活在公元前 5 世纪的古希腊，处于希腊奴隶社会由盛转衰的变动时期，充满了战争、动荡和变革。作为雅典贵族家庭的一员，他在雅典接受了优质的教育，并在政治和军事事务中发挥了重要作用。修昔底德正是在这种社会环境中成长的，他的思想受当时社会趋势和学术潮流的影响。他把自然哲学家和哲人派思想家的研究方法应用到他的历史著作中。他批判传说和迷信，相信人的力量。当然他们所谓的人，只是除奴隶之外的自由民而已。从公元前 4 世纪起，直到希腊化时代，希腊世界的社会经济经历了重大的变化。作为奴隶主民主政治基础的自由民大都破产，无产者人数增加，他们的出路不是变为奴隶，就是去当雇佣兵。这个变化反映在政治、哲学、文艺等方面。在政治上，奴隶主民主政治式微，奴隶主贵族政治兴起，并逐渐走向君主政治。在哲学上，反映在唯物论哲学的衰落，唯心论哲学的抬头，哲学家所考虑的问题，不是怎样和自然作斗争、和反动阶级作斗争的问题，而是怎么维持个人幸福和心灵安宁的问题，这是阶级斗争日趋激烈、奴隶社会日趋没落的一种反映，因此宗教迷信普遍流行，奴隶主追求耳目之娱，不喜欢需要深思熟虑的作品。在文艺方面，缺少和现实作斗争的内容，文艺作品只利用辞藻的装饰，博学的炫耀，情节的离奇可笑，以满足奴隶主阶级厌恶现实斗争与享乐生活的需要。在这种情况下，修昔底德的著作不为人重视，是不足为奇的。罗马共和末年和帝国初年是古代奴隶社会的全盛时期，同时也是阶级斗争最激烈的时期。在这个时期中出现了许多杰出的思想家和文学家，所以在这个时期，修昔底德的著作又风行起来了。

修昔底德的一生见证了雅典和斯巴达之间的长期对抗，这两个城邦分别代表了不同的政治制度、文化价值和军事战略。他参与了公元前431年至前404年间的伯罗奔尼撒战争，并亲眼见证战争的各个阶段和发展。这是一场持续了27年之久的全面战争，涉及几乎所有的希腊城邦，对古希腊文明产生了深远的影响。他经历了希腊的黄金时代，也看到了伯罗奔尼撒战争后希腊的衰败。修昔底德曾为雅典十将军之一，但因为未能及时救援安菲波里斯而被流放。他在流放期间收集了大量的史实资料，开始撰写《伯罗奔尼撒战争史》，并多次到各地考察战场和采访当事人。战争结束后他回到雅典继续完成他的著作。他在书中详细地记述了战争的原因和后果，以及人性、政治、道德和社会等方面的问题。他力求客观、真实、科学地记录历史，而不是像以前的历史家那样依赖于神话、传说和奇迹。"修昔底德在他的著作中不是单纯地叙述历史事件的经过，而是在他的具体叙述中力图揭露历史事件中的因果关系，这是他对于史学的一个巨大的贡献。"[1]

第二节 《伯罗奔尼撒战争史》主要内容与观点

一 权力和利益是城邦一切行为的动因

权力论和国家利益论是国际关系理论研究的最基础理论，也是研究国际关系的一把钥匙。《伯罗奔尼撒战争史》不仅是对那场历史性战争的详细记录，更是对国际关系、权力动态及国家利益深刻洞察的典范，修昔底德对于权力和利益作为城邦行为核心动因的理解得到了充分的

---

[1] [古希腊]修昔底德:《伯罗奔尼撒战争史》，谢德风译，商务印书馆2018年版，译者序言第21页。

第八章　修昔底德与《伯罗奔尼撒战争史》

体现。

第一，在对权力的认识中，修昔底德首要重视的是物质实力。修昔底德强调物质实力在国际关系中的决定性作用，这一观点与当时古希腊无政府状态的现实背景紧密相连。在无政府体系中，缺乏一个统一的权威来规范和调解城邦间的冲突，因此，各城邦只能依靠自身的实力来维护安全和利益。物质实力，包括经济资源、军事实力等，成为衡量城邦地位和影响力的关键指标。修昔底德通过特洛伊战争和伯罗奔尼撒战争的实例，生动地展示了经济资源对于战争胜负的至关重要性，进一步论证了物质实力在国际关系中的核心地位。在修昔底德的论述中，经济因素被赋予了前所未有的重要性。他指出，金钱不仅是军备的支撑，更是战争胜利的关键。斯巴达国王的演说直接反映了这一观点："在战争中，金钱比军备更为重要，因为只有金钱才能使军备发生效力；特别在一个陆地强国和一个海上强国作战的时候，尤其是这样的……"[①]可以认为，驱使雅典对外扩张的一个重要目的就是雅典要实现对希腊贸易的控制。

修昔底德特别重视对权力的分析，这种分析贯穿于全书。修昔底德的论述具有强烈的现实主义理论特征，同现实主义理论一致，他主张利益是主导国家政治行为的永恒标准，也是支配政治的关键因素。修昔底德在《伯罗奔尼撒战争史》中写道："当时雅典的繁荣使雅典人认为无论做什么事情，他们是没有不顺利的；可能的事和困难的事，他们都同样地可以做到，不管他们运用的军队是强大也好，完全不够也好。"[②]修昔底德认为雅典扩张的根本原因是对利益的争夺，而非表面的民族矛盾或者仇恨。他在书中写道："雅典人的干涉和各民族的血缘联系是没有关系的；他们攻击我们，不是因为他们仇恨这个城邦或那个城邦；他们所垂涎的只是西西里的好东西——我们大家的公共财产。"[③]修昔底德这段话在强调雅典扩张原因的同时直白地揭示了国际政治的非道德性，充

---

① ［古希腊］修昔底德：《伯罗奔尼撒战争史》，谢德风译，商务印书馆2018年版，第67页。
② ［古希腊］修昔底德：《伯罗奔尼撒战争史》，谢德风译，商务印书馆2018年版，第344页。
③ ［古希腊］修昔底德：《伯罗奔尼撒战争史》，谢德风译，商务印书馆2018年版，第340—341页。

斥着典型的现实主义思想。

第二，修昔底德认为国家可以为了自身的利益、生存与安全问题不择手段。在该书中，提到科西拉人以利益为由多次劝说雅典人让他们入盟，认为雅典人能够获益是他们能够入盟的重要因素。此外，在"弥罗斯辩论"中，雅典人指明："今天我们到这里来是为着我们帝国的利益；为着保全你们的城邦，我们才说出我们想要说的话来。使你们加入我们这个帝国，不是我们想自找麻烦，而是为着你们的利益，同时也为着我们自己的利益，想保全你们。"① "所以征服了你们，我们不仅扩充了幅员，也增加了我们帝国的安全。"② 伯里克利在战争爆发后坦率地对有些动摇的雅典人说："对政治漠不关心的人真的认为放弃这个帝国是一种好的和高尚的事，但是你们已经不可能放弃这个帝国了。事实上你们是靠暴力来维持这个帝国的：过去取得这个帝国可能是错误的，但是现在放弃这个帝国一定是危险的。"③ "当人们因恐惧而生疑虑的时候，他们暂时喜欢听那些合于他们情感的言辞，但是到了行动的时候，他们就按照他们的利益而行动了。"④

修昔底德强调国家以暴力维持生存。雅典人的扩张不仅是领土范围的扩大，更要在可能的范围内扩张其统治势力，这也表达出国家生存在自然界普遍和必要的规律。修昔底德在探讨战争与帝国关系时，提出了一个复杂而深刻的观点，即战争在特定条件下能够维持帝国的存在并对和平加以巩固。这一观点并非简单地鼓吹战争，而是他基于对古希腊政治、经济和军事现实的深入洞察而得出的。伯里克利的演讲在修昔底德的著作中被广泛引用，成为体现雅典帝国根本追求的典型例证。伯里克利在演讲中强调了雅典的荣誉、安全和财富，并阐述了它们之间的内在联系。叙拉古人赫摩克拉底说："所以在反抗波斯的时候，雅典不是为了希腊的自由而战争，希腊人也不是为了他们自己的自由而战争；雅典

---

① ［古希腊］修昔底德：《伯罗奔尼撒战争史》，谢德风译，商务印书馆2018年版，第466页。
② ［古希腊］修昔底德：《伯罗奔尼撒战争史》，谢德风译，商务印书馆2018年版，第467页。
③ ［古希腊］修昔底德：《伯罗奔尼撒战争史》，谢德风译，商务印书馆2018年版，第167页。
④ ［古希腊］修昔底德：《伯罗奔尼撒战争史》，谢德风译，商务印书馆2018年版，第540页。

第八章　修昔底德与《伯罗奔尼撒战争史》

所希望的是以雅典帝国来代替波斯帝国,而其他希腊人作战的结果不过是换了新的主人……"①帝国扩张的需要加之个人私心的膨胀导致了雅典过分的和不明智的西西里远征。在"关于西西里的辩论"中,亚比西得讲得非常清楚:"事实上,我们已经达到了一个阶段,我们不得不计划征服新的地方,不得不保持我们所已经取得的……"②但同时,修昔底德也指出个人的强烈动机和国家存亡间的关系:个人的奢侈欲望有可能导致一个国家的失败和倾覆。整体而言,修昔底德的现实主义观念基于他对现实世界的阐述,但没有进一步去思考应如何解决国家生存所遇到的难题。

修昔底德对于国家利益与权力关系的理解,深刻揭示了国家在国际关系中的行为逻辑。他明确指出,国家生存是国家制定对外政策时的首要考虑。在修昔底德的视角中,国家安全是国家利益的基石,是任何对外政策制定时必须首先考量的因素。这一观点与古希腊时期城邦林立、战争频发的现实背景紧密相连。雅典作为当时的海上帝国,其统治地位的稳定和帝国的安全直接关乎其生存与发展。因此,在保卫帝国的过程中,雅典不得不面对来自其他城邦的挑战和威胁,这些挑战和威胁往往以不安全的形式存在。因此,国家出于为维护自身安全和谋求权力势力的政治需要而遵守所谓的道德准则,正是国际政治具有非道德性的强烈表现。

第三,国家追求权力的根本动因就是人的贪欲。修昔底德认为,人生来就有追求权力的本性,这种本性驱使人们不断寻求更大的影响力和控制范围。这种贪欲不仅体现在个人层面,也贯穿于由人构成的城邦之中。城邦作为政治实体,同样以追求权力为己任,这种追求往往成为其对外政策和行动的核心动力。"城邦和个人一样,都是天性易于犯错误的。"③由于对自由和主权的渴望,许多城邦选择从雅典等强大城邦的统

---

① [古希腊]修昔底德:《伯罗奔尼撒战争史》,谢德风译,商务印书馆2018年版,第534—535页。
② [古希腊]修昔底德:《伯罗奔尼撒战争史》,谢德风译,商务印书馆2018年版,第492页。
③ [古希腊]修昔底德:《伯罗奔尼撒战争史》,谢德风译,商务印书馆2018年版,第240页。

治下独立出来，以寻求更大的自主权和生存空间。

第四，国家间的道德准则从属于国家利益。修昔底德认为，国际政治是由国家利益所驱动的，而不为道德或正义所约束。他在书中多次强调，国家之间的行为是基于自身的利益和安全的考量，而不是基于对他国的同情或敬畏。一个国家绝不会因为考虑"正义""是非"而放弃它进行扩张的机会，掩盖其能够扩张的实力。"弥罗斯辩护"揭示了弱者就要屈服于强者的原则。一个国家与其去谈论道德和怜悯，不如想尽办法争取做强者。弥罗斯人和雅典人都希望对方设身处地地思考，弥罗斯人主张雅典人站在弱者的立场，雅典人主张对方（弥罗斯人）站在强者的立场思考问题，这实际上揭示了国际关系中的一个普遍现象：强者往往以自己的标准和利益为出发点，要求弱者接受其规则和秩序。同时，雅典人也暗示，如果强弱易位，弥罗斯人也会采取类似的行动，这反映了一种现实主义的态度，即在国际关系中，权力和利益是决定行为的关键因素。对于雅典人远征西西里的行径，他们辩护说："当一个人或者一个城邦行使绝对权力的时候，合乎逻辑的方针就是对自己有利的方针，种族上的联系只有在他们靠得住的时候才存在；一个人依照每个时期的特殊情况而决定他的朋友和敌人。"[1]道德的准则并不是一成不变的，随时会因为自身利益的变动而作出调整，甚至被破坏，以至修昔底德说："在整个希腊世界中，品性普遍地堕落了。"[2]修昔底德认为国家之间不存在永久的友谊或敌意，只有永久的利益。因此，国家之间的关系是动态变化的，取决于各自的实力和形势。

第五，国家的权力因素被视为在国际社会中发挥作用的最重要因素之一。修昔底德认为外交权力的发挥会影响国家的权力和利益，在伯罗奔尼撒战争中，雅典人追求权力和财富的热情成为其帝国采取何种对外政策的重要影响因素。这显示了国家在制定外交政策时，往往会根据自身的实力和利益诉求来调整策略。修昔底德认为，这种追求并非无度或

---

[1] ［古希腊］修昔底德：《伯罗奔尼撒战争史》，谢德风译，商务印书馆2018年版，第540页。
[2] ［古希腊］修昔底德：《伯罗奔尼撒战争史》，谢德风译，商务印书馆2018年版，第270页。

盲目的，而是基于对国家安全和长远利益的深思熟虑。当个人利益与国家利益发生冲突时，修昔底德强调制定并实行更符合国家利益的外交政策的重要性。亚西比得事件以及伯里克利的继任者们在关键时刻为追求个人利益而导致国家受损的例子，为修昔底德的观点提供了有力的佐证。这些事件表明，当决策者将个人利益置于国家利益之上时，不仅会损害国家的整体利益，还可能引发内部的分裂和动荡，最终威胁到国家的安全。

修昔底德关于权力和利益的分析虽然未形成一个完整的理论体系，但其思想却深刻而独到，准确地把握了国际关系中的核心问题。他提出的国家利益与国家权力不可分割的整体观念，为后世国际关系理论的发展奠定了重要基础。

二 关于国际无政府状态

国际无政府状态具体指国际体系中尚不存在一个手握实权的政府，来为体系内的成员提供强有力的保障。直白地讲，每个国家都是自在的个体，通过自身实力在体系内争夺权力以维护自身安全，在此种状态下，生存是各国所追求的最低目标。

修昔底德认为，国际政治是由强权所主导的，而不是由法律或规则所规范的。相应地，在国际无政府的状态下，强权即法则，正义就是力量。《伯罗奔尼撒战争史》记载了一段关于斯巴达移民——弥罗斯人与入侵的雅典人之间的辩论。大兵压境的雅典人在进攻前派遣代表与弥罗斯人交涉，雅典人提出："都知道正义的标准是以同等的强迫力量为基础的；同时也知道，强者能够做他们有权力做的一切，弱者只能接受他们必须接受的一切。"[①] 弥罗斯人认为："无论如何，你们总不应该消灭那种对大家都有利益的原则，就是对于陷入危险的人有他们得到公平和正

---

① [古希腊]修昔底德:《伯罗奔尼撒战争史》，谢德风译，商务印书馆2018年版，第466页。

义处理的原则……"① "但是我们相信神祇会保佑我们,也和保佑你们一样,因为我们是代表公理而反对不义……"② 雅典人回答说:"我们对于神祇的意念和对人们的认识都使我们相信自然界的普遍和必要的规律,就是在可能范围以内扩张统治的势力……我们发现这个规律老早就存在,我们将让它在后代永远存在。"③ 雅典人的态度冷静又残酷,这也只是基于其所处的国家个体自身的实力和强权。相反,弥罗斯人希望保持中立,并同雅典人交好。弥罗斯人天真地认为一旦有战事发生,与其同宗同族的斯巴达人必会来帮忙。结果,弥罗斯人向斯巴达人求救被拒,最后惨遭雅典人的杀戮。雅典人、弥罗斯人、斯巴达人的选择与事件的结果一定程度上印证了现实主义国际关系里国家自助自在的正确性和重要性。修昔底德认为,战争激发了人们生出那种为国家献身的激情,这种激情能够超越对死亡的恐惧,基于此,无政府状态是无法消除的。

三 关于无政府状态下的"安全困境"

之所以视《伯罗奔尼撒战争史》为现实主义国际关系思想的最初来源,是因为该书中一直贯穿着各城邦为生存而出现的安全困境、摩擦冲突和结盟背盟的行为。修昔底德在开篇就指出:"使战争不可避免的真正原因是雅典势力的增长和因而引起斯巴达的恐惧。"④ "为着斯巴达的光荣!为着战争!不要让雅典的势力更加强大了!"⑤ 希波战争后,雅典的崛起和斯巴达的疑虑共同编织了一幅复杂的希腊政治地图。雅典凭借其强大的海上力量,逐渐在希腊世界中占据了主导地位,而斯巴达则以其陆上军事优势为根基,形成了与雅典对峙的局面。这种权力格局的变动,不仅深刻影响了希腊城邦间的相互关系,也为后来的伯罗奔尼撒战

---

① [古希腊]修昔底德:《伯罗奔尼撒战争史》,谢德风译,商务印书馆2018年版,第466页。
② [古希腊]修昔底德:《伯罗奔尼撒战争史》,谢德风译,商务印书馆2018年版,第469页。
③ [古希腊]修昔底德:《伯罗奔尼撒战争史》,谢德风译,商务印书馆2018年版,第469页。
④ [古希腊]修昔底德:《伯罗奔尼撒战争史》,谢德风译,商务印书馆2018年版,第21页。
⑤ [古希腊]修昔底德:《伯罗奔尼撒战争史》,谢德风译,商务印书馆2018年版,第69页。

第八章 修昔底德与《伯罗奔尼撒战争史》

争埋下了伏笔。在科林斯与科西拉之间的争端中，雅典的介入成为一个转折点。起初，雅典试图保持中立，以避免不必要的冲突和破坏现有的和平局面。然而，随着局势的发展，雅典意识到科林斯如果成功征服科西拉并控制其海军，将对自己构成重大威胁，进而改变希腊城邦间的力量平衡。因此，雅典决定采取谨慎的介入策略，以维护自身的利益和地区的安全稳定。然而，雅典的介入并未能平息争端，反而激怒了科林斯，并引发了更大规模的冲突。科林斯不仅加强了对科西拉的攻势，还联合斯巴达等盟友对雅典发起了挑战。斯巴达人同样对雅典的崛起感到不安，担心其不受制约的力量将控制整个希腊。在这种背景下，斯巴达最终向雅典宣战，从而拉开了伯罗奔尼撒战争的序幕。这场战争不仅是雅典和斯巴达两个城邦之间的较量，更是整个希腊世界权力格局的重新洗牌。它深刻反映了古代希腊城邦间复杂的政治关系、军事竞争和利益冲突。这场战争让雅典和斯巴达都付出了巨大的代价，而希腊世界也经历了前所未有的动荡和变革。

雅典人创新进取、富有冒险精神，为了自身安全不断追求权力，雅典人强调恐惧是他们行为的首要动因，然后才是荣誉和利益。相应地，斯巴达人传统守旧、习惯循规蹈矩，为了保证自身的安全竭力维护权力。随着权势争夺的加剧，希腊世界逐渐分化为以雅典为首的雅典帝国和以斯巴达为核心的伯罗奔尼撒同盟两大对立的联盟体系。这两个联盟体系之间的对抗和冲突，进一步加剧了希腊世界的分裂和动荡，形成了两极对峙的权势格局。雅典的崛起和斯巴达的疑虑相互交织，形成了一种恶性循环，即每个国家都试图通过增强自身实力来确保安全，但这种行为反而加剧了对方的恐惧和不安，从而促使对方也采取类似的增强实力的措施。

四　关于均势问题

均势理论作为对国际关系中一种特殊稳定状态的理论表述，在《伯罗奔尼撒战争史》中得到了生动的体现。修昔底德通过详细记录古希腊各城邦之间的权力斗争和外交策略，展示了均势理论在实践中的应用及其重要性。在古希腊这个无政府结构的国际社会中，各个城邦为了生存和自保，不得不采取各种手段来增强自身实力，包括结盟、扩军、发展经济等。然而，这些行为往往又会引发其他城邦的恐惧和不安，从而导致安全两难困境的出现。为了避免被强大的邻邦吞并或控制，城邦之间不得不寻求一种力量的均衡，即均势。雅典和斯巴达作为古希腊世界的两大霸主，其人口、经济、军事实力远超其他城邦，因此它们在均势格局中扮演着举足轻重的角色。这两个城邦之间的权力斗争和外交博弈，不仅影响着它们自身的命运，也牵动着整个古希腊世界的局势。在修昔底德的笔下，我们可以看到各城邦如何通过结盟、背叛、战争等手段来试图维持或打破均势，以实现自身的利益最大化。

虽然修昔底德并没有明确提出一个完整的均势理论体系，但他对均势现象的观察和分析却非常深刻和独到。他认识到均势是国际关系中一种重要的稳定机制，它可以通过平衡各国之间的力量来防止战争的爆发和扩大。同时，他也指出了均势的脆弱性和不稳定性，因为各国之间的利益诉求和实力变化往往会导致均势的失衡和破裂。

首先，均势战略对不同国家来说有不同的特点。对于国力相对较弱的国家而言，均势战略的主要作用是借强补弱，通过与大国结盟来增强自身的安全性。这种策略能够在一定程度上抵消强国带来的压力，为小国在大国博弈中争取到更多的生存空间。修昔底德在《伯罗奔尼撒战争史》中也提到了类似的情况，他观察到小城邦在无法独立自保的情况下，往往会选择与大国结盟以求自保。而对于国力强大的国家，如雅典和斯巴达，均势战略则更多地表现为扶弱抑强、壮大自己的目的。这些国家通过支持弱小国家来制衡其他强国，防止任何一国取得绝对优势，从而维护自身的霸主地位。同时，它们也会通过结盟和订立和约等手段来巩固自身的实力地位，确保在国际关系中的优势地位不受威胁。对于实力相当的中小国家来说，均势战略则主要体现在广泛结盟、维持与大国的关系平衡上。这些国家通过与其他国家建立多边关系，形成相互制约的格局，以防止任何一国对它们构成威胁。这种策略有助于它们在复

第八章　修昔底德与《伯罗奔尼撒战争史》

杂多变的国际环境中保持独立和自主，同时也为它们争取到更多的利益和发展空间。

其次，均势的形成或破除都具有一定的必然性。在希波战争后的希腊世界中，雅典领导的提洛同盟与斯巴达领导的伯罗奔尼撒同盟之间形成了这样一种均势状态：双方都意识到对方的实力不容小觑，因此选择通过签订和平条约来相互尊重、彼此制衡。这种均势状态不仅有利于维护各自的利益，也有助于保持整个希腊世界的相对稳定。然而，均势的破除也具有必然性。一旦某一方实力发生重大变化，或者双方之间的利益冲突无法调和，均势状态就会被打破。在伯罗奔尼撒战争中，雅典和斯巴达之间的均势被打破，导致了战争的爆发。修昔底德所提到的"三十年休战合约"的破坏，正是均势状态被打破的一个标志性事件。斯巴达在战争胜利后并没有选择彻底消灭雅典，而是采取了一种相对宽容的政策。这并非出于仁慈或怜悯，而是斯巴达为了在古希腊世界中保持一种合理的均势格局所作出的考量。多元化的均势只有在各城邦都拥有适度的自由，且没有试图建立霸权的城邦时才能实现。换言之，一旦有城邦试图建立一个超级帝国，这种权力均衡就会被破坏，甚至会引发战争。正如修昔底德所言："所以最后，雅典的势力达到顶点……斯巴达人感觉到这种形势不能再容忍下去了，所以决定发动现在这次战争，企图以全力进攻，如果可能的话，他们想消灭雅典的势力。"[①] 在《伯罗奔尼撒战争史》一书中，有关权力和均势的思想比比皆是，为后世现实主义理论的形成提供了一定的支持。

最后，联盟和联盟的变换是实施均势的重要手段之一。为了防止霸权的扩张寻求新的同盟是必要的。斯巴达王阿基达马斯在反对向雅典宣战的讲话中就建议"从希腊人中间和外国人中间——从任何我们事实上能够增加我们的海军和财政资源的地方，争取新的同盟者……"[②] 同时，一个同盟的安全保证是在平等的基础上互相畏惧，那么想要破坏信誉的

[①] ［古希腊］修昔底德：《伯罗奔尼撒战争史》，谢德风译，商务印书馆2018年版，第92页。
[②] ［古希腊］修昔底德：《伯罗奔尼撒战争史》，谢德风译，商务印书馆2018年版，第66页。

一方考虑到它不一定会有胜算就不敢行动了。尼西阿斯曾说："一个帝国不会进攻另一个帝国，因为如果他们和伯罗奔尼撒人联合起来摧毁我们的帝国的话，他们很可能会发现他们自己的帝国会因为同样的理由，为伯罗奔尼撒人所摧毁。"① 实际上，修昔底德认为这种联盟的变换也是实施均势的重要手段之一，在伯罗奔尼撒战争中这种联盟的变换屡见不鲜。雅典人就说过："当一个人或者一个城邦行使绝对权力的时候，合乎逻辑的方针就是对自己有利的方针，种族上的联系只有在他们靠得住的时候才存在；一个人依照每个时期的特殊情况而决定他的朋友和敌人。"② 同时，修昔底德指出，同盟可以采取条约的形式，也可以仅仅是一种默契，但不论哪种形式，各方必须相互信任才能使联盟起作用。斯巴达和雅典订立和约后，就是由于双方都没有依约将应该交还的地方如实交还，而是互相猜疑，这也是双方重新投入战争的原因之一。

五　关于冲突的根源与诱因

在古希腊社会，互相竞争和直接对立这两种表现方式都存在。在伯罗奔尼撒战争爆发前，雅典和斯巴达作为古希腊世界的两大强国，它们之间的竞争是不可避免的。双方为了壮大自己的实力，都尽一切可能争取更多的盟国和资源。雅典凭借其强大的海军和商业优势，逐渐在海上建立了霸权地位，并吸引了许多城邦加入提洛同盟。而斯巴达则以其强大的陆军和严谨的军事制度著称，其领导下的伯罗奔尼撒同盟也在陆地上形成了强大的防御体系。然而，当一方的势力得到过度发展时，这种竞争就会逐渐转化为直接的对立甚至战争。在伯罗奔尼撒战争爆发前，雅典和斯巴达之间的紧张关系不断升级，双方之间的冲突和摩擦也日益增多。最终，这种紧张关系无法再通过外交手段来缓和，战争成为不可避免的结果。

---

① ［古希腊］修昔底德:《伯罗奔尼撒战争史》，谢德风译，商务印书馆2018年版，第485页。
② ［古希腊］修昔底德:《伯罗奔尼撒战争史》，谢德风译，商务印书馆2018年版，第540页。

第八章　修昔底德与《伯罗奔尼撒战争史》

首先，冲突的根源是多方面的，其中人性中的私念和权欲是国际冲突的根本原因。在修昔底德看来，人永远无法停止个人的私欲以及对权力的追求，人和城邦无限制追求权力与利益的结果就是冲突与战争。修昔底德曾借叙拉古人之口指出："当我们开始投入战争的时候，毫无疑义，我们都是想扩充自己的利益的；现在我们提出一系列的要求和反要求，以求得解决，我们的愿望也是这样的。如果事情的发展不能使每个人满足自己的要求，战事就又会爆发了。"[1] 这段话反映了现实主义者眼中人类追求权力和利益的本性，当各国追求自身利益时，如果彼此的利益无法得到满足，不同国家之间的争端和冲突将不可避免地出现。

除了人性中的私念和权欲外，修昔底德认为国际冲突的根本原因还在于国家间的相互猜忌和恐惧。修昔底德在《伯罗奔尼撒战争史》中写道："但是这次战争的真正原因，照我看来，常常被争执的言辞掩盖了。使战争不可避免的真正原因是雅典势力的增长和因而引起斯巴达的恐惧。"[2] 修昔底德的这个结论直接且又准确地总结了伯罗奔尼撒战争的原因。美国学者格雷厄姆·阿利森据此总结出一条铁律：一个新崛起的大国必然要挑战现存大国，而现存大国也必然会回应这种威胁，这样战争不可避免。这条铁律即著名的"修昔底德陷阱"，具体而言，当一个国家的实力崛起威胁到其他国家的利益和地位时，其他国家往往会采取对抗性的行动来保护自身利益，从而导致紧张局势和战争的爆发。

其次，意识形态的不同是引发冲突的重要原因之一。雅典和斯巴达拥有不同的文化和意识形态，分别代表了海上贸易和海洋文化以及农业和军事优势。雅典和斯巴达在意识形态上相互对立，其中，斯巴达的寡头政治强调军事力量和集体纪律，其政治制度的设计旨在维护斯巴达人的军事优势和社会稳定。然而，这种制度也导致了斯巴达社会的封闭性和排他性，使得其他城邦难以理解和接受其政治理念。相比之下，雅典

---

[1] ［古希腊］修昔底德：《伯罗奔尼撒战争史》，谢德风译，商务印书馆2018年版，第339—340页。
[2] ［古希腊］修昔底德：《伯罗奔尼撒战争史》，谢德风译，商务印书馆2018年版，第21页。

的民主政治则更加注重公民参与和言论自由，其政治制度为雅典的繁荣和文化发展提供了有力保障。然而，民主制度也带来了内部纷争和党争的可能性，这在雅典后期尤为明显。意识形态上的斗争不仅加剧了斯巴达与雅典之间的对立和冲突，也导致了希腊社会内部的分裂和不信任。在意识形态的影响下，希腊世界和平盟约的缔约变得异常困难，因为各方都难以在政治制度、文化价值观等方面达成共识。这种分裂和不信任不仅削弱了希腊世界的整体实力，也为外部势力的干涉和侵略提供了可乘之机。

最后，国家内部的危机也会引发冲突，当某个国家的各种体制弊端日渐显露，社会矛盾深化时，为了加强对国内的控制，统治集团往往从对外冲突或战争中寻找出路，这是国际冲突发生的重要内在原因。雅典和斯巴达内部都存在政治派别和内部纷争，这加剧了两个城邦之间的对立。在雅典，民主和寡头政治的竞争导致了政治混乱和对外政策的摇摆不定。伯里克利在阵亡将士葬礼上发表的讲话，确实在雅典社会动荡、战争失利、瘟疫肆虐的艰难时刻起到了重要的稳定作用。他的讲话通过强调雅典的荣耀、勇气和牺牲精神，成功地转移了民众因战争失利和瘟疫肆虐而产生的不满情绪，激发了他们的爱国热情和战斗意志。同时，伯罗奔尼撒战争也确实是西方强权政治的一大体现。在这场战争中，各方都试图通过强力手段来控制他人、扩张势力范围。雅典和斯巴达作为古希腊世界的两大强国，它们之间的冲突和斗争不仅关乎各自的利益和荣誉，也深刻影响了整个希腊世界的格局和走向。战争的残酷性和破坏性使得各方都付出了巨大的代价，但这也反映了当时国际社会中强权政治的普遍性和不可避免性。

第八章　修昔底德与《伯罗奔尼撒战争史》

《伯罗奔尼撒战争史》节选[①]

第一卷　第一章

当雅典人和伯罗奔尼撒人破坏了攻陷优卑亚后所订立的三十年休战和约时，战争就开始了。至于他们破坏和约的原因，我首先说明双方争执的理由和他们利益冲突的特殊事件，使每个人都毫无问题地知道引起这次希腊大战的原因。但是这次战争的真正原因，照我看来，常常被争执的言辞掩盖了。使战争不可避免的真正原因是雅典势力的增长和因而引起斯巴达的恐惧。（第21页）

第一卷　第六章

"我们也是这样的。我们所做的没有什么特殊，没有什么违反人情的地方；只是一个帝国被献给我们的时候，我们就接受，以后就不肯放弃了。三个很重要的动机使我们不能放弃：安全，荣誉和自己的利益。我们也不是首创这个先例的，因为弱者应当屈服于强者，这是一个普遍的法则。同时，我们也认为我们有统治的资格。直到现在以前，你们也常认为我们是有资格统治的；但是现在，你们考虑了自己的利益之后，就开始用'是非'、'正义'等字眼来谈论了。当人们有机会利用他们的优越势力得到扩张的时候，他们绝对不因为这种考虑而放弃的。那些合乎人情地享受他们的权力，但是比他们的形势所迫使他们做得更注意正义的人才是真正值得称赞的。"（第62页）

[①]　[古希腊]修昔底德:《伯罗奔尼撒战争史》，谢德风译，商务印书馆2018年版。

第三卷　第五章

　　由于贪欲和个人野心所引起的统治欲是所有这些罪恶产生的原因。一旦党派斗争爆发的时候，激烈的疯狂情绪发生作用，这也是原因之一。许多城邦的党派领袖们有似乎可以使人佩服的政纲——一方面主张民众在政治上的平等，另一方面主张安稳而健全的贵族政治——他们虽然自己冒充为公众利益服务，但是事实上是为着他们自己谋得利益。在他们争取优势的斗争中，没有什么事可以阻拦他们；他们自己的行动已经是可怕的了；但在报复的时候，更为可怕。他们既不受正义的限制，也不受国家利益的限制；他们唯一的标准是他们自己党派一时的任性；所以他们随时准备利用不合法的表决来处罚他们的敌人，或者利用暴力夺取政权，以满足他们一时的仇恨。结果，虽然双方都没有正义的动机，但是那些能够发表动人的言论，以证明他们一些可耻的行为是正当的人，更受到赞扬。至于抱着温和观点的公民，他们受到两个极端党派的摧残，不是因为他们没有参加斗争，就是因为嫉妒他们可能逃脱灾难而生存下去了。

　　这些革命的结果，在整个希腊世界中，品性普遍地堕落了。观察事物的淳朴态度，原是高尚性格的标志，那时候反而被看作是一种可笑的品质，不久就消失了。互相敌对的情绪在社会上广泛流传，每一方面都以猜疑的态度对待对方面。至于终止这种情况，没有哪个保证是可以信赖的，没有哪个誓言是人们不敢破坏的；人人都得到这样一个结论，认为希望得到一个永久的解决是不可能的；所以他们对于别人不能信任，只尽自己的力量以免受到别人的伤害。通常那些最没有智慧的人表现得最有生存的力量。（第269—270页）

第八章 修昔底德与《伯罗奔尼撒战争史》

第五卷 第七章

雅典人:"我们建议:你们应该争取你们所能够争取的,要把我们彼此的实际思想情况加以考虑;因为你们和我们一样,大家都知道,经历丰富的人谈起这些问题来,都知道正义的标准是以同等的强迫力量为基础的;同时也知道,强者能够做他们有权力做的一切,弱者只能接受他们必须接受的一切。"

弥罗斯人:"那么,在我们看来(因为你们强迫我们不要为正义着想,而只从本身的利益着想),无论如何,你们总不应该消灭那种对大家都有利益的原则,就是对于陷入危险的人有他们得到公平和正义处理的原则,这些陷入危险的人们应该有权使用那些虽然不如数学一样精确的辩论,使他们得到利益。这个原则影响到你们也和影响到任何其他的人一样的,因为你们自己如果遇到了倾危的一日,你们不但会受到可怕的报复,而且会变为全世界引为殷鉴的例子。"(第466页)

第三节 评析与思考

一 评析

(一)历史意义

伯罗奔尼撒战争是古希腊历史上一场具有重大意义的冲突,而修昔底德的著作《伯罗奔尼撒战争史》更是对这段历史的精彩呈现和深入分析。作为这一时期的重要文献之一，《伯罗奔尼撒战争史》在历史研究中扮演着不可替代的角色。

第一，修昔底德的《伯罗奔尼撒战争史》是一部具有深远历史意义的著作。作为古希腊历史上最重要的冲突之一，伯罗奔尼撒战争对整个希腊世界产生了巨大影响。修昔底德以其独特的视角和出色的叙述能力，以客观中立的态度描述了希腊城邦间的战争过程，准确地呈现了各方的战略布局、战役的进程以及各种政治、外交手段的运用，将这段战争的历史过程以及相关事件和人物生动地展现在读者面前。通过深入研究和准确的记述，为我们提供了研究这场战争和古希腊历史的宝贵资料。

第二，修昔底德在《伯罗奔尼撒战争史》中不仅对冲突的起因和战争的过程进行了描述，更关注其中的深层次原因和国际关系的规律，展示了对国际关系的独特洞察和深刻思考。他深刻洞察了人性中的私欲和权力追求对国际关系的影响，并据此衍生出著名的"修昔底德陷阱"。"修昔底德陷阱"指出，国际关系中的权力竞争和恐惧会导致不可避免的冲突，从而引发战争。这一理论不仅具有历史意义，也具有时代价值，对解释国际关系中的权力平衡、霸权崛起以及战争爆发的机制具有重要意义，对我们理解和应对当今国际局势中的挑战具有重要的启示。

（二）当代价值

第一，修昔底德的著作为现实主义国际关系理论提供了坚实的基础。他关注权力政治、自利行为和国际关系中的竞争，对国家行为进行了深入观察和分析。这些观点与现代国际关系学中的现实主义理论相吻合，为理解国际政治中的权力斗争和利益冲突提供了重要参考。

第二，《伯罗奔尼撒战争史》不仅仅是一部战争史，更是一部政治、外交和社会历史的综合研究著作。修昔底德在《伯罗奔尼撒战争史》中揭示了导致战争爆发的多方面原因，包括城邦间的权力和利益争夺、不同政治制度意识形态的对立等。通过对这些因素的分析，修昔底德提供了对国际关系和政治冲突的深刻理解，使读者能够从更广阔的视野审视战争与和平的关系。修昔底德认为战争导致了希腊各城邦之间的分裂和内乱，破坏了法律和秩序，腐蚀了道德和信仰，削弱了人性和理性，因此伯罗奔尼撒战争是一部"悲剧"。这对于维护国际和平与安全具有重要的借鉴意义，也为后世的国际关系理论提供了宝贵的思考框架。

综上所述，《伯罗奔尼撒战争史》是一部内容丰富、逻辑严谨的历史著作，不仅为我们展示了古希腊城邦的政治、军事和社会情况，也为我们提供了深入思考国际关系和战争的契机。修昔底德以其卓越的历史洞察力和客观的叙述风格，使得这部作品成为古代历史研究的经典之作。因此，修昔底德的思想和观点在历史意义和时代价值上都具有独特的地位，对于我们深入理解和把握国际关系的本质和发展趋势具有重要的启示作用。

二 拓展与思考

1. 伯罗奔尼撒战争中形成了复杂的同盟关系和外交联盟，城邦之间的外交互动如何影响了战争的进展和结果？

2. 什么是"修昔底德陷阱"？举例说明"修昔底德陷阱"在当代国际关系中的表现。

第九章 马基雅维利与《君主论》

第一节 原著简介

一 马基雅维利简介

尼可罗·马基雅维利（1469年5月3日—1527年6月21日），意大利政治思想家和历史学家。1469年，马基雅维利出生于意大利佛罗伦萨。马基雅维利的一生十分坎坷，这些坎坷的人生阅历也极大地丰富了他的个人思想，为他之后的写作奠定了坚实的基础，他的思想常被概括为马基雅维利主义。

马基雅维利出生在佛罗伦萨一个没落贵族家庭，父亲曾是一名律师，爱好收藏古典书籍，因此马基雅维利从七岁起便开始跟随老师学习拉丁文。1498年，29岁的马基雅维利出任佛罗伦萨共和国第二国务厅的长官，兼任共和国执政委员会秘书，负责外交和国防，经常出使各国，会见过许多执掌政权的人物，成为佛罗伦萨首席执政官的心腹，他看到佛罗伦萨的雇佣军军纪松弛，极力主张建立本国的国民军。

1505年，佛罗伦萨通过建立国民军的立法，成立国民军九人指挥委员会，马基雅维利担任委员会秘书，并在征服比萨的战争中，率领军队，亲临前线指挥作战。四年之后，比萨投降佛罗伦萨。在神圣罗马帝国皇帝和教皇的矛盾中，马基雅维利到处出使游说，力图使其和解，避免将佛罗伦萨共和国拖入战争，并加强武装以图自卫。但当他42岁前往比萨时，教皇的军队攻陷佛罗伦萨，废黜执政官，美第奇家族重新控制佛罗伦萨，取消共和制。马基雅维利丧失了一切职务。

1513年，洛伦佐·第·皮埃罗·德·美第奇成为佛罗伦萨大公，44岁的马基雅维利被投入监狱，受到严刑拷问，但最终被释放。此时他已经一贫如洗，隐居乡间，开始进行写作，为了实现自己的政治理想，他完成了两部名著《君主论》和《论李维》。作为中世纪晚期意大利新兴资产阶级的代表，马基雅维利主张结束意大利在政治上的分裂状态，建立强大的中央集权国家。《君主论》是马基雅维利14年政治生涯，特别是外交经历总结探索的结果，也是他作为新兴资产阶级的阶级利益维护者的思想体现。

二 时代背景

（一）文艺复兴的时代浪潮

15世纪下半叶，欧洲进入了文艺复兴时期。文艺复兴运动起源于近代自然科学的兴起，近代自然科学为近代政治学的产生提供了科学背景。欧洲中世纪，神学在各个学科领域都占据统治地位，其他任何学科只是神学的附庸，思想家基本上只注重超自然的领域。文艺复兴运动促使人们的注意力由神转移到人、由虚幻世界转移到现实世界。自然科学的重要地位日益显现，自然科学发展得非常迅速，新的科学方法、新的技术不断出现，实验方法受到重视，形成了近代意义上的自然科学。近代自然科学促使人们的思维方式发生了很大的改变，推动了近代哲学的产生和发展。近代哲学为近代政治学提供了方法论。中世纪的人们在神学的指导下认识世界和解释世界，宗教神学束缚着人们对国家和社会的认识。文艺复兴运动时期，人们从人的角度而不是从神的角度观察、认识国家与社会，促使了政治学的研究内容和方法发生了很大的变化。马基雅维利的《君主论》就是文艺复兴时代的产物。

（二）意大利的现实状况

意大利的统一需要先进的政治理论作指导，14世纪和15世纪的意大利生产力发展迅速，经济繁荣，是资本主义萌芽最早的国家，但当时国内处于封建分裂状态，除了北方的米兰公国和威尼斯共和国、南部的那不勒斯王国、中部的佛罗伦萨共和国和教皇管辖地五个主要国家外，还有许多小的封建领主，他们长期相互征战，罗马教皇在各个小国之间纵横捭阖，不断制造分裂，挑起战争。意大利当时的社会状况使马基雅维利清醒地意识到："那里人民的道德如此彻底败坏，以致法律无力去约束他们，这就有必要由一位皇族，去建立具有完全与绝对的某种最高权力，这个最高权力像给野马口中戴上口嚼，才可以勒住他那过分的野心和严重的道德败坏！"政治上的分裂导致意大利成为法国人、西班牙人和日耳曼人的牺牲品，整个意大利处于内忧外患、灾难深重之中。意大利长期的分裂局面，严重阻碍了意大利经济的发展。马基雅维利的晚年正处于法国和西班牙等国在意大利角逐战争时期，"在毒药、谋杀已成惯常武器的情况下，不能要求用温柔的对策。生命到了腐烂的边缘，只有用最强有力的处置才能使之起死回生"。马基雅维利强烈地感到国家只有统一在一个强有力的有杰出才能的君主的统治之下，才能恢复社会秩序，激发人们的德性，发展资本主义经济，抵御外族的入侵，他的《君主论》就是为有能力完成意大利统一的君主创作的。

（三）马基雅维利自身经历

马基雅维利的身世及其丰富的经历为《君主论》的创作提供了必要条件。马基雅维利的祖辈是佛罗伦萨贵族，曾经有13名政府首长和53名执政官。他的父亲是一名贫穷的律师。他因家境贫寒没有受到系统的教育，靠自学成才。他熟悉罗马共和国、政治辩论和社会哲学，这有利于他投身于政治外交活动。他先后担任过助理员、佛罗伦萨第二秘书厅秘书长、"自由与和平十人委员会"秘书等要职,曾多次出使法国、德国、瑞士及教皇宫廷,还亲自指导和参与了佛罗伦萨民兵的组建工作。他多年的政治生涯以及生活阅历为写作《君主论》提供了丰富的材料。他目睹意大利的软弱和分裂,强烈的民族自尊心和爱国情使他希望能够有一个力量足够强大的君主来治理国家,《君主论》正是他迫切渴望祖国统一的产物。

第二节 《君主论》主要内容与观点

一 四种不同的国家类型

马基雅维利首先分别论述了世袭君主国、混合君主国、市民君主国、教会君主国四类不同的国家类型以及不同国家类型的统治地位应该如何获取并且在获取之后如何稳固自己的统治地位。

第一,世袭君主国是一代继承下来的,且所有的君主都来自同一个家族。从民众的习惯,也就是对于统治者的方式的适应性来讲,世袭的君主国统治的维持比较容易,只需要维持现有的统治方式即可。就算有篡位者,世袭的君主也有很大的机会恢复统治。但是如果民众对此不满,也会设法推翻世袭君主的统治地位。只要世袭君主品行端正,受到民众的爱戴,他的统治地位是比较稳固的。[1]

第二,混合君主国,也可称为新的国家。当原来旧有的君主对国家管理不善,民众不堪其苦就会群起攻之推翻统治,建立新的政权。如果新政权没有改善民众的境地,那么依旧会被反复推翻,从而改善民

---

[1] 参见[意]尼科洛·马基雅维利:《君主论》,潘汉典译,商务印书馆2017年版,第4—5页。

众自己的境遇。还有一种新建立的政权就是征服其他国家确立自己的统治地位,在这种情况下如果新国家与旧国家的管理方式类似,就更容易维持新政权。相反,如果语言、习俗以及各种制度不相适应,新政权维持统治地位就会比较困难。如果要维持该政权的统治地位,有两种方法,一是亲自驻扎军队,二是派遣殖民,相比较而言,殖民的方式成本低,比较适合,派遣军队成本高,容易与当地民众对立。此外,君主驻扎可以更好把持被占领地的统治权,进而不会轻易遭受外来势力的侵略,臣民也会更加爱戴君主。[1]

第三,市民君主国,就是通过平民的赞助与支持成为国家的君主。当然,有两个方面的平民力量,一个是贵族的支持,另一个是民众的支持。在马基雅维利看来,贵族出于利益的需求,一般会压迫民众,很难做到公平公正地处理政务。主要原因在于平民不愿处于贵族的统治和压迫下,而贵族倾向于压迫和统治平民。若一个人依靠贵族而成为君主,那么他的统治是无法长期维持的。因为贵族制约着君主的权力,所以君主无权去随意指挥和管理贵族。但是也可以在一定程度上将贵族的远见卓识为自己所用。所以君主应该尽量通过民众的力量获得统治地位,确保他的君权是至高无上的,臣民会服从于他的统治。如果依赖于平民,君主就必须和平民之间保持友好关系,如果依靠贵族,君主也必须想办法争取平民的支持,来对抗贵族的力量。[2]

第四,最后一类君主国是教会君主国。马基雅维利认为教会君主国最困难的地方在于维持统治,因为保持国家政权的稳固地位只能够依靠宗教古老的制度。在宗教制度的作用下,君主不需要设立防卫体系来保护自己的国家,更不需要治理国家和管理臣民。不过这种没有建立防卫体制的教会君主国却没有遭受任何其他国家的占领,国内的臣民也没有

---

[1] 参见[意]尼科洛·马基雅维利《君主论》,潘汉典译,商务印书馆2017年版,第9—11页。

[2] 参见[意]尼科洛·马基雅维利《君主论》,潘汉典译,商务印书馆2017年版,第47页。

第九章　马基雅维利与《君主论》

反抗君主统治的意识，在他们看来，教会君主国是适用于他们的一种政体。在马基雅维利看来，议论教会君主国是一种冒失行为，因为这种国家是依靠人类智力所不能达到的更高的力量支持的，且这种国家显然是由上帝所树立与维护的。[1]

其次是获取统治地位的方法，在马基雅维利看来，君主应该依靠自己的武力和能力获得新的君主国，依靠自己的能力成为君主的人，在获取君权的时候比较困难，但是在统治的时候是比较容易的。在确立统治的初期，建立新的规章制度，因为利益的权衡，困难重重，因此必要的时候需要依靠武装来强迫利益的统一。[2]

在论及以邪恶之道获取新的国家时，马基雅维利认为，新的君主最后取得了成功，虽然他屠杀市民，毫无恻隐之心，但是这种方式在马基雅维利看来依旧是一种可行的措施。虽然他们获取君权的方式是残暴的，非仁义的，但是他们保持了自己的统治地位，这就说明需要合理地利用这样的手段来进行统治。应该毕其功于一役，快速地获取君权，在成功之后不再使用这样的手段，也会使得民众感到安全，或者更进一步通过广布恩惠争取民众。[3]

二　关于军事方面的阐述

《君主论》阐述了马基雅维利对于军事方面的见解，书中分别论述了军队的不同种类，君主应该建立怎样的军队以及如何利用军队做好国家的防御。

第一，军队的种类。马基雅维利认为建立稳固政权的基础是军队和法律，更进一步来说，军队是法律的基础，法律需要军队作为后盾和保障。他将军队分为雇佣军、援军、混合军队以及本国军队。

---

[1] 参见［意］尼科洛·马基雅维利《君主论》，潘汉典译，商务印书馆2017年版，第53页。
[2] 参见［意］尼科洛·马基雅维利《君主论》，潘汉典译，商务印书馆2017年版，第26页。
[3] 参见［意］尼科洛·马基雅维利《君主论》，潘汉典译，商务印书馆2017年版，第43—44页。

雇佣军和援军这两种是最不值得信任的。首先，这样的军队没有正义感和信义。其次，他们不团结，有野心，无纪律，在和平时期反而难以管理。最后，如果首领是有能力的人，就会心怀二意，如果是无能之人，就会给君主国带来毁灭。① 一味地依靠于外国的援军，自己没有坚实的防御工事，不加提防的话别国就会乘虚而入。②

对于混合军队，马基雅维利引用了法国国王路易十一世的父亲查理七世通过自己的军队独立于英国的事例，但是在他之后，路易十一世废除了本国士兵，招募瑞士士兵，使得本国军队与外国的军队混合，在协同作战的习惯形成之后，外国的瑞士士兵负有盛名，本国军队依赖于瑞士军队。如果没有了外国的军队，本国军队很难上下一心战胜外敌。③

因此在马基雅维利看来，任何一个君主国如果没有自己的军队，都是不稳固的，如果没有实力带着信心防卫自己，就不得不依靠于外部的侥幸因素。

第二，君主的军事责任。在马基雅维利看来，君主最为重要的事务就是专注于战争、军事制度和训练，一方面应该在和平时期加强军队训练，另一方面就是加强自身的理论学习与实践锻炼。多多了解外部环境的发展，进行针对性的学习训练。④

三　君主的为政之道

马基雅维利认为君主的优良品质也是因时而异的，具有严密的逻辑和辩证思维。他主要论述了君主的为政之道，即君主为了保持自己的统治地位的稳固长久、顺应民众的心意，应该具有哪些优良的品质。

---

① 参见［意］尼科洛·马基雅维利《君主论》，潘汉典译，商务印书馆2017年版，第58页。
② 参见［意］尼科洛·马基雅维利《君主论》，潘汉典译，商务印书馆2017年版，第68页。
③ 参见［意］尼科洛·马基雅维利《君主论》，潘汉典译，商务印书馆2017年版，第67页。
④ 参见［意］尼科洛·马基雅维利《君主论》，潘汉典译，商务印书馆2017年版，第69—70页。

首先是慷慨这一品质。他认为君主应该在适当的时候保持吝啬而非慷慨，如果坚持只是为了得到慷慨的名誉而加重人民负担，引起人民的敌对，反倒会使君主陷入不利的境地。① 应该在适当的时候保持慷慨来归顺人心，另一方面也要学会吝啬，维持自己的政权稳定。这一观点具有长期主义的特点，彰显了联系性、发展性、矛盾性，充满了辩证主义矛盾思想。

其次是仁慈这一品质。他认为君主更应该保持适当的残酷，利用雷霆手段来管理国家和带领军队以保持政权的稳固。但是也应该尽量使得自己表现得仁慈，如果有所取舍的话，君主更需要残酷一些使人民畏惧自己。②

然后是信义这一品质。他认为君主一方面应该具有狐狸般狡猾的品质，另一方面也应该具有狮子般的手段。作为君主应该伪装成为一个和善的人，为了稳固统治地位，可以背信弃义。③

最后，君主为了赢得民众的信任、顺应民心，应该明辨是非，善于识别忠臣、尊重大臣，与其共享荣誉。④ 这样才能尽量避免臣民的憎恶与仇视。如果一个君主能够保持内部的稳定，赢得臣民的尊重与爱戴，拥有良好的军事实力，那么这个国家将会非常稳固。⑤

四 实现意大利统一的主张

最后一部分，马基雅维利对于意大利的分裂进行了论述，并且倡导意大利应该实现统一。他认为意大利分裂的原因在于意大利的军队的不牢固，君主被民众憎恶并且不善于处理贵族与民众的关系，最终丧失自

---

① 参见[意]尼科洛·马基雅维利《君主论》，潘汉典译，商务印书馆2017年版，第76页。
② 参见[意]尼科洛·马基雅维利《君主论》，潘汉典译，商务印书馆2017年版，第80—81页。
③ 参见[意]尼科洛·马基雅维利《君主论》，潘汉典译，商务印书馆2017年版，第83—84页。
④ 参见[意]尼科洛·马基雅维利《君主论》，潘汉典译，商务印书馆2017年版，第112页。
⑤ 参见[意]尼科洛·马基雅维利《君主论》，潘汉典译，商务印书馆2017年版，第88页。

己的国家。①

如果优秀的君主能够遵从上述原则,在尊重事情发展的客观规律的前提下充分地发挥主观能动性,针对不同的事态,采取不同的方式方法,那么在君主的带领之下,新的君主通过建立新的制度和法律、组建一支自己的团结的军队,在良好的契机之下,就会赢得人民的尊敬与钦佩,最终一定能够实现意大利的统一。

《君主论》节选②

在研究这些君主国性质的时候,必须考虑另一点,也就是说,一个君主在困难的时候是否能够依靠自己的力量屹立不移,抑或是常常需要他人的援助。为了更清楚地说明这一点,我要说:我认为如果由于人口众多或者财力充裕能够募集足够的军队,同任何入寇者决战于疆场,他们就是能够依靠自己的力量屹立不移的人。另一方面,我认为,如果不能够同敌人决战于疆场,而只是被迫躲在城墙后面进行防御,他们就是常常需要他人援助的人。关于第一种情况,已经讨论过了,但是以后遇有机会,我们还需要再谈一谈。关于第二种情况,我只有鼓励这种君主为自己的城市森严壁垒、备足粮草,对于乡村则不要有任何顾虑,除此以外,我再没有什么话可说的了。任何人如果给他的城市作好了城防工事,至于同臣民的关系则依照上面指出的、以后还要谈到的方法进行处理,那么人们向他进攻总得慎重考虑一番,因为人们对于一项计划如果预见其中有困难总是不喜欢的,而且君主已经给他的城市作好了城防工事,同时他的人民又不仇恨他,如要对这样一位君主进攻,可以预见这不是一件容易的事情。

---

① 参见[意]尼科洛·马基雅维利:《君主论》,潘汉典译,商务印书馆2017年版,第116—117页。
② [意]尼科洛·马基雅维利:《君主论》,潘汉典译,商务印书馆2017年版,第50—52页。

德国的各个城市是享有完全自由的，它们的农地很少，它们认为合适的时候就服从皇帝。但是它们既不害怕皇帝也不害怕在它们邻近的其他任何统治者，因为他们已经作好了城防工事，以致谁都知道要攻陷这种城市定将旷日持久，困难重重。因为所有这些城市都筑有适当的壕沟与城垣，配备足够的大炮，在公家仓库里经常储备足供一年之需的粮食和燃料，除此之外，为着使老百姓得到温饱同时公家也没有损失，它们总是有办法在一年中让老百姓可以在关系该城市命脉的劳动中和供给老百姓衣食的行业中工作。加之，它们还十分重视军事训练，而且制定许多关于保持军事训练的规章制度。

因此，君主如果拥有强固的城市，又没有积怨结恨于人民，他就不会受到攻击。假如任何人进行攻击的话，定将狼狈不堪地被驱逐出去。因为这个世界的事情是如此的千变万化，要使军队无所事事地围城扎营整整一年，那简直是不可能的。有人也许要说，如果人民在城市外边有财产，现在眼看着它被焚烧了，他们将忍耐不住，而且长期的包围和利己心将使他们忘记了君主。对此，我回答说：一个强有力的果敢的君主，此时一方面要使臣民感到有希望，相信祸患不会长久下去；另一方面又要使他们对于敌人的残酷感到恐惧，同时把自己认为过于莽撞的人们巧妙地控制起来；这样一来，君主总是能够克服上述一切困难的。更进一步说，当敌人到来的时候，如果士气依然旺盛如故，并且决心进行抵抗，敌人定会立即焚烧破坏城市周围的地方。因此，君主更不应该犹豫不决，因为不久之后，当士气已经消沉，损失已经产生，灾害已经临头，就再没有什么挽救之道了。所以现在人民会更加下定决心同君主团结起来，因为在他进行抵抗的时候他们的房屋被烧掉了，他们的财产被毁灭了，他显然不能不对人民负有责任。原来，施恩正如受恩一样都使人们产生义务感，这是人之常情。所以，如果认真考虑了全部情况，只要不缺乏粮食和防卫手段，一位英明的君主在敌人包围的时候自始至终使他的公民意志坚定，这是没有困难的。

第三节 评析与思考

一 评析

（一）历史意义

《君主论》可以被称为一份绝妙的谏言，马基雅维利通过严密的写作逻辑、历史的兴衰经验为君主呈现了一份治国理政的"工作手册"，也暗含了马基雅维利统一意大利的满腔抱负。其中有对不同类型君主国的获得与治理的分析、君主应该具有的品质以及对待臣民的方式，富有严密的写作逻辑与写作艺术。自1532年罗马教皇克莱门特七世亲自批准出版该书之后，该书多次出版，影响深远，但是不久该书遭到焚烧毁坏，甚至在罗马，马基雅维利被视为异教徒。直至宗教改革之后，马基雅维利的作品才重现世间，得到人们一致的认可。马基雅维利在书中阐述的思想理论被后世称为"马基雅维利主义"，这也成为后世统治者巩固其统治地位的重要原则。一直以来人们对此褒贬不一，但是不可否认《君主论》仍旧是一本可读性非常高的著作。

《君主论》在政界、宗教界、学术界等领域引起了极大的反响。《君主论》对于政治学领域的研究具有十分重要的意义，该书别具一格的写作视角与写作手法拓宽了政治学研究的视野，同时丰富了政治学研究的内容，标志着传统政治学转向现代政治学，在政治学历史的长河里具有开创意义。

《君主论》的理论研究方法对近代政治学的研究具有极大的启发。首先，作者以历史为中心的经验主义写作方法关注历史事实和现实，以

第九章　马基雅维利与《君主论》

自身丰富的政治学理论和外交经验为出发点认识国际环境的发展变化，根据君主行为的结果判定手段的正当性。这是基于马基雅维利自身的丰富经验和理论作出的经验性的总结。其次，作者运用了对比的政治研究方法。马基雅维利对历史上的君主的前车之鉴进行分析对比，进而告诫现世的君主何为正确的行径，这就在很大程度上摆脱了以往的以神学为经验的方式。最后，作者在分析论证的过程中充满了辩证的思维，不论是不同的君主国获取权力以及维持统治的分析，还是对不同军种的利用都充满了辩证的思维，极具智慧。

《君主论》还拓展了政治学研究的新视角。作者从现实主义的视角出发，认定最终的目的是实现意大利的统一。不同于古希腊时期的伦理道德，马基雅维利把政治的内容进行了拓展，认为政治应该从世俗的眼光出发追求权力的获取，也就是说权力具有一定的世俗性。君主的职责就是维护国家的统一，实现国家自身的利益，并为此不断奋斗，这就从根本上否定了亚里士多德以来所认识到的"人天生就是政治动物"这一观念，这对于政治学研究视角的拓展具有极大的现实启发意义。[1]

《君主论》当中，马基雅维利偏向于权谋之术，从现实的政治角度来看，难登大雅之堂，他的思想未必就是政治所倡导的，更多地指一种零散的权谋之"术"，很难称之为"道"。政治的统治是一个综合的、系统的政治管理过程，君主个人的谋略只是其中的一部分，而且更多的时候并非起到决定性的作用。政治统治、政治管理以及政治参与是一个多主体、全方位的过程，政治统治需要以政治权力、社会力量、思想心理以及履行公共职能为基础，不仅仅为了维持既有的政治关系和政治权力主体的利益地位而进行政治统治。马基雅维利只看到了权力的斗争性，忽略了权力的公共性以及政治的合作性，也就是政治与公共管理相协调的问题。政治管理需要政治权力主体履行一定的社会公共职能来满足特

---

[1] 张鼎良：《探析马基雅维里的〈君主论〉在政治学上的地位》，《前沿》2011年第14期。

定的社会力量的利益需求，为其权利做好应有的保障，这是社会利益关系和共同利益的要求。

纵观《君主论》，讲的是君主的治国之道和兴邦之术，主旨是君主或其他类型的专制统治者如何巩固自己的权力、地位，中心问题不外政治手段和军事措施这两个方面。书里推崇的是强力而独裁的君主制度，深刻而鲜明地体现了作者"为达目的，不择手段"的思想特点。①

（二）当代价值

第一，突破了神学虚幻的道德伦理。古希腊时代政治学追求的是一种伦理美德，在中世纪一切的评判标准都在上帝，人们研究和探讨现实政治生活和理想的政治生活的目的是追求宗教信仰。相较于霍布斯的政治美德理论，马基雅维利的政治观则更加实用一些。霍布斯认为人们都能够遵守政治美德，能够在自然状态下实现和平与秩序，这只是理论意义上的一种假设，是一种美好的愿景，却没有论述现实社会下具体的政治美德。马基雅维利的现实的政治观是将获取与保持国家权力放在第一位的，而不是通过道德伦理的善来评价。在他看来，君主必须"在其位，谋其政"，需要做的就是具备统治者所需要的品质和能力，而非盲目的善，一些学者也因此称之为"伪善"，当然也可以称之为"超越伦理道德"的善，因为君主维持政治统治的稳定和避免战乱纷争、国破家亡是一种更高层次的善，采取邪恶的手段不是目的，而是一种妥协。这就将政治与道德区分开了，不再把优良的道德伦理作为政治的首要目标，而是将政治权力作为中心内容，将追求国家的利益放在至高无上的地位，因此，其研究的出发点和归宿是国家和国家权力。②

但是马基雅维利并没有否定伦理道德在社会生活中规范秩序的作

---

① 王柏松：《马基雅维利现实主义国际关系思想探微》，《山东理工大学学报》（社会科学版）2007年第2期。
② 詹世友：《国家理由与"德行"奥义——马基雅维里政治哲学探微》，《社会科学》2013年第12期。

用，相反，他的理论很多也是建立在伦理道德的基础之上的。这体现在《君主论》中对雇佣军不讲信义的批判。只是在马基雅维利看来，君主不守道德的前提是维护江山社稷的安危，他们的首要责任是维护国家安全而不是道德。所以马基雅维利提出了双重道德标准，一个适用于统治者，另一个适用于普通老百姓。前者是以能否保持扩大权力为衡量标准，后者以老百姓的行为对社会产生的影响来衡量。只是马基雅维利将政治与道德分层，使政治失去了一般意义上的伦理价值，善恶成为一种手段，相对而言君主的行为可以不受任何道德规范的束缚。

第二，发展了现实主义思想。马基雅维利是一位现实主义的政治思想家，《君主论》是其个人思想的典型代表作。马基雅维利从现实主义的视角观察君主的行为、国家统治以及权力等，不同于古希腊时期的亚里士多德、柏拉图等主观意义上的伦理道德。马基雅维利重视君主的现实行为以及行为背后的逻辑关系，所以他认为君主的唯一目的就是维持政权的稳固，甚至可以不惜一切手段，他都认为这是正当合理的，从这个意义上可以说马基雅维利开辟了行为主义政治的先河。

当然，马基雅维利的现实主义的思想中包含着理想主义的信念。有一部分学者认为马基雅维利现实主义的思想中蕴含着不太现实的因素，《君主论》最后一章建议恢复意大利的统一，马基雅维利分析了意大利之前军事上失败的缘由并鼓励恢复以往的荣耀，与其说是不现实的倒不如说是对未来的一种美好的愿景，饱含着马基雅维利对君主以及统一意大利理想主义的信念。

二 拓展与思考

评析马基雅维利主义。

第十章　汉斯·摩根索与《国家间政治：权力斗争与和平》

第一节　原著简介

一　汉斯·摩根索简介

汉斯·摩根索（Hans Morgenthau，1904—1980）是一位德裔美国法学家和政治学家，20世纪最有影响力的国际关系理论家之一，国际法学家，国际关系理论大师，古典现实主义大师，国际法学中"权力政治学派"缔造者。汉斯·摩根索通常被认为是第二次世界大战后最有影响力的现实主义者之一，被誉为政治现实主义的奠基人。他的著作属于国际关系理论中的现实主义传统。汉斯·摩根索成长于犹太家庭，曾先后在德国柏林、法兰克福、慕尼黑等地学习法律和政治学，后来在日内瓦高级国际关系学院从事博士后研究。1937年，摩根索因为纳粹的迫害而逃亡美国，在那里开始了他的教学和写作生涯。1943年，在芝加哥大学任教。同年，加入美国国籍并晋升为政治学系副教授。1950—1968年，曾任芝加哥大学美国对外政策研究中心主任，其间还兼任美国国务院和国防部顾问。他的早期著作涉及国际法、政治哲学和规范理论等领域，反映了他对人性、权力和正义的深刻思考。

摩根索的理论基础可以追溯到古典现实主义思想，特别是受到汉斯·克尔森的影响。汉斯·摩根索的经典著作《国家间政治：权力斗争与和平》（以下简称《国家间政治》）于1948年首次出版后多次修订和增补，是国际关系学的经典著作之一，对后来的国际关系理论和实践产生了深远的影响。这本书深入探讨了国家间关系的核心问题，包括国家权力的本质、国家利益的形成、外交政策的制定以及国家间的战争与和平等议题。该书一经出版就受到了美国政治学界的重视与赞扬，在历经半个多世纪时代风云变幻的考验之后，这本书已经成为研究国际政治理论必读的经典著作。1985年10月，美国国务卿乔治·舒尔茨评价《国家间政治》一书为有关国际政治的"划时代著作"。摩根索一生著述颇丰，除本书外，他的主要著作还有：《捍卫国家利益》（1951年）、《政治的困境》（1958年）、《美国政治的目标》（1960年）、《真理与权力》（1970年）等。

二　时代背景

汉斯·摩根索一生经历了两次世界大战和冷战的动荡时期。他目睹了第一次世界大战的可怕后果，对国家之间的权力斗争和冲突产生了深刻的思考。1937年，摩根索逃亡美国。在美国，摩根索先后在密苏里大学堪萨斯城分校、芝加哥大学和纽约城市大学任教，又曾兼任西北大学、哥伦比亚大学、哈佛大学和加州大学的教授，后与爱德华·霍列特·卡尔等人共同创立了芝加哥现实主义学派。

《国家间政治》是摩根索与西方所谓理想主义学派论战的产物，是以"现实主义"批判"理想主义"的结果。第二次世界大战前夕，战争与和平问题日益急迫，这种形式震动了西方一些从事国际关系问题研究的学者和政治家，他们试图向理想主义寻求拯救世界命运的途径。他们期望建立世界政府和成立如国际联盟一类的超国家机构和组织，来巩固国际秩序以及促进国际合作，以期消弭战争。第二次世界大战后冷战初期，美苏两大阵营在全球范围内展开了激烈的权力斗争，核武器的出现使得人类面临着前所未有的毁灭危机，国际组织和国际法的作用受到了质疑和挑战。现实主义学派向理想主义学派展开了抨击，取得相对胜利。总之，第二次世界大战以前世界经济危机的凄惨事实以及第二次世界大战的流血经验使得理想主义的幻想濒于破灭。第二次世界大战的结束给美国一个"称霸"世界的机会，此时美国需要新的战略应对战后世界格局，这促使了现实主义产生。它超越了传统的理想主义学说，在战后的美国崭露头角，传播于西方世界。

摩根索理论的提出对当时流行的理想主义和法律主义等其他国际关系理论进行了批判。他的理论迎合了美国的需要，为美国提供了实力政策的理论基础，成为执行冷战遏制政策和进行军备竞赛的支柱。美国战前孤立主义的外交政策向战后大国霸权政策的转变都随处可见这种现实主义或新现实主义的理论和方法。《国家间政治》的问世不仅标志着西方国际政治的现实主义理论地位的最终确定，而且表明西方国际政治理论逐渐形成，汉斯·摩根索是西方国际关系理论当之无愧的"奠基之父"。

第二节 《国家间政治：权力斗争与和平》主要内容与观点

一 政治现实主义六原则

摩根索认为，现实主义理论是一种关于人性实际上是怎样的和历史

第十章　汉斯·摩根索与《国家间政治：权力斗争与和平》

进程实际上是怎样发生的理论。这一理论有如下六项原则。

第一，"政治现实主义认为，像社会的一般现象一样，政治受到根植于人性的客观法则的支配"。①

诚如摩根索所言，政治法则的根源是人性，这一原则是整个现实主义理论体系的逻辑起点。摩根索认为，人性本恶，天生自私自利，而且这种利己的本性不能通过教育或人为的机制得到消除。存在于人自身的罪恶本性使得人类不可能建立一个有理智的、有道德的国际社会。在这样的环境中，人们经常会感到自身的处境岌岌可危。为了能够得到安全，人们需要自保，而自保的首要条件就是要有实力。这种实力在人类的野蛮状态下是人的体力，在文明状态下则反映为人的权力。因此，人与人之间的关系是冲突的，人的政治关系就是权力斗争关系。由于政治受到根植于人性的客观法则支配，而且国家的本质同人的本质一样，因此国际社会的无政府状态决定了各国会以本国利益为出发点追求权力。

第二，"以权力界定的利益概念是帮助政治现实主义找到穿越国际政治领域的道路的主要路标"。②

这一原则中，摩根索强调了国际政治领域与其他学科领域的区别。他指出，国际政治领域是一个具有自主性、独立性的领域，它有自己的价值标准。现实主义者从以权力界定利益的概念出发进行思考，正如经济学家从以财富界定利益的概念出发进行思考、律师从行动与法律规定的一致性出发进行思考、道德家从行动与道德原则的一致性出发进行思考一样。

第三，"现实主义认为，以权力所界定的利益这一关键概念是普遍适用的客观范畴，但是它并不赋予这个概念一个永久固定的含义"。③

---

① [美]汉斯·摩根索：《国家间政治：权力斗争与和平》，徐昕、郝望、李保平译，北京大学出版社 2006 年版，第 28 页。
② [美]汉斯·摩根索：《国家间政治：权力斗争与和平》，徐昕、郝望、李保平译，北京大学出版社 2006 年版，第 29 页。
③ [美]汉斯·摩根索：《国家间政治：权力斗争与和平》，徐昕、郝望、李保平译，北京大学出版社 2006 年版，第 34 页。

国际政治原著选读

　　以权力界定利益，是现实主义最核心的概念，是普遍适用的、客观存在的，但并非一成不变的。权力是政治的目的，利益是政治的实质。这一原则体现了现实主义相信利益是判断和指导政治行为的标准，任何政治均受以权力界定的利益的概念支配。

　　第四，"政治现实主义明白政治行动的道德意义。它也清楚在道德要求和成功的政治行动的需要之间存在着不可避免的紧张状态。而且它不愿掩饰或抹杀这种紧张状态，以使赤裸裸的政治事实显得仿佛比实际情况在道德上更令人满意，使道德法则显得好像比事实上更缺乏约束力，从而既模糊了道德问题也模糊了政治问题"。①

　　这一原则中，摩根索认为道德要求和政治行为是存在冲突的。正如摩根索所言："普遍的道德原则在抽象的普遍形式下是无法适用于国家行为的，道德原则必须经过具体时间和地点的环境的过滤。"② 政治现实主义认为，个人和国家都必须依据普遍的道德原则（如自由原则）来判断任何政治行动，但如果不考虑表面上道德行为的政治后果，就谈不上政治道德。事实上，采取成功的政治行为本身就是基于国家生存的道德原则。

　　第五，"政治现实主义拒绝把特定国家的道德愿望等同于普天之下适用的道德法则。正如同它对真理和见解要加以区别一样，它对真理和盲目崇拜加以区别。以权力界定的利益概念可以把我们从道德上的极端和政治上的愚蠢中拯救出来"。③

　　这一原则中，政治现实主义强调，普遍的道德法则与某一特定国家的道德要求不可混为一谈。后者与各国国家利益的差异有关。如果按照某一特定国家的国家利益要求谈道德问题将会加剧国际社会中国家间关

---

① ［美］汉斯·摩根索:《国家间政治：权力斗争与和平》，徐昕、郝望、李保平译，北京大学出版社 2006 年版，第 36 页。

② ［美］汉斯·摩根索:《国家间政治：权力斗争与和平》，徐昕、郝望、李保平译，北京大学出版社 2006 年版，第 36 页。

③ ［美］汉斯·摩根索:《国家间政治：权力斗争与和平》，徐昕、郝望、李保平译，北京大学出版社 2006 年版，第 37 页。

第十章 汉斯·摩根索与《国家间政治：权力斗争与和平》

系的矛盾和冲突。但是如果我们把所有国家都看作追求它们各自以权力界定的利益的政治单位，用一种普遍的道德法则约束国家，我们就能够以公正的态度对待所有国家，既尊重他国利益，又能保护和增进本国的利益。

第六，"因此，政治现实主义和其他学派之间的差异是真实的、深刻的。无论政治现实主义理论受到多大的误会和曲解，它对政治问题所抱的独特的思想态度和道德态度是毋庸置疑的"。[①]

这一原则体现了政治现实主义者保持着政治领域上的独立性。摩根索认为国家的本质就是为了自身安全而追求权力、为本国国家利益追求权力，各国之间的关系是相互猜疑甚至相互冲突的。在国际领域中，权力决定了国际政治领域的特殊性，这是政治现实主义与自由主义学派、建构主义学派等学派的不同点之一。

从摩根索的现实主义这六原则中我们可以看出，摩根索六原则的核心就是一个三环相扣的理论体系。首先是人性观，摩根索认为人性本恶，由于人天生具有权力欲望，因此国家与人一样，必然"对权力贪得无厌"。这一点决定了国际政治同一切政治一样，是权力斗争。其次是利益观，国家利益需用权力来定义。国家以自我为中心考虑，必然引起国家间的利益冲突，而国家间的利益冲突只能以权力较量的方式加以解决。最后是道德观，普世的道德观虽然存在，但并不适用于国家。国际道德可以作为用来限制国家权力的手段，但这只有在理想的情况下才能实现。六项原则的核心总结为一句话就是：国家间的关系是围绕权力而展开的斗争关系。

二　国家权力和利益观

第一，政治权力观。摩根索认为政治权力是实现国家目标的手段，

[①] [美]汉斯·摩根索：《国家间政治：权力斗争与和平》，徐昕、郝望、李保平译，北京大学出版社2006年版，第37页。

国际政治原著选读

是权力行使者与权力行使对象之间的心理关系。所谓政治权力,"我们指的是公共权威的掌控者之间以及他们与一般公众之间的控制关系"①。而"国际政治像一切政治一样,是追逐权力的斗争。无论国际政治的终极目标是什么,权力总是它的直接目标"②。现实主义六原则中以"权力—利益"为两个向度,把权力视为实现国家目标的手段。摩根索没有明确给出国家利益的概念,但他认为以权力来界定利益的概念是客观有效的,因此我们可以认为在他的理论框架下,权力是自变量,利益是因变量。国际政治像其他政治一样是追逐权力的斗争,国家由此成为国际舞台上的行为者。从国际政治这一概念出发,得出了两条结论:"并非一国对另一国采取的任何行动都含有政治性质"③;"并非所有国家在任何时期都同等程度地参与了国际政治"④。国家与国际政治的关系具有动态性的特征。

摩根索认为权力不仅仅指暴力,或者是指人们对他人的思想和行为施加影响和控制的能力。在国际政治中,权力就是一国在国际舞台上控制他国、影响国际事件的能力。对权力要做四种区分:权力与影响力、权力与武力、可运用的与不可运用的权力、合法的与非法的权力。国家权力说到底就是国家的实力。对于政治权力,摩根索接着写道:"政治权力是权力行使者与权力行使对象之间的心理的关系。前者通过影响后者的意志而对其某些行动有支配力量。"⑤

国内政治和国际政治相比更经常经受剧烈的变动,一项政治政策所

---

① [美]汉斯·摩根索:《国家间政治:权力斗争与和平》,徐昕、郝望、李保平译,北京大学出版社2006年版,第56页。
② [美]汉斯·摩根索:《国家间政治:权力斗争与和平》,徐昕、郝望、李保平译,北京大学出版社2006年版,第55页。
③ [美]汉斯·摩根索:《国家间政治:权力斗争与和平》,徐昕、郝望、李保平译,北京大学出版社2006年版,第55—56页。
④ [美]汉斯·摩根索:《国家间政治:权力斗争与和平》,徐昕、郝望、李保平译,北京大学出版社2006年版,第56页。
⑤ [美]汉斯·摩根索:《国家间政治:权力斗争与和平》,徐昕、郝望、李保平译,北京大学出版2006年版,第56页。

第十章　汉斯·摩根索与《国家间政治：权力斗争与和平》

追求的，或是保持权力，或是增加权力，或是显示权力。与之相对应的有三种国际政策，即现状政策、帝国主义政策与威望政策。而根据摩根索的定义，帝国主义政策是指寻求在权力地位上的有利变化，这不能等同于意识形态领域的对抗。在对帝国主义政策的阐释中，摩根索特意表明了帝国主义政策并不一定与资本家或资本主义挂钩，只是当时许多观察家刻意使用帝国主义作为责骂之语，使之或多或少带上了贬义色彩。在多数情况下，威望政策只是一种工具，只是在很少的情况下以自身为目的。为了达到威望政策的目的，通常使用两个特定工具：外交礼仪和炫耀武力。

第二，国家权力观。摩根索以渐进的推理方式来对权力、政治权力、国家权力进行定义。摩根索现实主义国际政治理论体系中的权力特别指向了国家在国际社会中的权力，这是"国家权力"的概念。

至于权力的构成要素，他认为主要包括地理条件、自然资源、工业能力、战备状况、人口、民族性格、国民士气、外交的巧拙和政府英明等要素。摩根索肯定武力是权力争夺的最为经常使用的方式，同时他也重视无形权力，而在无形权力中，摩根索认为外交最重要，外交是国家权力的大脑，而民族士气是其灵魂。也就是说国家权力的构成包括有形和无形两种，摩根索更看重的是后者，无形的权力，也就是影响力。"因为，现今国际舞台上的权力之争不仅是对军事优势和政治统治的争夺，而且在特定的意义上是对人心的争夺。"[1]

摩根索认为"像在所有政治中一样，权力欲是国际政治中的突出因素，因此，国际政治必然是权力政治"[2]。关于国家权力和利益，在政治现实主义六原则中，摩根索认为，权力和国家利益是两个紧密相连的并且是不可分割的概念。国家利益的大小由权力大小限定，这就自然产生下述逻辑：国家力量增强的逻辑结果必然是国家向外扩张。

---

[1] [美]汉斯·摩根索：《国家间政治：权力斗争与和平》，徐昕、郝望、李保平译，北京大学出版社2006年版，第187页。

[2] [美]汉斯·摩根索：《国家间政治：权力斗争与和平》，徐昕、郝望、李保平译，北京大学出版社2006年版，第61页。

第三，权力与利益是国际政治的本质。权力与利益思想是摩根索国际政治理论的根本核心，在现实客观存在的世界中，国际政治的目标在于追求以国家利益界定的权力。摩根索提出，国际政治的本质与国内政治的本质是完全相同的，这两种政治都是争夺权力的斗争，它们都是客观的人性法则的结果，它们的不同仅仅在于这种斗争在国内范围和在国际范围赖以进行的条件不同。在摩根索看来，国际政治中的权力实际上以利益为基础和指针，利益是国际政治权力关系的实质所在。摩根索认为利益的观念是政治的本质，不受时间和空间条件的影响，"无论国家之间还是个人之间，利益的一致是最可靠的纽带"[①]。

摩根索认为权力决定国家利益，"国家利益"的内核就是"生存"，也就是一个民族国家对外政策的首要目标，就是要维护其领土完整和政治经济制度及文化传统。而要维护国家的"生存"，这也就需要这个国家不断追求权力。他将人生性追逐权力的法则运用到国家之间的斗争，而斗争的核心问题就是维护本国的利益。国家以本国的国家利益为出发点，而国家之间肯定会有各种利益冲突。摩根索认为，国家利益所产生的冲突只能用权力较量的方式加以解决。因此，国家之间争夺权力的斗争也就成为基本的、不可更改的国际关系事实。当摩根索将利益以权力加以界定之后，这时权力就不仅是实现国家政策的手段，而且也成为执行和实现国家外交政策的目的。

第四，国家权力的限制：权势均衡。在《国家间政治》开篇，摩根索就明确指出，他的这本书是围绕着权力与和平问题来展开论述的。鉴于国家追求权力将不利于世界的和平与发展，导致国家间的矛盾冲突甚至战争，因此，如何限制国家对权力的追求是国际政治所面临的重大问题。

政治现实主义大师汉斯·摩根索在《国家间政治》一书中第一次对均势理论进行了系统性阐述，使均势理论深深地扎根于现实主义范式的

---

① [美]汉斯·摩根索：《国家间政治：权力斗争与和平》，徐昕、郝望、李保平译，北京大学出版社2006年版，第34页。

第十章 汉斯·摩根索与《国家间政治：权力斗争与和平》

土壤之中，成为政治现实主义国际政治理论的核心理论之一。如绝大多数现实主义思想家一样，他以人性本恶为最根本的理论前提，摩根索从国家追求权力和利益的最大化这个逻辑出发，直接推导出其均势理论。他指出："若干国家追逐权力，各自试图维护现状或推翻现状，势必导致所谓权力均衡的态势和旨在维护这种态势的政策"。① "权力均衡和旨在维护权力均衡的政策，不仅是无法避免的，而且也是使由主权国家构成的社会得以稳定的基本因素。"② 由此可见，就摩根索所认为的均势理论而言，权力与利益是国家追求的核心目标，物质性的权力分配状态变成了均势的基础。摩根索强调，正是由于不同国家的行为才造成了国家间互动和相互关系，从而产生均势。

摩根索在《国家间政治》一书中对均势的论述用以下四种方式对其加以限定，即为达到某种时态的一种政策、一种实际存在的状态、大体均等的权力分配、泛指任何形式的权力分配。摩根索认为均势有两种主要模式：一是直接对抗模式，假如一国侵犯别国，后者理所当然会起而抗之，双方就会处于直接的相互对立的对抗状态之中；二是竞争模式，也就是如果两国都对第三国有领土或其他领域的野心，或者其中之一对第三国抱有这样的野心，而另外的一个国家仅仅想要维持对第三国的现状，其结果是这两个国家处于间接的对立状态之中，同时这两个国家之间的竞争有助于维护第三国的独立和利益，此类均势也被称为间接均势。小国之所以能获得独立，中立国、缓冲国之所以能够存在，均势是一个很重要的原因。

均势可以通过两种方式实现。一是削弱较强的一方的力量，二是增加某个较弱的国家的力量，这里的增强与削弱不仅可以是绝对的还可以

---

① ［美］汉斯·摩根索：《国家间政治：权力斗争与和平》，徐昕、郝望、李保平译，北京大学出版社2006年版，第205页。
② ［美］汉斯·摩根索：《国家间政治：权力斗争与和平》，徐昕、郝望、李保平译，北京大学出版社2006年版，第205页。

是相对的。具体来讲，主要有以下四种方式①。

一是分而治之：通过分裂竞争对手或使之保持分裂的状态，以此达到削弱对手力量的目的。

二是领土补偿：在18世纪和19世纪领土的补偿很普遍，这种方法旨在维持由于一国的领土扩张而被破坏或即将被破坏的权势均衡。

三是军备竞赛：一国力图以其拥有的实力维持或重建权势均衡而随时可用的主要手段。

四是联盟政策：联盟是在一个多国体系内起作用的必不可少的均势体系，被认为是维持与恢复均势的主要方法。它主要指各国为了保障本身的安全，通过与别国的结盟、协定或互相保证来增加自身实力或维持均势。在实践中体现为利用其他国家的权力来增强自身的权力以及阻止敌手获得其他国家的权力。

第五，权力均衡的"掌控者"："整个西方世界的历史中，权力均衡大体都是通过联盟实现的。"②"平衡者不会同任何一国或国家集团的政策永久保持一致。它在这一体系中的唯一目的就是维持平衡，而不论这一平衡将为哪些具体政策服务。"③均势"维持者"在均势体系内占据关键的地位，因为它的立场决定着权力斗争的结局。均衡的掌控者没有永久的朋友，也没有永久的敌人；它只有维护权力均衡本身这一永久的利益，因此均衡者往往处于一种"光荣孤立"的地位。④

在均势政治中，均势平衡者是权力斗争的最终决定者，因此，它又是国际政治权力斗争中影响最大的因素。通过均势，可以实现国家间关系的稳定和国际体系的稳定，可以保证主权国家的独立，防止大国对小

---

① [美]汉斯·摩根索:《国家间政治：权力斗争与和平》，徐昕、郝望、李保平译，北京大学出版社2006年版，第216—234页。
② [美]汉斯·摩根索:《国家间政治：权力斗争与和平》，徐昕、郝望、李保平译，北京大学出版社2006年版，第231页。
③ [美]汉斯·摩根索:《国家间政治：权力斗争与和平》，徐昕、郝望、李保平译，北京大学出版社2006年版，第231页。
④ 参见[美]汉斯·摩根索:《国家间政治：权力斗争与和平》，徐昕、郝望、李保平译，北京大学出版社2006年版，第231页。

第十章　汉斯·摩根索与《国家间政治：权力斗争与和平》

国或弱国的控制，也只有在均势的结构下，国际性的战争行为才能够成为可能。同时在摩根索对均势的评估和思考中，他也认识到了均势的三个主要弱点："不确定性、不现实性和功能不足"①。力量的相对性和流动性，增添了估测力量及国家意图的困难。摩根索还认为，单靠均势无法实现全盛时期对维持近代国际体系的稳定和对维护成员国的独立所作的贡献。他特别强调通过均势来限制国际权势斗争，通过外交来尽可能协调互相冲突的各国利益，以便在保证国家独立和安全的同时，谋求国际体系的稳定与和平。

第六，国家权力的限制因素：国际道德和世界舆论。在国际关系领域，由于各国的政治领导人的经历不同，所受到的教育以及所处的具体环境和所代表的利益集团和阶级的不同，不同的个人对如何看待道德的作用，具有不同的道德观，这些道德观同样可以成为国际关系中的道德观。

摩根索认为道德因素的抑制功能在和平时期肯定人类生命的神圣这一点上表现得最为明显、最为有效，同时也体现在对战争的道义谴责。世界舆论与国际道德判断相联系，把不同国家的成员团结起来，至少在某些根本性的国际问题上达成共识。"每当任何一国的政府所宣布的政策或在国际舞台上所采取的行动触犯了人类的这一共同意见时，人类便会不分民族群起而攻之，并至少努力以自发的制裁迫使执拗的政府接受它的意志。"②摩根索从几个方面论述了国际道德对国家权力的限制作用，他认为在以前的时代，在对平民的生命保护上，国际道德对国家权力的限制作用是非常脆弱的。

在摩根索看来，由于现代战争比过去更加全面，道德对战争的限制越来越弱。这使得道德对政治和军事领袖以及普通民众的限制作用也越来越小，而且有丧失的风险。现代核战争的非人格性又更彻底地破坏了

---

① [美]汉斯·摩根索：《国家间政治：权力斗争与和平》，徐昕、郝望、李保平译，北京大学出版社2006年版，第239页。
② [美]汉斯·摩根索：《国家间政治：权力斗争与和平》，徐昕、郝望、李保平译，北京大学出版社2006年版，第297页。

国际政治原著选读

道德对权力的限制，现代社会中民主选举和责任制取代贵族制，使国际道德作为一种确实存在的、与特定个人良心相联系的纽带而断裂，道德在国际关系中的作用由于外交事务的民主化而降低。而20世纪民族主义及其道德的发展，又使得国际道德影响力进一步下降。在摩根索看来，争取国家的利益理所当然就是国家的道德，普世的道德虽然存在，但不能适用于所有的国家。他还认为抽象的、绝对的道德观念在国际关系中是没有任何意义的，因此，国家决策者不能用所谓的普世道德指导自己的政治行为。我们既不能夸大也不能低估国际道德对国际政治的影响。

摩根索还坚持认为，从20世纪末开始，随着民主选举制、责任制取代贵族政府制度，国际结构与国际道德结构同样也经历了根本性的巨大变化，国际道德从现实变为一纸空文。因为道德规则是个人良心的行动，"因此，由可以清楚辨识的个人所掌管的政府，由于可以责成他们对其行为承担个人责任，便成为一个有效的国际伦理道德体系存在的前提条件。而在政府责任被广泛分配给大批对国际事务中的道德要求持有不同观念或根本没有道德观念的人们的情况下，国际道德就不可能成为限制国际政策的一个有效体系了"[①]。

此外，摩根索认为国际舆论是一种超越国家疆界，至少在某些基本的国际问题上使不同国家的成员达成一致看法的公共舆论。这种一致表现，是世界各国对于国际政治舞台上任何一种为国际舆论所反对的行为同时作出的反应。[②] 国际舆论不能对各国政府的外交政策产生约束性影响，这是因为世界各国没有统一的心理，另一方面也是因为技术统一的二重性导致的。在世界上并不存在适用于所有国家的国际道德和国际舆论。

第七，对国家权力的限制：国际法。汉斯·摩根索指出要使混乱和暴力不致肆行无忌，就必须由法律规则来规定国际关系中的相互权利和

[①] [美]汉斯·摩根索：《国家间政治：权力斗争与和平》，徐昕、郝望、李保平译，北京大学出版社2006年版，第283页。

[②] 参见[美]汉斯·摩根索《国家间政治：权力斗争与和平》，徐昕、郝望、李保平译，北京大学出版社2006年版，第297页。

第十章 汉斯·摩根索与《国家间政治：权力斗争与和平》

义务。"规定国与国之间相互权利和义务的一些核心的国际法原则，是在 15 至 16 世纪发展起来的。当 1648 年《威斯特伐利亚和约》结束了宗教战争，并使领土国家成为近代国家体系的基础时，这些基本的国际法原则就已确立了。"①"在国际法存在的四百年中，绝大多数情况下它都得到严格的遵守。然而当国际法的某一规定遭到践踏时，国际法并不一定总能得到实施；当国际社会果真采取行动实施国际法时，国际法又不一定有效。"②但也不能因此全面否定国际法作为有约束力的法规体系的存在。国际法作为国家间政治关系的规范，"将通过其内在的力量，即使不能取代国际舞台上的权力斗争，至少也能对这种权力斗争施加限制性影响"③。

在国际社会内，中央集权式的立法和执法权威不可能存在，因此在分散的国际社会结构下国际法也是分散的。而权势均衡只有在由于对国际法的践踏而需要执法措施的非常情况下才能作为一种分散的力量发挥作用。另一方面，利益的一致与互惠作为一种分散性的力量却在持续发生效用，它们是国际法的命脉，在国际法领域发挥了分散性的影响力，从而影响了任何法律体系都必须具备的三项基本功能：立法、司法和执法。"承认国际法的存在，并不等于断言它是像国内法律制度一样有效的法律制度，特别是不能说它能够有效地控制和约束国际舞台上的权力斗争。国际法是一种原始类型的法律，类似某些未开化社会如澳大利亚土著居民或北加利福尼亚州尤洛克人中所流行的法律。之所以说国际法是一种原始类型的法律，主要是因为它几乎完全是一种分散性的法律。"④

---

① [美]汉斯·摩根索：《国家间政治：权力斗争与和平》，徐昕、郝望、李保平译，北京大学出版社 2006 年版，第 310 页。
② [美]汉斯·摩根索：《国家间政治：权力斗争与和平》，徐昕、郝望、李保平译，北京大学出版社 2006 年版，第 311 页。
③ [美]汉斯·摩根索：《国家间政治：权力斗争与和平》，徐昕、郝望、李保平译，北京大学出版社 2006 年版，第 309 页。
④ [美]汉斯·摩根索：《国家间政治：权力斗争与和平》，徐昕、郝望、李保平译，北京大学出版社 2006 年版，第 311 页。

国际政治原著选读

由于国家主权原则的存在，作为松散的国际社会结构的必然结果，国际法的体系具有松散的性质，其存在及其作用的发挥，取决于各国利益的一致或互补，取决于国家间的权力分配，因此国际法正是由于立法职能的分散性，产生了许多缺陷，"这样，国际司法判决并不能对国际权力斗争施加有效的限制"[①]，从而大大限制了国际法执行功能的作用。

第八，外交理论与世界和平。对于在一个追求权力导致矛盾、冲突乃至战争的国际社会中如何实现和平，摩根索在此前就已经提出，均势可以实现和平但不能保障永久和平，因为均势形成的稳定是一种脆弱的稳定。国际道德与世界舆论促进世界和平的功效也微乎其微，而且因为战争和外交事务的民主化、现代民族主义对道德的否定性影响都让摩根索对国际道德在国际问题上的作用产生了否定性看法。此外，他认为裁军、集体安全、国际警察部队都不能避免战争，建立国际政府也不能保障世界和平。在国际上这种为永久和平创造前提条件的方法，称作以调解求和平，它的工具就是外交。通过复兴外交，建立世界共同体乃至世界国家从而保障世界的和平，是摩根索对现实存在的国际政治权力与利益进行研究后所得出的结论。在他看来，国家间出于国家利益而对权力的争夺形成了相互间敌对的国际关系，必须通过外交手段对此加以调解以形成一个一体化的、新的国际社会。他认为，理性外交政策就是好的外交政策，因为理性的外交政策符合道德上的审慎原则和政治上成功的条件，能够使危险减至最小，使利益增至最大。

外交可以使用的手段有三种：说服、妥协和武力威胁。各国新的共同利益，只有通过外交的新使命才能得以实现。摩根索的思想流程是：以外交作为调解和平的工具—建立世界共同体—构筑世界国家—世界和平秩序出现。但是，今天由于没有一个世界国家，就没有永久和平，他认为只有当各国放弃它们的主权时，国际和平才会像国内和平一样稳定。

---

① [美]汉斯·摩根索：《国家间政治：权力斗争与和平》，徐昕、郝望、李保平译，北京大学出版社2006年版，第322页。

第十章　汉斯·摩根索与《国家间政治：权力斗争与和平》

《国家间政治：权力斗争与和平》节选[①]

第一章　国际政治的现实主义理论

1. 政治现实主义认为，像社会的一般现象一样，政治受到植根于人性的客观法则的支配。为了改善社会，我们首先必须理解社会赖以生存的法则。这些法则不受人们的偏好的左右而起作用，人们若向它们挑战，就要冒失败的危险。（第28页）

2. 以权力界定的利益概念是帮助政治现实主义找到穿越国际政治领域的道路的主要目标。这个概念把试图理解国际政治的推理与有待于理解的事实联系了起来。它使政治成为行动和知识的独立领域，从而将它与其他领域如经济学（它是由财富界定的利益概念而得到理解的）、伦理学、美学或宗教区分开来。没有这样一个概念，无论是国际政治还是国内政治的理论都是根本不可能产生的，因为没有它我们就无法将政治的和非政治的事实加以区分，也无法给政治领域带来至少是某种程度的系统化条理。（第29页）

3. 现实主义认为，以权力所界定的利益这一关键概念是普遍适用的客观范畴，但是它并不赋予这个概念一个永久固定的含义。利益的观念确实是政治的实质，不受时间和空间的环境的影响。（第34页）

4. 政治现实主义明白政治行动的道德意义。它也清楚在道德要求和成功的政治行动的需要之间存在着不可避免的紧张状态。而且它不愿掩饰或抹杀这种紧张状态，以使赤裸裸的政治事实显得仿佛比实际情况在道德上更令人满意，使道德法则显得好像比事实上更缺乏约束力，从而既模糊了道德问题也模糊了政治问题。

[①] [美]汉斯·摩根索：《国家间政治：权力斗争与和平》，徐昕、郝望、李保平译，北京大学出版社2006年版。

现实主义坚持认为，普遍的道德原则在抽象的普遍形式下是无法适用于国家行为的，道德原则必须经过具体时间和地点的环境的过滤。（第36页）

5. 政治现实主义拒绝把特定国家的道德愿望等同于普天之下适用的道德法则。正如同它对真理和见解要加以区别一样，它也对真理和盲目崇拜加以区别。所有国家在诱惑下——没有几个国家能够长期抗拒那种诱惑——都以适用于全世界的道德目标来掩饰它们自己的特殊愿望和行动。知道国家受道德法则的约束是一回事，而假装确切知道在国家间关系中什么是善什么是恶，则完全是另一回事。有一种信念认为，所有国家都将受到凡人无法预知的上帝的审判；另一种亵渎神明的信念是，上帝永远站在自己一边，自己的意愿必然是上帝的意愿。这两种信念有天壤之别。

漫不经心地将某一特定的民族主义与上帝的意志等同起来，在道德上是站不住脚的。（第37页）

6. 因此，政治现实主义和其他学派之间的差异是真实的、深刻的。无论政治现实主义理论受到多大的误会和曲解，它对政治问题所抱的独特的思想态度和道德态度是毋庸置疑的。

在思想上，政治现实主义者保持着政治领域的独立性，正像经济学家、律师、道德学家保持各自领域的独立性一样。现实主义者从以权力界定的利益概念出发进行思考，这同经济学家从以财富界定的利益概念出发，律师从行动与法律规定的一致性出发，道德学家从行动与道德原则的一致性出发，是一样的。（第37页）

第三章　政治权力

1. 国际政治像一切政治一样，是追逐权力的斗争。无论国际政治的终极目标是什么，权力总是它的直接目标。（第55页）

2. 我们在讲到权力时,是指人支配他人的意志和行动的控制力。至于政治权力,我们指的是公共权威的掌控者之间以及他们与一般公众之间的控制关系。

政治权力是权力行使者与权力行使对象之间的心理关系。前者通过后者的意志而对其某些行动有支配力量。(第56页)

3. 像在所有政治中一样,权力欲是国际政治的突出因素,因此,国际政治必然是权力政治。(第61页)

4. 国际政治与国内政治在本质上是完全相同的。这两种政治都是争夺权力的斗争,它们的不同仅仅在于这种斗争在国内范围和在国际范围赖以进行的条件不同。(第63页)

第三十一章　外交

我们得出结论说,通过将目前的主权国家社会改造成世界国家来求得国际和平,在当代通行于世界的那些道德、社会和政治条件下是难以实现的。如果世界国家在我们的世界上难以建立,而它对这个世界的生存又是不可或缺的,那么就有必要创造条件,使着手建立一个世界国家不至于从一开始就毫无希望。我们建议,以缓和和缩小那些在我们的时代里促使两个超级大国相互对抗和召唤一场灾难性战争幽灵的政治冲突,作为创造此种条件的基本要素。我们把这种为永久和平创造前提条件的方法,称作以调解求和平。它的工具就是外交。(第563页)

第三节 评析与思考

一 评析

（一）历史意义

第一，摩根索使国际政治成为一门真正独立的社会科学学科。诚然，早在 2000 多年以前，人类步入古典文明时代的门槛之后，历史上就出现了早期萌芽状态的国际政治现象，千百年来，东西方许多历史学家和政治家对纷繁复杂的国际和平与斗争的现象都做出过相当透彻的分析和论述，但是这些分析和论述大多失之于零散，正是摩根索第一次对国际政治的理论与实践加以系统的概括和总结，使之形成一种新的学科体系。从这个意义上讲，摩根索的贡献是开创性的。

第二，在 20 世纪前期，美国国际政治研究的主流思想是理想主义学派。这个学派的代表人物就是美国的第二十八届总统伍德罗·威尔逊，这个学派的主要观点是人的本性可以改造，战争的根源不在于人性的罪恶，而在于不完善的国内和国际制度。通过建立完善的国际制度和国际法规，就有可能调和国家之间利益的冲突从而消灭战争。然而，威尔逊的主张在现实面前碰得头破血流，他本人关于在第一次世界大战后建立国联的主张根本没有获得美国国会的通过，而后来的国联也根本没有能力阻止第二次世界大战的爆发。摩根索重新恢复了国际政治理论的现实主义传统，并在相当程度上使它发扬光大。可以毫不夸张地说，不管后人对摩根索的古典现实主义理论有多少批评，现实主义自第二次世界大战结束后一直是美国国际政治理论与外交实践最有生命力的一个传统。

（二）当代价值

第一，该书具有较强的理论创新性和实践指导性。作者不仅对国际关系的基本概念、原则和范式进行了深入的分析和批判，而且提出了自己的理论框架和视角，即"国家间政治"的概念和方法。作者认为，国家间政治是一种超越传统国际政治和国际关系的新型政治现象，它涉及国家之间的各种互动、合作和竞争，以及国家内部的政治、经济、社会和文化变革。作者通过对国家间政治的历史演变、现实表现和未来展望的阐述，为我们理解当今世界的复杂性和多样性提供了一个新的视角和工具。

第二，摩根索通过对国际政治现实的深入分析，揭示了国家行为的基本动机和模式。他对权力、利益和平衡的关注使其观点在现今依然具有重要意义，能够帮助我们理解国际政治的复杂性和国家间关系的本质。此外，《国家间政治》提供了有关国际冲突和合作的指导原则。摩根索认为国际政治是由国家之间的权力斗争和利益冲突驱动的，他的观点可以帮助我们理解国际关系中的冲突和合作，并提供了处理国际事务的实践建议。他也告诫我们，要在追求国家利益和维护国际道德之间寻找一种平衡，避免走向极端或狂热。

二 拓展与思考

1. 谈谈你对摩根索政治现实主义六原则的理解。
2. 请比较分析汉斯·摩根索和肯尼思·华尔兹两位学者关于权力的定义以及权力在国际关系中作用的理解。

第十一章　肯尼思·华尔兹与《国际政治理论》

第一节　原著简介

一　肯尼思·华尔兹简介

肯尼斯·华尔兹又被译为肯尼思·沃尔兹（Kenneth Waltz，1924—2013），美国著名国际关系理论家，当代国际关系学界最有影响力的学者之一，被誉为"结构现实主义"的创始人和代表人物。华尔兹在美国出生并成长，曾就读于俄亥俄州立大学和哥伦比亚大学，并在哥伦比亚大学获得博士学位。他在教育领域有着丰富的经验，曾在哥伦比亚大学、伦敦政治经济学院和加州大学伯克利分校等知名学府任教，曾担任美国对外政策委员会委员、美国政治学会会长等职，并荣获"詹姆斯·麦迪逊政治科学杰出学术贡献奖"，对国际关系学科的发展产生了深远的影响。华尔兹主要著作有《人、国家与战争》（1959年）、《对外政策和民主政治》（1967年）、《国际政治理论》（1979年）。其中《国际政治理论》一书自出版以来便被誉为"当代经典",迄今为止是国际关系学界影响最大、引用率最高的著作。

华尔兹的主要贡献是提出了"国际体系层次"的分析方法,认为国际体系的结构是决定国际政治行为的最重要的因素。他在1979年出版的著作《国际政治理论》中阐述了结构现实主义的理论框架,对传统的现实主义进行了修正和批判,开创了新现实主义的研究范式,完成了从传统主义向新现实主义的完美过渡。华尔兹的观点在学术界引起了广泛的争议和讨论,结构现实主义理论认为国家行为受制于国际体系结构,国家的利益和权力在国际政治中起着重要作用。他的理论框架和观点对国际关系研究产生了广泛影响,激发了后续学者的思考和探索。按作者所言,《国际政治理论》试图解决三个问题。第一,试图对已有的重要国际政治理论进行批判性考察;第二,力图建立一种新的国际政治理论;第三,对新建立的理论进行检验。

二 时代背景

1945年建立在美苏实力基础上的《雅尔塔协定》,对战后世界格局产生深刻影响。第二次世界大战后西欧列强普遍衰败,而美国经济、军事实力则空前膨胀,成为世界头号强国,推行称霸全球的战略;苏联的军事实力也迅速增长,成为唯一可以抗衡美国的国家;美苏由第二次世界大战时的合作关系走向战后对抗。以美国为首的"北大西洋条约"组织于1949年4月4日成立,继后,以苏联为首的"华沙条约"组织于1955年5月14日成立。从此以后,"北约"集团15个国家的军队近600万兵力和"华约"集团8个国家军队的600万兵力,双方千万大军开始处于战略对峙状态。20世纪50年代和60年代,这一时期正值冷战的高峰期和国际政治的紧张时期。在这个时期,世界主要由两个超级大国,美国和苏联之间的意识形态对立和地缘政治竞争所主导。冷战期间的国际体系呈现出明显的二元结构,国际关系充满紧张、冲突和对抗的气氛。20世纪70年代后期,美苏两极格局已经基本稳定,但同时也出现了一些新的挑战和变化，如越南战争、中美关系正常化、石油危机、核扩散等，这些事件对国际秩序和安全环境产生了重大影响，削弱了美国的实力，也引发了国际关系学者对传统现实主义理论的质疑和修正。一些新兴的理论范式，如依赖理论、世界系统理论、建构主义、后现代主义等，开始在学术界崭露头角，试图提供更全面和更深刻的解释和批判。

华尔兹的写作受到冷战时期国际政治的挑战和冲击的影响，他坚持了自己的现实主义立场，但又不满足于简单地重复或继承古典现实主义的观点。他认为，古典现实主义过于强调国家的特性和行为，而忽视了国际体系的结构和约束。他认为国际体系是由处于无政府状态、分布不平衡的权力和功能相同的单位所构成的。这种结构决定了国家之间的相互作用模式和结果，而不是国家本身的意志或道德。华尔兹认为现实主义无法解释国际政治中的系统性变化和大国行为的模式。因此，他着手构建了一种新的理论框架，即结构现实主义。

第二节 《国际政治理论》主要内容与观点

一 国际政治理论的系统主义解释

华尔兹认为国际政治学者随意使用"理论"一词，未能厘清"规律""理论"等词的科学应用规则，导致"理论"被庸俗化和泛化，最终引致理论出现瑕疵。于是《国际政治理论》开篇就讲述了何谓"理论"，然后采取比较法，通过规律和理论二者的一番对照，得出理论的本质含义及精简理论的四种方法。在理论的本质含义方面，从四个角度区分了规律和理论的不同。首先，理论揭示那些恒定的或很可能存在的

第十一章　肯尼思·华尔兹与《国际政治理论》

联系为什么普遍存在，而规律只指出这些联系。其次，规律中的每一个描述性术语都是与观察或实验的过程直接相关的，规律只有经过观察或实验的检验才能成立；而理论除了"描述性术语之外"还包括理论性的概念，理论不能单靠归纳来建立，因为"理论不能仅仅通过归纳法来加以建立，理论范畴只能被创造而不能被发现"[①]。再次，规律是"观察到的事实"，而理论是"为了解释事实而进行的思辨过程"。[②] 最后，规律是恒久不变的，而理论则是动态变化的。"理论解释规律，规律可以被发现，而理论只能被构建。"[③] 总之，"理论被视为关于某一特定行为或现象的规律的集合或系列"，[④]是解释规律的陈述，而不仅仅是规律的集中。

在精简理论的方法方面，华尔兹提出了四种方法：分离、提取、归并、理想化。当建构出了一种理论之后，还要对理论进行必要的检验。于是他还提出了检验理论的七个程序，即："1. 陈述接受检验的理论。2. 从中推导出假设。3. 对假设进行经验性或观察性检验。4. 在进行第二和第三步骤时，使用该理论中的术语定义。5. 对该理论以外的干扰变量加以去除或进行控制。6. 设计一些不同的、严格的检验。7. 如果无法通过检验，那么思考是否应该彻底放弃这一理论，还是需要对之加以改正，或是需要缩小其宣称所要进行解释的范围。"[⑤]

华尔兹认为传统的国际政治理论都存在还原主义的问题，对国际政治现象并未提供充分的解释。华尔兹的目的在于建立一种国际政治的理论，解释为什么即使个体行为随着时间改变，而在系统中的行为却如此有规律。他在书中通过研究和评价霍布森与列宁的帝国主义经济理论，引出了对国际政治理论的三点思考。第一，还原主义理论是自我证实的理论；第二，这种理论是一种没有行为的结构或功能的消失；第三，过度的解释以及变化问题。最终得出结论，还原主义理论的有效性需要质

[①] [美]肯尼思·华尔兹:《国际政治理论》,信强译,上海人民出版社2017年版,第6页。
[②] [美]肯尼思·华尔兹:《国际政治理论》,信强译,上海人民出版社2017年版,第7页。
[③] [美]肯尼思·华尔兹:《国际政治理论》,信强译,上海人民出版社2017年版,第8页。
[④] [美]肯尼思·华尔兹:《国际政治理论》,信强译,上海人民出版社2017年版,第2页。
[⑤] [美]肯尼思·华尔兹:《国际政治理论》,信强译,上海人民出版社2017年版,第14—15页。

疑，应该采用系统方法。于是华尔兹确立了自己的系统理论，他将系统理论定义为："只有当某一国际政治理论在国际政治层面发现了对结果的部分解释，它才能被称作是系统理论。"①

此外，华尔兹揭示了研究国际政治不能单靠分析性方法，必须采用系统方法。"于是，系统就被定义为一系列互动的单元。从一个层次来说，系统包含一个结构，结构是系统层次上的一个部分，由于它才可能设想单元组成一个体系，而不同于简单的集合。在另一个层次上，系统包含互动的单元。系统理论的目的就是要显示出这两个层次是如何运作和互动的。"② 华尔兹认为在研究和分析国际政治行为和结果时，系统方法和理论要胜过于简化方法和理论。系统理论的两个关键要素是系统的结构和互动的单元，即体系层次和单元层次。在体系（结构）层次上，是根据单元间的排列及其排列原则所形成的结构；在单元层次上，是单元体（即主权国家）根据单元的内部特征及相互作用表现出来的行为过程及其属性。他认为结构第一重要的原则即系统内各部分的排列原则。这种原则是分权的、无政府的。无政府状态是国际政治经久未变的特性。只要彼此竞争的单元无法将无政府的国际政治舞台转变为类似国内社会的等级制，国际政治的本质就始终没有变化。第二重要的原则为：结构不能够根据单元的功能来定义，因为国家的功能是相似的，但是可以根据单元能力的大小来定义结构。互动单元的能力变化，会导致系统的变化。华尔兹在文中指出使用系统方法的两个条件，即只有在系统层次发挥诱因作用时，谨慎地将系统单元的属性与互动和系统结构的定义相区分，③以及"只有在系统的结构与互动单元之间具有相互作用时才需要采用系统方法"④。

华尔兹指出："理论是还原主义的，还是系统的，不取决于其所解

---

① [美]肯尼思·华尔兹：《国际政治理论》，信强译，上海人民出版社2017年版，第41页。
② [美]肯尼思·华尔兹：《国际政治理论》，信强译，上海人民出版社2017年版，第42页。
③ 参见[美]肯尼思·华尔兹《国际政治理论》，信强译，上海人民出版社2017年版，第60页。
④ [美]肯尼思·华尔兹：《国际政治理论》，信强译，上海人民出版社2017年版，第61页。

释的对象，而在于如何组织其材料。"①在华尔兹的理论中，结构是一系列的约束条件，是原因，可以确定单元的形态，并最终使单元的运转产生某种性质相同的结果。结构"刚性"对单元来说有两层功能性的含义：一是通过社会化进程限制和形塑行为者的行为，二是通过竞争来调节单元之间的秩序。在结构稳定的条件下，社会化和竞争会促使单元的属性和行为具有相似性。最后，他将自己的理论运用到军事、经济和国际事务管理中，努力将政治现实主义体系化，使之成为一种严谨的、演绎性的国际政治体系理论。

二 国际政治系统理论的两个基本要素是结构和单元

体系是指具有诸多功能相同或相似的单元（在国际系统内是民族国家）按照一定的秩序和内部联系而组合起来的一个完整的整体，作为自助单位的民族国家的互动构成了国际体系。华尔兹认为"国际政治系统理论的两个基本要素是系统的结构和互动的单元"②。国际体系的结构指国家行为体依靠本国力量的大小决定了其在国际体系中的位置，也就是说，国际体系中权力分配决定了国际体系的结构。华尔兹结构现实主义继承了政治现实主义以民族国家为国际政治主要行为体的理论。华尔兹认为，从原则上讲，"国际政治系统，就像经济市场一样，是由关注自我的单元的共同行为形成的。国际结构是根据某一时期主要的政治行为体——无论是城邦、帝国还是民族国家——来定义的"③。对于华尔兹来说，以现代民族国家作为国际政治体系行为体的基本构成单元的原因在于："国家不是，也从来不是惟一的国际行为体"④，但是国际政治体系是由主要行为体来决定的。世界上的各种行为体，如国际组织、非政府的国际机构、跨国公司等，这些单元确实存在而且数量不断增加，但是，

---

① ［美］肯尼思·华尔兹：《国际政治理论》，信强译，上海人民出版社2017年版，第63页。
② ［美］肯尼思·华尔兹：《国际政治理论》，信强译，上海人民出版社2017年版，第105页。
③ ［美］肯尼思·华尔兹：《国际政治理论》，信强译，上海人民出版社2017年版，第96—97页。
④ ［美］肯尼思·华尔兹：《国际政治理论》，信强译，上海人民出版社2017年版，第99页。

这些所谓的超国家结构只有在具备了某些国家的特性和功能的情况下，才能够在国际政治中有效地发挥本身的作用。因此，国际政治舞台主要是为国家设定的。华尔兹在构建结构现实主义时，事先设定了民族国家是国际政治主要行为体，这种身份不是国家在相互交往中构建起来的，而是外生于体系的。

华尔兹将对国内政治结构三方面的定义应用于国际政治结构上，而"国际结构只有在组织原则或是单元能力发生变化时才会改变"①。体系的结构有三个要素：国际体系是无政府的而非等级的；国际体系是由功能相同的国家行为体互动构成的；国际体系的变化是由体系内力量的分布不同引起的。无政府状态决定了国际体系中的民族国家功能上的趋同性，在华尔兹的分析中，每个民族国家都是理性的、自助的、自私的，以追求自身安全为目标。"除去生存动机，国家可能具有不计其数的各种其他目的，大至征服世界，小至只求自保。除非一个国家不想作为一个政治实体继续存在，否则生存是它实现任何目标的前提。在一个国家安全无法得到保证的世界里。生存动机被视为一切行动的基础，而不是对国家一切行为幕后动力的现实描述。"②此外，华尔兹认为国内政治与国际政治的区别在于二者的结构不同。它们的结构差异"反映在系统单元如何定义其目标，以及如何发展实现这些目标的方式中。在无政府领域中，同类的单元共同行动。在等级制领域中，不同的单元相互作用"③。国内政治和国际政治体系层次上也是不同的，从国内政治的层面上理解国际政治不仅是不可能的，而且是错误的。在排列原则上不同于国内政治系统各部分之间的从属关系，"国际系统内各部分的关系则是平等的。形式上各国都是平等的一员。没有任何一国有权发号施令，任何一国也不必加以服从。国际系统是分权的、无政府的"④。正如经济学家根据公司来定义市场，他根据国家来定义国际政治。"国家是通过

---

① [美]肯尼思·华尔兹：《国际政治理论》，信强译，上海人民出版社2017年版，第99页。
② [美]肯尼思·华尔兹：《国际政治理论》，信强译，上海人民出版社2017年版，第97页。
③ [美]肯尼思·华尔兹：《国际政治理论》，信强译，上海人民出版社2017年版，第110页。
④ [美]肯尼思·华尔兹：《国际政治理论》，信强译，上海人民出版社2017年版，第94页。

彼此互动塑造出国际政治系统结构的单元，而且它们将长期保持这种作用。"①

结构现实主义的理论意义就在于它第一次真正把国际结构这个体系层次同单元层次区分开来，通过微观经济学与国际政治学的巧妙类比，华尔兹将微观经济学的"结构"引入了国际政治理论，并给予国际结构以精确而简洁的定义，得以把体系层次和单元层次区分开来，从而正式地建立起分析国际政治现实的系统框架。华尔兹认为，国际政治中，因果关系是双向的和互动的，原因并不只是在一个方向产生结果。单纯从政治领导人的行为和国家内部的行为中找国际政治发生原因，就会忽视结构所起到的巨大作用。结构的变化看起来是缓慢的，但是它能够在一定程度上决定单元的行为方向。单元在体系中位置的变化也会导致结构的变化。二者是互动的、辩证的，这是结构现实主义的核心。该理论不仅打破了以国家为中心的政治现实主义对"国际政治"的狭隘的限定，而且其科学的方法也更容易被应用到国际政治的理论体系中。

三 均势理论

无政府状态即自然状态，在这种状态下系统单元是一种同等关系，自助是无政府秩序中的行为准则。根据华尔兹的定义，"国内政治和国际政治的差别不在于武力的使用，而在于二者处理暴力的组织模式不同……政府并不能垄断对武力的使用，但是一个有效的政府却垄断了对武力的合法使用"②。因此，无政府状态最大的特征在于：与国内政治的等级秩序相比，国际政治中并不存在具有垄断暴力合法性的中央权力。因此，国家不具有来自外部的安全保障，对其他国家的意图充满不确定性。因此最好的保障安全利益的方式就是依靠自身，国际社会就是一个自助体系。在这种自助体系下，国家更注重相对实力的增长，即权力的

---

① [美]肯尼思·华尔兹：《国际政治理论》，信强译，上海人民出版社2017年版，第101页。
② [美]肯尼思·华尔兹：《国际政治理论》，信强译，上海人民出版社2017年版，第110页。

均衡；而不是绝对实力的增长，即权力和利益的最大化。因此，在国际组织中，国家仍然需要具备诸如军事等功能。在无政府领域中，单元功能相似，国家间的一体化程度低。而在国内政治中，由于更加关注绝对实力的增长，单元彼此不同，更能发挥各自的优势，随着专业化程度加深，各单元的相互依赖就越发紧密。华尔兹用"一体化"来描述国家内部的状态，用"相互依赖"描述国家间的状态。

在华尔兹的国际政治理论中有两个基本假设。无政府状态是结构现实主义的第一个理论假设，这也是对政治现实主义的继承。同摩根索把无政府状态当成国际政治理所当然的前提不同，华尔兹详尽地论述了无政府状态对国际政治的决定性影响并以此为基础对联盟理论、均势理论进行了说明。"在无政府状态下，系统单元在功能上不存在差别。在无政府秩序下，单元主要依据其实现类似任务的能力大小来加以区分。"[①]华尔兹相信，无政府状态下的国际关系是权力的角逐和冲突。他所说的这种无政府状态，不是说国际社会是一个混乱不堪的社会，而是说在国与国之间，"国家间的自然状态就是战争状态。这并不意味着战争会经常爆发，而是说由于各国可以自行决定是否使用武力，因此战争随时可能会爆发"[②]。也就是说战争处在无遏制机制的情形之中。由于国家是理性的自私行为体（这是结构现实主义的第二个理论假设），所以每个国家都会为了本国的安全加强实力，去抗衡别国的力量，甚至去改变自己在体系中的位置，破坏现有的国际政治权力格局，这样就会威胁到其他国家，于是出现"安全困境"。华尔兹认为，国际无政府状态导致了各个国家之间的冲突与竞争。纵使各国享有共同的利益，它们合作的意愿也必定会受到这种状态的巨大制约。无政府状态成为横跨在行为体之间的一个不可逾越的鸿沟，它使得大家彼此猜疑、防范，沟通与合作变得异常困难，这样一来，无政府秩序好像成了一个永远无法超越的宿命。

此外，华尔兹从结构分析入手，指出国际无政府状态是国际体系的

[①] [美]肯尼思·华尔兹：《国际政治理论》，信强译，上海人民出版社2017年版，第103页。
[②] [美]肯尼思·华尔兹：《国际政治理论》，信强译，上海人民出版社2017年版，第108页。

第十一章　肯尼思·华尔兹与《国际政治理论》

一种特征性结构，是系统中各组成部分的排列原则，它能够影响国家政策和行为。按照这一原则建立起来的国际系统就不再受国家的限制，它是自在的、独立的、具有自己的特性："与经济市场相似，国际政治系统在本源上是个人主义的，它是自发形成的，而非人为地有意创建。两者都是由单元的共同行为形成的，单元的生存、繁荣或消亡都取决于自己的努力。两个系统的形成和维持都基于单元所信奉的自助原则。"①结构现实主义把无政府状态视为决定一国行动的根本动因。在这一前提下，各国最关心的就是安全问题。"在一个自助系统中，每个单元都要花费部分精力来发展自卫的手段，而非用来促进自身的福利。"②由于相互关系总是处于紧张状态，因而行为者总是相互猜疑，并且彼此敌视，尽管就其本性而言，它们并不愿意相互猜疑和敌对。由于在国际体系结构中无政府状态下的不确定是绝对的，是一个常量，这种结构决定了在国家之上没有一个权威机构来保障自己的安全，因此，国家始终生活在自助的逻辑和不安全的处境中。因此华尔兹认为对于国家来说权力具有十分重要的意义。然而在国际中，一国的安全是最为重要的目的，权力只是实现这一目的的手段。权力不是目标，而仅是一种可能使用的手段。在华尔兹看来，国家拥有的权力必须适当，太大或太小都会有风险，力量软弱会招致攻击，力量强大虽会使对手不敢发动进攻，但力量过于强大则可能刺激其他国家，使它们增加军备并联合起来。"在任何自助系统中，单元都对自身的生存感到忧虑，而这种忧虑限制了它们的行动。"③这就是所谓的"安全困境"。在紧要关头，国家最关心的事情是安全。

在华尔兹看来，均势理论是结构现实主义的重要组成部分。对于均势形成的原因，华尔兹从国际体系的无政府状态必然导致安全困境推导出均势形成的必然性，即"均势的自动生成"。华尔兹认为国家并不谋

---

① ［美］肯尼思·华尔兹：《国际政治理论》，信强译，上海人民出版社2017年版，第97页。
② ［美］肯尼思·华尔兹：《国际政治理论》，信强译，上海人民出版社2017年版，第111页。
③ ［美］肯尼思·华尔兹：《国际政治理论》，信强译，上海人民出版社2017年版，第111页。

求权力最大化，而是寻求权力的平衡分配。所以，均势理论的实质是国际政治中主要国家间实力平衡的分配。均势的出现有两个条件，国际政治的无政府状态和自私的、理性的国家单元。华尔兹认为，要认识均势理论，必须把握这样几个方面：均势是在自助系统中产生和运作的，在此系统中国家动机和国家行为是不确定的；均势不是各国自觉维护的平衡状态，而是一种自然状态，它不是设计出来的；均势理论回答的是一般性的问题，而不是对国际政治中某个具体事件的解释；在权力均势体系下，国家并不谋求权力的最大化，而是权力的平衡分配，是自身的安全。与传统的均势理论不同的是，华尔兹认为体系中单元越多产生的均势越不稳定，两极是最好的均势。

然而值得注意的是，华尔兹认为均势理论只是预测了大国在国际政治系统中形成均势的行为倾向，均势的出现本身就能够证明该理论的正确无误。但这并不意味着均势理论总是要求国家按照均势的原则来行事，政治行为体是选择彼此制衡还是追随强者，取决于系统的结构。

四　两极稳定论

在对国际结构进行分类前，我们先要对华尔兹所描述的"极"的概念达成基本共识。根据前文逻辑，"极"是指在权力或能力分配过程中形成的权力中心，一般指权力或能力较强的国家，那么如何衡量能力呢？华尔兹认为不应该将国家的经济军事及其他能力分割开来衡量，因为国家并不因它们在某一方面实力出众而成为一流强国。于是，华尔兹认为国家的权力地位应"取决于它们在以下所有方面的得分：人口、领土、资源禀赋、经济实力、军事实力、政治稳定及能力"[1]。但是由于不同要素所具有的重要性随着时间的推移会发生改变，因此对于强国的数量的计算往往是经验性的。总体上，华尔兹倾向于按照主要国家的数量，特别是大国的数量来定义"极"和分析国际体系结构。华尔兹认为

---

[1]　[美]肯尼思·华尔兹：《国际政治理论》，信强译，上海人民出版社2017年版，第139页。

第十一章　肯尼思·华尔兹与《国际政治理论》

在国际政治中"更小数量（系统）"比"小数量（系统）"更美好。"在国际政治中采用小数量系统的逻辑原因在于，少数几个大国中的任一成员都与其他众多小国之间存在严重的能力失衡。这种权力的不平衡对弱国是一种危险，对强国来说可能也是一种危险。权力的不平衡可能会助长某些国家扩张其控制范围的野心，从而诱使它们采取危险的冒险性行动。"①在国际上，我们所关注的是国家的命运，而非它们竞争的效率。因此，我们不希望存在大量的大国。华尔兹没有对大数量系统与小数量系统进行比较，"而是对具有少量大国的国际政治系统与具有更少量大国的国际政治系统加以比较"②。

另外，华尔兹将敏感的相互依赖定义为共同脆弱的相互依赖。华尔兹所讲的相互依赖是在谈论国际系统，系统相互依赖的紧密抑或松散取决于大国间依赖程度的高低。他认为，将世界理解为一个整体并称之为"相互依赖（的世界）"，这在逻辑上是错误的，在政治上则是蒙昧主义的。并且与之前的多极世界相比，他对相互依赖程度低的两极世界更持乐观态度，"二"是最好的小数目。两极系统和多极系统相比具有如下优点。在一个多极系统中，若行为体数目过多则不能精确认识到正在发生的事情，行为体过少的话又会认为所发生的任何事情都是重要的，而在两极世界中不确定减少了，计算也更容易进行；两极系统中，他们的军事相互依赖也会低于多极世界，更不会因为第三方加入或退出某一联盟而改变均势；"在一个多极世界中，各国经常为了实现它们的利益而聚焦资源……但却很容易在所有可能的选项中找到一个最坏的结果。在一个两极世界里，联盟领袖主要根据自身对利益的计算来制定战略。战略的设计可以更多地着眼于主要对手，而非为了满足盟友的要求。"③"多极世界中某些或是所有大国的误判是危险的源泉，而在两极世界中，危险的根源则在于两强中一方或双方的过度反应。"④"两极系统的动力为行

---

① ［美］肯尼思·华尔兹:《国际政治理论》，信强译，上海人民出版社2017年版，第140页。
② ［美］肯尼思·华尔兹:《国际政治理论》，信强译，上海人民出版社2017年版，第147页。
③ ［美］肯尼思·华尔兹:《国际政治理论》，信强译，上海人民出版社2017年版，第182页。
④ ［美］肯尼思·华尔兹:《国际政治理论》，信强译，上海人民出版社2017年版，第184页。

为校正提供了手段。"① 华尔兹最后得出结论:"国际政治必然是一个小数目的系统。"②

至于为什么不将多极体系进一步划分为三极体系、四极体系、五极体系等,华尔兹已经进行了相当精彩的阐述。"三极系统有着独特而不幸的特性,因为其中的两个强国可以很轻易地联合起来,攻击第三国,然后,经过分赃,使系统重归两极格局。在多极系统中,四极是可以接受的最小数目,因为国家可以结成联盟,并确保相当大的稳定性。'五'被视为另一临界数目,在其中某一国家可以担当平衡者的角色,从而使之成为能够保证稳定性的最小数目。且一旦超过'五'就似乎不再存在临界值了。"③ 因为虽然随着极数的增加,行为体的复杂程度会提升,但这种复杂性并不会随着从"七"到"八"的变化而逾越了一个临界值。对于两极体系与多极体系下的国际政治特征的研究仍延续华尔兹的论证思路,但是由于华尔兹认为两极体系相对更加具有稳定性,因此他的分析偏向性地论证了两极体系的优点。他认为在多极系统的大国政治中,谁是谁的威胁以及谁会来应对威胁和问题是模糊的和不确定的,因此很容易作出误判,而这正是危险的源泉,并且没有校正的手段。但是两极系统中由于不能求助于任何第三方,对行为进行调整的压力很沉重。最后,他得出结论:在系统中,两大强国能够比多个强国更好地应对彼此。

在进行国际管理时,华尔兹认为在国际领域中,必须寻找某种政府的替代品,在无政府领域中,一些国家搭便车的行为或者其他原因很难使国家行为体为共同利益采取集体性行动。华尔兹从国家的管理和控制方面又论述了小数量强国的优势,他认为强国的数量越少,越可能为整个系统的利益而采取行动,特别是当大国数量减少到两个时,管理整个系统的可能性最大。并且经过东欧及其他地区的检验和探究,华尔兹认

---

① [美]肯尼思·华尔兹:《国际政治理论》,信强译,上海人民出版社2017年版,第185页。
② [美]肯尼思·华尔兹:《国际政治理论》,信强译,上海人民出版社2017年版,第207页。
③ [美]肯尼思·华尔兹:《国际政治理论》,信强译,上海人民出版社2017年版,第175页。

为两极世界比多极世界更易于实现管理上的分工。最后，华尔兹指出他的理论所解释的问题是大国对国际事务进行建设性管理的可能性是如何随着系统的变化而变化的，而不是如何对世界以及世界上的大国进行管理。

五 关于结构现实主义的权力观

就权力概念的认识，华尔兹只是从"谁更能影响谁"的角度出发定义权力，并没有对权力进行适当的定义。他认为应该从影响力来理解和界定权力，并从行为结果判断是否存在一个行为体对另一个行为体的权力。华尔兹区分了两种对权力问题产生混乱的根源。第一，将武力的有用性错误地等同于武力的使用。华尔兹认为："权力的拥有不应该与武力的使用相混淆，武力的'有用性'也不应与其'可用性'混为一谈。"[1] 强国依靠武力来维持有利于其生存发展的权势现状，但这并不意味着强国在国际社会的每次博弈中都要运用武力来实现其目标。同时，尽管现在大国之间也不再彼此对抗，但大国依然能找到使用武力的方式。在无政府体系中始终存在着使用武力的可能性，国家是否使用武力完全取决于对使用武力的成本与收益的理性估算。导致对权力问题产生混乱认识的第二个根源在于对权力的奇怪的定义。美国学者关于权力实用主义的、受技术影响的定义——该定义将权力等同于控制，只需拥有权力便可为所欲为，这造成了对权力的认识误入歧途。华尔兹认为，权力的大小不能根据可能或不可能取得的结果来加以推断，权力的实现和对于权力的追求并不意味着必定会取得预料到的结果，要适用于政治领域，权力就必须根据能力的分配来界定。

华尔兹指出，权力未必带来控制，他认为权力主要有以下四种作用。"首先，当别国使用武力时，权力可以用来维持本国的独立自主；其次，享有更大权力的国家可以拥有更为广阔的行动余地，同时使行为

---

[1] [美]肯尼思·华尔兹：《国际政治理论》，信强译，上海人民出版社2017年版，第198页。

结果难以确定。第三，与弱国相比，强国享有更大的安全余地，并对于进行何种博弈游戏以及如何进行更具有发言权。第四，巨大的权力使其拥有者在系统中具有重大利益，并赋予其为实现利益而采取行动的能力。对它们来说，进行管理是值得的，而且也是可能的。"[1]在对权力的解释上，结构现实主义在承认军事实力重要性的同时，认为权力应是国家的综合实力。根据华尔兹的理论，除了无政府状态这一排列原则，国际政治结构还有一个重要的组成因素，就是国家间权力的分布。权力在体系中的大小排列形成结构，权力在国家间的分配及这种分配的变化才会引起结构的变化。这是华尔兹理论的一大创新之处。他主要着眼于从权力在体系内分布的角度考察国际政治。华尔兹提出了不同于政治现实主义的权力观，赋予权力以新的概念和功能。他认为，权力在体系中大小排列形成结构，权力的变化引起结构的变化。所以，权力在国家间的分配及分配的变化有助于定义结构和结构的变化。

《国际政治理论》节选 [2]

第一章 规律与理论

　　理论并非只是规律的集合，而是对规律的解释，二者之间有着本质的区别。规律指出恒定不变的或可能存在的因果联系，而理论则解释这种联系为何存在。规律中的每一个描述性术语都直接与观察和实验程序相连。只有经过观察与实验的双重检验。规律才能够成立。而在理论中除去描述性术语之外，还包含有理论范畴。理论不能仅仅通过归纳法来加以建立，理论范畴只能被创造而不能被发

---

[1] [美]肯尼思·华尔兹:《国际政治理论》,信强译,上海人民出版社2017年版,第209—210页。

[2] [美]肯尼思·华尔兹:《国际政治理论》,信强译,上海人民出版社2017年版。

第十一章　肯尼思·华尔兹与《国际政治理论》

现。理论范畴并不能解释或预测任何东西。规律恒久，而理论则变化不定。（第6页）

我不愿把理论简单地界定为由两个或多个规律所组成的系列。为此我采用了理论的第二种涵义：即理论解释规律。这一涵义可能不符合传统政治理论的定义，后者更为关注哲学诠释而非理论解释。但它却与自然科学以及包括经济学在内的某些社会科学，对理论的定义相符。（第7页）

第二章　还原主义理论

国际政治理论可以根据多种方式加以区别。此前，我已经将对国际政治的解释，尤其是关于确定战争的原因及和平的条件，按照原因所在的层次——人、国家或者国际系统——加以区分（Waltz, 1954, 1959）。一个更为简单的分类方法，就是按照该理论是还原主义的（reductionist）抑或是系统性的而定。关注个人或国家层次原因的是还原主义理论，认为原因存在于国际层次的是系统理论。（第19页）

第五章　政治结构

系统由结构和互动的单元构成。结构是全系统范围内的组成部分，使得系统能够被视为一个整体。（第84页）

结构根据其组成部分的排列方式来加以定义。只有排列方式的改变才是结构性改变，系统由结构和互动的单元组成。结构和单元都是与现实的行为体和机构相联而非完全相同的概念。（第85—

86页）

　　结构概念建立于这样一个事实基础之上，即以不同方式排列和组合的单元具有不同的行为方式，在互动中会产生不同的结果。结构界定系统内各部分的排列或顺序。结构并非政治机构的集合，而是它们的排列。（第86页）

　　结构问题是关于系统内各部分安排的问题。国内政治系统各部分之间为从属关系。某些部分有权发号施令，而其他部分则必须服从。国内系统是集权制的、等级制的，而国际系统内各部分的关系则是平等的。形式上，各国都是平等的一员，没有任何一国有权发号施令，任何一国也不必加以服从。国际系统是分权的、无政府的。两个系统的排列原则截然不同，而且事实上完全背道而驰。国内政治结构有政府机构和职位与之具体对应。与之相反，国际政治则被称为"没有政府的政治"（Fox，1959，p.35）。尽管国际组织确实存在而且数量还在不断增加，但是，超国家机构只有在具有了某些国家的特性和能力的情况下才能够有效地发挥作用，就像中世纪英诺森三世教皇（Innocent Ⅲ）时期的罗马教廷一样，否则它们很快将无力采取任何重要行动，除非它们得到了有关大国的支持，或者至少是默许。国际舞台上出现的任何权威几乎都不能缺少实力作为其基础。权威很快便转化为实力的一种特殊表现形式。由于不存在具有系统范围权威的机构，正式的从属关系便无法建立。（第94页）

　　国际政治系统，就像经济市场一样，是由关注自我的单元的共同行为形成的。国际结构是根据某一时期主要的政治行为体——无论是城邦、帝国还是民族国家——来定义的。结构产生于国家的共存。结构将对国家的行为形成制约，但没有哪个国家想要参与对结构的塑造。与经济市场相似，国际政治系统在本源上是个人主义的，它是自发形成的，而非人为地有意创建。两者都是由单元的共同行为形成的。单元的生存、繁荣或消亡都取决于自己的努力、两个系统的形成和维持都基于单元所信奉的自助原则。（第96—

97页）

除去生存动机，国家可能具有不计其数的各种其他目的，大至征服世界，小至只求自保。除非一个国家不想作为一个政治实体继续存在，否则生存是它实现任何目标的前提。在一个国家安全无法得到保证的世界里，生存动机被视为一切行动的基础，而不是对国家一切行为幕后动力的现实描述。（第97页）

第六章　无政府秩序与均势

人们常说，作为国际体系的一员，每个国家经常是在暴力的阴影下处理本国事务的。由于一些国家可以选择在任何时候使用武力，所有的国家都必须小心戒备——或是听凭在军事上更为强大的邻国的摆布。国家间的自然状态就是战争状态。这并不意味着战争会经常爆发，而是说由于各国可以自行决定是否使用武力，因此战争随时可能会爆发。不论是在家庭、社区还是全球范围内，连偶然的冲突都丝毫不存在的交往是不可想象的。希望在没有任何行为体对冲突各方进行管理和调控的情况下，能够始终避免使用武力也是不现实的。国家之间，正如在人与人之间一样，无政府状态，或者说没有政府的状态，是与暴力的发生联系在一起的。（第108—109页）

为实现自身目标，维持自身安全，无政府状态下的单元——无论是人、公司、国家，或是任何别的什么——都必须依靠自身创造的手段以及它们能为自己所作的安排。自助必然是无政府秩序中的行为准则。自助的局面具有很高的风险——在经济领域中表现为破产，在自由国家组成的世界里则为战争。自助的局面也意味着较低的组织性成本。在某一经济体或一种国际政治秩序中，通过由同等关系转变为从属关系，即建立一个拥有有效权威的机构以及将规则体系加以拓展，可以避免或降低风险。当调控和管理功能变得显著，并成为专门的任务时，政府便应运而生。但是那些为缺少等级秩序而惋惜的人，却往往忽视了维系一个等级秩序所需付出的代价。组织至少有两个目标：完成某些任务以及保持自身作为组织的存在。而许多活动都指向第二个目标。组织的领导者并不是那些能出色地解决组织所面临的任务的人，这一点在政治领袖身上体现得尤为突出。他们之所以能够成为领袖并不是由于他们是某一领域的专家，而是由于他们出色的组织艺术——如保持对组织成员的控制，激发成员以可预见的、令人满意的方式努力工作，保持集体的团结。在做出政治决策时，领袖的首要关注并非是实现组织成员的目标，而是确保组织的延续和健康（参见 Diesing,1962, pp.198-204;Downs,1967,pp.262-270）。（第 117—118 页）

第八章　结构性原因与军事效果

　　三或四是临界数目。它们标志着由一个系统向另一个系统的转变，由于存在多种与其他国家结盟以平衡系统的机会，这些机会将以不同方式影响预期的结果。三极系统有着独特而不幸的特性，因为其中的两个强国可以很轻易地联合起来，攻击第三国，然后，经过分赃，使系统重归两极格局。在多极系统中，四极是可以接受的最小数目，因为国家可以结成联盟，并确保相当大的稳定性。"五"被视为另一临界数目，在其中某一国家可以担当平衡者的角色，从而使之成为能够保证稳定性的最小数目。（第 175 页）

　　在一个多极世界中，各国经常为了实现它们的利益而聚集资源。实力基本相当的各国在开展合作时，必须为其政策寻找一个公分母。它们甘冒风险，去寻找最小公分母，但却很容易在所有可能的选项中找到一个最坏的结果。在一个两极世界里，联盟领袖主要根据自身对利益的计算来制定战略。战略的设计可以更多地着眼于主要对手，而非为了满足盟友的要求。领袖可以自由地执行自己的政策路线，当然这些政策可能反映了它的良好或是糟糕的判断、想象的或现实的恐惧、卑劣或高尚的目标。联盟领袖并非不受任何约束，但是它所受到的主要约束来自于主要的对手，而非自身的盟友。（第182—183页）

第三节 评析与思考

一 评析

华尔兹在传统现实主义理论、早期系统理论、国际关系的层次分析和西方古典经济理论的基础上，以国际体系为研究层次，以体系的无政府性为基本体系条件，把体系结构和国家行为分别作为自变量和因变量，从而构建了一个科学且简约的结构现实主义理论体系。它为理解国际政治提供了一个清晰和有力的框架，即结构现实主义。

（一）历史意义

第一，本书的最大价值在于其理论框架的建立。华尔兹通过对国际政治的分析和探讨，提出了结构现实主义的理论框架，深入剖析了国际体系中权力和结构的重要作用。他认为，国际政治的行为和决策是受到国家之间的相对权力分配和国际体系结构的影响的。这种结构现实主义的观点对于解释和理解国际政治中的现象和事件具有重要的指导意义。华尔兹的理论框架为国际关系学科提供了一个新的视角，丰富了学科内部的理论研究。

第二，该理论从国际体系的角度分析国际政治的规律和结果，突破了传统现实主义对国家特性和行为的过度关注。结构现实主义理论关注国际体系中的权力分布和国家行为的相互作用。华尔兹强调国际政治是受到结构约束的，国家的行为受到国际体系的压力和条件的影响。这种结构与行为的关系成为国际政治理论中的重要讨论点，为后来的研究提供了重要的启示。

（二）当代价值

第一，本书对于权力和结构的理解和界定具有独到之处。华尔兹对权力的理解不仅仅局限于传统的军事力量，还包括了国家的综合实力和影响力。他认为权力不仅可以通过武力来实现，还可以通过其他手段来影响他国的行为和决策。此外，华尔兹对结构的界定也非常清晰，他认为国际体系中的权力分配和结构的变化是决定国际政治行为和决策的关键因素。这种对权力和结构的深入理解为国际政治研究提供了有力的理论支持。

第二，本书在方法论上的创新也是其重要贡献之一。华尔兹在书中提出了一种结构功能主义的研究方法，通过对国际政治中不同因素之间的相互作用和影响进行分析，揭示了国际体系中的规律和模式，为现实主义在国际关系领域中的重新崛起提供了基础。此外，这种方法论的创新为国际政治研究提供了新的思路和方法，有助于理解和解释当今世界发生的各种现象和问题。

二　拓展与思考

1. 在华尔兹的理论中，国家权力是如何被界定和衡量的？权力的来源和影响因素是什么？

2. 面对气候变化、贸易争端等全球性问题，华尔兹的理论能否解决跨国合作和治理面临的挑战？谈谈你的看法。

第十二章 罗伯特·基欧汉、约瑟夫·奈与《权力与相互依赖》

第一节 原著简介

一 约瑟夫·奈简介

约瑟夫·奈生于1937年，1964年获哈佛大学政治学博士学位后留校任教。曾出任卡特政府助理国务卿、克林顿政府国家情报委员会主席和助理国防部长。后来重回哈佛，曾任肯尼迪政府学院院长，现为该院教授。

作为新自由主义学派理论的代表人物，他是最早提出"软实力"概念的学者，主要著作是与罗伯特·基欧汉合著的《权力与相互依赖》及专著《软实力：世界政治中的成功之道》。

1990年，约瑟夫·奈在出版的《注定领导世界：美国权力性质的变迁》一书及同年在《对外政策》杂志上发表的题为《软实力》一文中，最早明确提出并阐述了"软实力"概念。"软实力"随即成为冷战后使用频率极高的一个专有名词。

2004年，约瑟夫·奈在出版的新著《软实力：世界政治中的成功之道》一书中，他又对"软实力"概念进行了补充。约瑟夫·奈所说的"软实力"，主要包括文化吸引力、政治价值观吸引力及塑造国际规则和决定政治议题的能力，其核心理论是："软实力"发挥作用，靠的是自身的吸引力，而不是强迫别人做不想做的事情。

2009年1月，在刚刚履新的奥巴马政府中，约瑟夫·奈获提名为美国驻日本大使。他提出了新概念"巧实力"，也成为奥巴马政府外交战略的主轴。

二 时代背景

（一）美苏冷战中期双方对抗弱化

《权力与相互依赖》一书第一次于1977年出版发行，约瑟夫·奈于1989年对当时的批评进行了回应，本书于2001年第三次出版，结合当时的全球化发展趋势，作者结合相互依赖理论进行了更进一步的论述完善。

总的来说，该书出版的背景正是第二次世界大战之后的世界大发展格局——美苏冷战的中期阶段。在这一阶段，世界发生了许多新的变化，主要表现在科学技术的大发展、经济领域的变化、美苏对抗的弱化以及由此导致的人们的思维观念的变化。

首先是科学技术的发展日新月异。1960年，美国的大众媒体发展迅速，科学技术的发展以及媒体的传播加速了人们之间观念信息的传播，人们的生活方式和生产方式发生了巨大的改变。其次是在第二次世界大战之后经济领域秩序的一系列波动起伏，美国对西欧的援助计划——"马歇尔计划"使西欧得到了极大的发展，布雷顿森林体系趋于瓦解，在这样大的变动下，世界贸易在全球范围内更上一层楼，得到了快速发展。欧洲的一体化朝着更加纵深的方向发展，中国在恢复了联合

第十二章 罗伯特·基欧汉、约瑟夫·奈与《权力与相互依赖》

国合法席位之后，实行了改革开放，更加快速地促进了经济的发展。美苏冷战局势在全球范围内有所松动，美苏双方认识到世界范围内的大战难以发生，军事力量对于世界的破坏，使得双方都各自收敛，并未出现直接的冲突碰撞。最后，在思想领域，人们的思想更加开放，常常将20世纪60年代称为"自由、享乐和社会进步的时代"，反战情绪再次高涨，最突出的例子就是20世纪70年代美国进攻越南而美国国内举行了大量反战运动。这些时代新变化说明了自第二次世界大战结束以来国际社会发展的新趋势。可以很明显地感觉到，技术的进步拉近了各个国家以及（包括政客在内的）人与人的距离，战后的重建和复兴使命让人们更加关注经济，更加珍惜和平，而今天和平与发展已经成为时代的主题并在可预见的相当长的时间内不会改变。

另一个新变化是越来越多的正式和非正式的国际组织建立，成为国际政治经济领域新的变量。这些都成为《权力与相互依赖》一书立论的大背景和创新点。只有感受到新时代的新气息，认识到这些变化带来的影响，抓住新时代的特征并找到其中改变国际关系的力量，才能得出对这一领域有意义的结论。

（二）国际关系学界现实主义大行其道

所有的理论都是站在前人的肩膀上得出的，《权力与相互依赖》所开创的新自由主义也是如此。《权力与相互依赖》正是在批判和吸收传统现实主义的基础上写作并在与新现实主义的论战中不断发展和完善的。其接受了现实主义提出的国际政治处于无政府状态之下的假设，却又不过分强调这一状态；接受了国家是国际关系的重要行为体，却又不将其夸大认作唯一的行为体；接受了新现实主义关于"结构"的概念，却又不将其作为唯一的分析工具，从而提出了新自由主义的核心概念——国际机制。20世纪70年代马克思主义在美国得到广泛关注，基欧汉和奈也受马克思主义影响颇深，他们摒弃了马克思主义的阶级思想，但在政治和经济基础论调上与马克思主义异曲同工，由此提出了经济相互依赖的理论基础。20世纪70年代的三大自由主义思潮——新功能主义、官僚政治和跨国关系——为《权力与相互依赖》一书中提出的新自由主义提供了雏形。正是对这些理论的反思与发展，才使得《权力与相互依赖》一书中的自由制度主义思想更为成熟。

第二节 《权力与相互依赖》主要内容与观点

一 理解相互依赖的特征

随着全球主义的发展，以及各个国家内部的发展，现实主义对于国际政治的解释力逐渐下降，《权力与相互依赖》提出了相互依赖的新理念，在国际政治领域的相互依赖就是国家行为体之间相互影响的状态。理解相互依赖，首先需要与相互联系相区分，相互依赖更加注重相互代价的交换；其次，相互依赖并非只是双方"互利"；最后，相互依赖也并非对等依赖或均衡依赖，还存在非对称状态的依赖。

作者指出："当我们说非对称相互依赖可以是权力的来源时，权力被视为对资源的控制或对结果的潜在影响。"[1] 为了理解权力在相互依赖中的作用，作者首先区分了敏感性与脆弱性这对关系。"敏感性指的是某政策框架内做出反应的程度——一国变化导致另一国家发生有代价变化的速度多快？所付出的代价多大？"[2] 相比于敏感性，脆弱性在国际关系中更为重要，"脆弱性可以定义为行为体因外部事件（甚至是在政

---

[1] [美]罗伯特·基欧汉、约瑟夫·奈:《权力与相互依赖》，门洪华译，北京大学出版社 2012 年版，第 11 页。

[2] [美]罗伯特·基欧汉、约瑟夫·奈:《权力与相互依赖》，门洪华译，北京大学出版社 2012 年版，第 12 页。

第十二章　罗伯特·基欧汉、约瑟夫·奈与《权力与相互依赖》

发生变化之后）强加的代价而遭受损失的程度"①。脆弱性的非对称性使用会导致军事层面的战略反击。

复合相互依赖具有以下三个特征。一是"多种渠道"②，放宽现实主义国家间的联系领域，国家并非唯一的行为体，各行为体之间呈现多渠道联系的状态，这些渠道涵盖国家间的联系、跨政府联系以及跨国联系等多方面。二是"问题之间没有等级之分"③。不同于现实主义认为政治存在高低等级划分，作者认为国家间关系还存在着非常多同样重要的问题。三是"军事力量起着次要的作用"④，国家之间的紧密联系，使得军事力量在国家之间的作用并非决定性的、第一位的。在其他领域，军事力量只是次要的、非决定性的。与此相适应，作者提出了复合相互依赖的理想模式。

首先从联系战略的角度来看，作者认为不同于以往国家利用强大的军事、经济实力获取其他较弱领域的主导权的情况，在复合相互依赖的情形下，因为各个问题领域之间没有明确的等级划分，军事领域的地位有所下降，强国不能只是依靠自己的军事、经济实力来主导其他领域。

其次是议程设置，在复合相互依赖理论看来，问题领域之间没有明确的等级划分。高、低政治领域的区分不再明显，非军事领域的问题在国家之间受到重视。

最后，从跨国关系与跨政府关系角度来看，各社会联系渠道的多元化，跨国联系与跨政府联系的增多，非正式的行为体和正式的行为体相互交往，将会对本国政治立场产生影响。

---

① [美] 罗伯特·基欧汉、约瑟夫·奈:《权力与相互依赖》，门洪华译，北京大学出版社2012年版，第13页。
② [美] 罗伯特·基欧汉、约瑟夫·奈:《权力与相互依赖》，门洪华译，北京大学出版社2012年版，第24页。
③ [美] 罗伯特·基欧汉、约瑟夫·奈:《权力与相互依赖》，门洪华译，北京大学出版社2012年版，第25页。
④ [美] 罗伯特·基欧汉、约瑟夫·奈:《权力与相互依赖》，门洪华译，北京大学出版社2012年版，第26页。

二 四种国际机制变迁的模式

通过国际机制可以更好地理解相互依赖的关系,国际机制的概念与相互依赖密切相关。相互依赖关系发生在调节行为体行为并控制其行为结果的规则、规范和程序的网络中,对相互依赖关系产生影响的一系列控制性安排就是国际机制。国际机制的作用也发生了改变,国际组织受制于国家的军事实力以及国家权力,也只能发挥有限的作用,但是国际组织依旧可以设置议程,促动联盟的建立,并为弱国的政治活动提供场所。

认识国际机制的发展和崩溃是理解相互依赖政治的关键,因此作者着重研究了国际机制的变迁问题,并"依据以下四个方面——即经济进程、世界的总体权力结构、各问题领域内的权力结构、受国际组织影响的权力能力等——的变化,提出关于国际机制变迁的四种解释模式"[1]。

第一,"经济进程解释模式"[2]。研究机制变迁的经济进程解释模式,可以以技术和经济变革为开端。这一解释模式有以下三个前提:首先,技术变革与经济相互依赖的增加将使现有的国际机制过时;其次,政府必须对提高生活水平的国内政治要求迅速作出反应;最后,资本、货物以及某些情况下人员的国际流动带来巨大的经济效益,并成为政府修改或重新创立国际机制以恢复其有效性的强大动力。根据经济进程模式,我们可以认识到,国际机制将因经济和技术变革随时可能瓦解。至少从长远观点来看,国际机制不会彻底崩溃,这一模式的局限性是明显的,但这并不否认经济进程解释模式的说服力。

---

[1] [美]罗伯特·基欧汉、约瑟夫·奈:《权力与相互依赖》,门洪华译,北京大学出版社2012年版,第36页。
[2] [美]罗伯特·基欧汉、约瑟夫·奈:《权力与相互依赖》,门洪华译,北京大学出版社2012年版,第36页。

第十二章 罗伯特·基欧汉、约瑟夫·奈与《权力与相互依赖》

第二,"总体权力结构解释模式"①。国家间的权力发生变化,即结构发生变化,则构成国际机制的规则也发生变化。"国际经济机制直接反映了政治—均势能力的格局:高度政治支配低度政治。"②军事力量的变化可以为国际经济关系的变迁提供解释。这种总体权力结构解释模式是高度简约的,可以认为是与肯尼斯·华尔兹的结构现实主义相匹配的。该模式认为综合实力占优势的支配大国能够将其综合优势运用到各个问题领域,继而将各个领域(即使是其处于弱势的领域)置于自己的控制之下。或者说,"某些国家支配着某一问题领域,其他国家支配着另外的问题领域,但在关键时刻,强国可以采用武力或武力威胁,即通过联系战略消除这些差异"③。对这一模式的批判最直接的便是另外三种模式的解释力。

第三,"问题结构解释模式"④。与总体结构模式不同,问题结构解释模式认为权力不再是可以转换的,军事力量在经济领域中不再发生效力,与某一问题领域相关的经济力量可能与其他问题领域无关。该模式继承了上一模式的一点是:强国继续支配弱国,只不过支配能力将是割裂的。对这种结构解释模式最好的证明是 OPEC 在 20 世纪 70 年代对油价展示出的控制力。总的来说,当使用武力代价高昂或不存在重要安全问题的时候,总体结构解释模式的解释力受到限制,而问题结构解释模式的解释力往往更强。一旦不同问题之间成功建立联系,问题结构模式的解释力则会下降。两个模式共同存在的一个问题是:"它们只注重国

---

① [美]罗伯特·基欧汉、约瑟夫·奈:《权力与相互依赖》,门洪华译,北京大学出版社 2012 年版,第 40 页。
② [美]罗伯特·基欧汉、约瑟夫·奈:《权力与相互依赖》,门洪华译,北京大学出版社 2012 年版,第 44 页。
③ [美]罗伯特·基欧汉、约瑟夫·奈:《权力与相互依赖》,门洪华译,北京大学出版社 2012 年版,第 47 页。
④ [美]罗伯特·基欧汉、约瑟夫·奈:《权力与相互依赖》,门洪华译,北京大学出版社 2012 年版,第 47 页。

家的权力能力,而忽视了国内行为体和跨国行为体。"① 这一缺陷将被国际组织解释模式所弥补。

第四,"国际组织解释模式"②。这种模式假定,国际组织一旦建立起来,就难以根除或作出重大调整。机制不再与国家能力的基本形式相一致,其原因是国际组织对谈判的进程起到了影响,而结构和过程将同时对结果展现自己的控制力。"例如,一般认为,国际体系中最强大的国家(如美国)占据支配地位,但我们却不能据此正确推断出联合国大会的表决结果。相反,我们不得不研究各国政府施加影响以及从一国一票制中获益的能力,因为大会的正式决议就是据此做出的。"③ 当然,我们必须记住,国际组织模式只适用于复合相互依赖的情景,即使如此,一旦各国政府决心运用其基本权力改变机制,则国际组织模式的预测也将失效。

第五,"关于机制变迁的综合解释"④。难以说四种模式中的哪一种更为适用,在有些领域,单一的解释模式能直接解决问题,在有些领域,需要数个模式的有效结合,而在另外的领域,则需谨慎地使用四个模式,可能在不同阶段需要采用不同的模式加以解释,而这一切都将取决于我们的现实世界及其具体的问题领域内的状况,究竟哪种更符合于四种模式提出的情境假设。"情形越接近于复合相互依赖,则问题结构模式和国际组织模式越适用,而总体结构模式越不准确。"⑤ 在这一部分,作者通过海洋与货币两个问题领域对复合相互依赖的理论进行了检验。

---

① [美]罗伯特·基欧汉、约瑟夫·奈:《权力与相互依赖》,门洪华译,北京大学出版社2012年版,第50页。
② [美]罗伯特·基欧汉、约瑟夫·奈:《权力与相互依赖》,门洪华译,北京大学出版社2012年版,第52页。
③ [美]罗伯特·基欧汉、约瑟夫·奈:《权力与相互依赖》,门洪华译,北京大学出版社2012年版,第53页。
④ [美]罗伯特·基欧汉、约瑟夫·奈:《权力与相互依赖》,门洪华译,北京大学出版社2012年版,第55页。
⑤ [美]罗伯特·基欧汉、约瑟夫·奈:《权力与相互依赖》,门洪华译,北京大学出版社2012年版,第57页。

第十二章　罗伯特·基欧汉、约瑟夫·奈与《权力与相互依赖》

作者首先对海洋政治和货币政治的历史进行了回顾，描述了从 1920 年以来的国际货币和海洋领域的机制变迁历史。货币领域体系定义清楚、界限分明，联系具有高度功能性。海域和海洋资源是一个松散的问题领域，功能性联系比较少，但是随着时间的推移，各种联系逐渐交织在一起。因此，通过回顾 20 世纪 70 年代以来两个问题领域的变化可以得出结论，海洋政治更加接近于复合相互依赖的预期。①

其次，通过用解释国际机制变迁的 4 个模式对海洋和货币领域的机制变迁进行分析，作者看到系统解释的局限性，并指出系统解释的局限性主要由国内政治以及国家领导人所造成，同时，也进一步肯定了国际组织模式对解释海洋和货币领域的机制变迁的重要性。②

尽管如此，国际组织模式在解释机制变迁时是具有滞后性的。新的模式并不能够简单地替代旧的模式，应该具体问题具体分析，传统工具并不能够弃之不用，只是需要在适合的时候拿出来加以利用。现实主义依旧可以用来对部分情景进行解释，只是复合相互依赖理论可以更好地适应现实的变化，对现实主义所不能解释的问题，可以更好地给予分析。"……认为经济过程解释模式、总体权力结构解释模式、问题领域结构解释模式、国际组织解释模式对国际制度变化的解释只是在某些时期和某些领域是有效的。因此，不能用一种模式来永久地、全部地解释国际制度的变化，而应该充分考虑时间和条件的变化……"③

三　复合相互依赖中的大国关系

在第二部分，作者已经在很大程度上发现了接近复合相互依赖的条件，但是海洋和货币两个问题领域不能完全满足复合相互依赖的条件，

---

① 参见 [美] 罗伯特·基欧汉、约瑟夫·奈《权力与相互依赖》，门洪华译，北京大学出版社 2012 年版，第 109—110 页。
② 参见 [美] 罗伯特·基欧汉、约瑟夫·奈《权力与相互依赖》，门洪华译，北京大学出版社 2012 年版，第 149—154 页。
③ 刘中民：《复合相互依赖论和海洋政治研究》，《太平洋学报》2004 年第 7 期。

而且当接近复合相互依赖的条件时,总体权力结构模式的解释力最小,问题结构模式和国际组织模式的解释力较高。这一部分作者通过切入国家间关系进行分析,选取了接近复合相互依赖条件的国家间关系:加拿大与美国。为了更加深入地分析,作者又选取了另外一对国家间关系:澳大利亚与美国(加拿大与澳大利亚的政治文化类似),并对两者进行了对比。①

通过对比分析发现,三种关系中美国处于支配地位,保证了冲突的结果接近于美国目标的次数至少为加拿大或澳大利亚的两倍。但在战后加美关系中,加拿大略占优势。这表明,在20世纪60年代的加美关系中,加拿大取得了更大的成功。澳大利亚地位不那么明显。战后澳美关系和加美关系都涉及反对公开联系规范的联盟机制。但是,与澳大利亚相比,加拿大人获得了更多的利益。其主要原因在于,加拿大能够利用敏感性相互依赖。跨国行为体确定的议程设置倾向于激起加拿大的民族主义,从而提高了加拿大的谈判地位。

"在许多问题上,加美之间的敏感性非对称关系远远小于澳美关系。在联盟防务问题上,这种非对称性尤为突出。相比澳大利亚而言,与美国邻近给予加拿大更强有力的谈判地位。澳大利亚担心美国撤离其保护力量,这一点与加拿大几无相同之处。在因地理位置邻近和共同资源问题导致的冲突上,司法管辖的对称性提升了加拿大讨价还价的地位。在几个与经济问题相关的冲突上,相比澳大利亚而言,加拿大更易受损于美国的行为,但美国对加拿大的行为更具敏感性。"②相比而言,澳大利亚无法如此利用美国的敏感性。只有在肉类配额的冲突中,澳大利亚采用了类似的战术。因为澳大利亚和美国双边关系的敏感性或脆弱性相互依赖不强,并且澳大利亚期望确保美国安全保护,使得澳大利亚并不会对美国提出强烈的抗议或进行报复。

---

① 参见[美]罗伯特·基欧汉、约瑟夫·奈《权力与相互依赖》,门洪华译,北京大学出版社2012年版,第161—162页。
② [美]罗伯特·基欧汉、约瑟夫·奈:《权力与相互依赖》,门洪华译,北京大学出版社2012年版,第199页。

第十二章　罗伯特·基欧汉、约瑟夫·奈与《权力与相互依赖》

综上所述，相比澳美关系而言，作者强调加美关系更接近复合相互依赖，甚至指出加美关系是现实主义理论分析的真空部分，以及以上两种模式所预测的政治进程如何影响政治冲突的结果。总体结构模式无法解释战后加美关系，因加美关系中的社会、经济问题突出，而要确立和维持始终如一的问题等级结构又非常困难。相比加美关系，澳美关系更接近于现实主义模式，总体结构模式更能解释澳美关系。澳美关系与加美关系的议程不同，澳美双方不像加美之间那样密切，澳大利亚对美国的依赖也不多。多数情况下，加美之间的敏感性小于澳美关系，加拿大能成功地运用敏感性相互依赖，但加拿大的成功得益于脆弱性相互依赖的对称性，这种对称性增强了加拿大讨价还价的筹码。

当然，以上双边关系案例并非适用于所有国家，还需要考虑地理位置、文化距离、经济水平等其他因素。作者通过以上两个双边关系案例为今后的研究提供了理论方法和研究导向。这里的研究也并非一般性的结论，只是通过以上研究对复合相互依赖有一个深入的了解。

通过之前对相互依赖理论与实践的分析，作者提出了复合相互依赖的理论模式，那么在面对复合相互依赖的情景时，美国应该如何作为，复合相互依赖对美国存在什么影响呢？

作者认为"经济相互依赖和生态相互依赖的增强并没有为外交政策提供清晰、决定性的指导方针。'选择的必要'依旧存在"[1]。"在任何情况下，对最强大的国家而言，适宜的政策必须建立在对世界政治变化进行清晰分析的基础之上。过时的或过于简单化的世界认知模式导致政策失当。"[2] "我们研究相互依赖的政策含义，其目的是为分析世界政治提供一种与众不同的高妙方法，而非提供另一种简化方法来指导现实。细致研究并非仅仅是学术游戏。它对正确应对这个时代的纷乱世界至为

---

[1] ［美］罗伯特·基欧汉、约瑟夫·奈：《权力与相互依赖》，门洪华译，北京大学出版社2012年版，第233页。

[2] ［美］罗伯特·基欧汉、约瑟夫·奈：《权力与相互依赖》，门洪华译，北京大学出版社2012年版，第233—234页。

关键。"①

四　全球主义与信息时代

这一部分首先分析了信息的不同种类以及信息革命如何改变复合相互依赖的模式，然后转向分析信息革命对国家权力的影响，最后分析信息革命的一些政治新含义：信息传递的成本降低，形成了一种新型的信任政治，透明度也逐渐成了一种权力资产。

总的来说，信息革命并不能够均衡各国的权力分配。因为规模经济和市场准入壁垒依旧存在，大国在免费信息当中也存在着优越的领先位置。但是信息革命也在改变着国家控制权力的幅度。信息渠道的数量有所增加，非政府行为体有了更多的机遇表达自己的观点。同时，国家比较容易被渗透，精英把持外交政策的等级秩序比较困难。

信息革命改变政治进程，软权力的作用越发重要，信任所形成的声誉比过去更加重要。在这个过程中，国家将更少依赖于物质资源，国家之间的相互依赖程度也会逐渐加深。

自由主义理论强调国际合作的重要性，其中合作中介因素的不同（强干预的制度合作与弱干预的自动形成国际秩序）可以将自由主义区分为自由主义和新自由制度主义。国际关系理论凡是流派的斗争，都是建立在之前理论的批判、借鉴和发展的基础之上的，在这个过程中，每一个理论都有自己秉持的核心理念。自由制度主义最具有代表性的就是基欧汉与奈的《权力与相互依赖》，提出了复合相互依赖的理念。早期的自由制度主义貌似与现实主义的理念相左，现实主义强调的是国际环境当中的冲突，自由制度主义强调的是极致相互依赖下的合作理念。任何的理论都是在不同的历史场合下的规律性解释，各自都有其理论的基础。

---

① ［美］罗伯特·基欧汉、约瑟夫·奈：《权力与相互依赖》，门洪华译，北京大学出版社2012年版，第234页。

第十二章 罗伯特·基欧汉、约瑟夫·奈与《权力与相互依赖》

在书中基欧汉与奈提出了相互依赖的三个重要特征,即武力作用的下降、联系渠道的增多以及不同领域之间的等级差别的缩小,作者分别通过货币与海洋领域来证实相互依赖的现实性,最终显示海洋领域的相互依赖特征在 20 世纪 70 年代更具有解释力,在货币领域的解释力稍弱,而且武力在不同领域的作用依旧没有明显下降。通过美国与加拿大的关系和美国与澳大利亚的关系来印证相互依赖的特性,再次证明只有美加双方具有高度的相互依赖性,而美澳双方相互依赖特性较弱。在国际关系领域国家的安全和军事实力依旧占据着重要的地位,并没有说低政治领域与高政治领域相等,这样的差距依旧存在而且有时起着决定性的作用。

综合来看,《权力与相互依赖》的复合相互依赖理论解释力比较弱。后来基欧汉的《霸权之后:世界政治经济中的合作与纷争》对自由制度主义的理论阐述和完善方面借鉴了现实主义层面的内容,现实主义与自由主义理论的相互借鉴融合,使得国际关系理论的解释力得以提升,现实主义和自由制度主义都有利于帮助我们更好地理解国际领域的冲突与合作以及不同理论范式之间的争辩与借鉴,从而更有效地促进国际关系理论的发展。

《权力与相互依赖》节选[①]

复合相互依赖具有如下三个基本特征:

其一,各社会之间的多渠道联系,它包括政府精英之间的非正式联系或对外部门的正式安排;非政府精英之间的非正式联系(包括面对面的交流或通过电讯联系);跨国组织(如多国银行或多国公司)等。这些渠道可以概括为国家间联系、跨政府联系和跨国联系。国家间联系是现实主义所假定的正式渠道。如果我们放宽现实

---

① [美]罗伯特·基欧汉、约瑟夫·奈:《权力与相互依赖》,门洪华译,北京大学出版社 2012 年版,第 23—27 页。

主义关于国家作为整体单位而行动的假设，则跨政府联系就出现在我们的视野之内；如果我们放宽现实主义是国家唯一行为体的假设，则跨国联系将出现在我们的视野之内。

其二，国家间关系的议程包括许多没有明确或固定等级之分的问题。问题之间没有等级之分意味着，军事安全并非始终是国家间关系的首要问题。许多问题由通常被视为国内政策的事务引起，而国内问题与对外问题的区别非常模糊。许多政府部门（并非仅仅外交部门）在不同层次上考虑这些问题。如果国家在这些问题上缺乏足够的政策协调，必然会为此付出沉重的代价。不同的问题导致不同的各政府内部联盟及跨政府联盟，并导致不同程度的冲突。政治并无明确的界限。

其三，当复合相互依赖普遍存在时，一国政府不在本地区内或在某些问题上对他国政府动用武力。然而，在本地区内或在某些问题上，军事力量在政府间关系中也许起着重要作用。例如，军事力量可能与联盟内经济纷争的解决无关；但与此同时，在联盟与敌对集团的政治和军事关系上，军事力量却起着非常重要的作用。第一种关系符合复合相互依赖的条件，而后者则不然。

传统的国际政治理论或明确或含蓄地否认以上三个假设的准确性。据此，传统主义者也试图否认根据复合相互依赖模式做出的批评具有相关性。我们却认为，我们所提出的三个基本条件非常符合某些全球经济和生态相互依赖的状况，也接近于勾勒出国家之间全部关系的特征。本章的目的之一就是要证明以上观点的正确性。在随后几章里，我们将具体探讨在海洋政策、贸易政策、美加关系、美澳关系上的复合相互依赖。在本章中，我们将力图说服读者认真对待我们对传统主义假设做出的批判。

多种渠道

参观任何大机场，那里的繁忙景象，都可以生动地体现出发达工业化国家之间存在的多渠道联系。证实这种多渠道联系的文献更可谓汗牛充栋。各国官僚通过会议、电话和书信来往直接交

第十二章　罗伯特·基欧汉、约瑟夫·奈与《权力与相互依赖》

流。同样，非官方的精英通过正式的商务往来、三边委员会（the Trilateral Commission）等组织或私人基金会赞助召开的会议经常碰面。

此外，多国公司和银行对国内关系和国家间关系都产生着影响。在不同的社会里，对私营企业的限制、政府与企业关系的密切程度千差万别，但是不受政府控制的、充满活力的大型公司积极地参与社会，并已经成为对外关系和国内关系的正式组成部分。

这些行为体的重要性，不仅源于它们追求自身利益的行为，也因为它们承担着传送带的功能，使各国政府对彼此的政策更为敏感。随着政府国内行为范围的扩展，公司、银行以及（在次要程度上）工会做出的决定具有跨越国界的影响力，各国国内政策对彼此的影响越来越大。跨国交往增强着这种效应。因此，相比过去而言，对外经济政策与国内经济活动的联系越来越广泛，国内政策与对外政策的界限越来越模糊，与对外政策相关的问题则越来越多。环境治理与技术控制问题同步发展，增进了该趋势。

问题之间没有等级之分

外交议程——即政府所关注的一系列与对外政策相关的问题——变得更为广泛、更具多元化。所有问题都附属于军事安全的时代不复存在。国务卿基辛格曾这样描述1975年的形势：

在对外传统议程方面取得的进展已经不能满足要求。一类前所未有的新问题凸显出来。能源、资源、环境、人口以及太空和海洋的利用等问题已经与构成传统外交议程的军事安全、意识形态和领土争端等问题并驾齐驱。

基辛格列举的新问题还可以补充。这些问题说明，各国政府的政策——即使那些被完全视为国内政策者——是如何相互影响的。经合组织（OECD）、关贸总协定（GATT）、国际货币基金组织（IMF）、欧洲共同体（EC）等确立了广泛的协商安排，表明发达多元化国家之间内政外交的叠合多么明显。美国联邦政府的九个主要部门（农业部、商务部、国防部、卫生部、教育福利部、内政部、司法部、劳工部、财政部）以及许多其他机构之间的组织安排，反映出它们承担着广泛的国际任务。由此产生的各种问题相互叠合的现象已经成为政府部门的梦魇之源。

军事力量起着次要作用

政治学者素有强调军事力量在国际政治中作用的传统。如第一章所述，武力主导着其他实力方式：假设没有其手段选择的限制（只有两次世界大战接近这种假设的情形），拥有武力优势的国家将雄霸天下。如果每个国家面临的"安全困境"（security dilemma）都极其严峻，则由经济和其他资源支撑着的军事力量将成为最重要的权力之源。生存是任何国家的首要目标，在最糟糕的情况下，武力是确保生存的绝对必要手段。军事力量始终是国家实力的核心组成部分。

然而，多元工业化国家之间所感知到的安全边缘有所扩展：总体而言，它们对遭受攻击的恐惧减少了，对相互攻击的恐惧实际上已不复存在。法国已经放弃了戴高乐总统倡导的全方位防御战略（实际上，该战略在当时也未真正得到重视）。加拿大在半个世纪之前就放弃了最后一个对美作战计划。英国和法国不再感到相互威胁。这些国家之间还存在相互影响的紧张关系，但在绝大多数情况下，武力已经不再是政策工具，或者说武力作为政策工具已经无足轻重。

而且，某些目标（如经济福利或良好的生态环境）的重要性越来越突出，而动武常常不是实现这些目标的适当方式。当然，爆发剧烈冲突或革命性变革也并非不可能，在这种情况下，在某个经济问题上或发达工业化国家之间动用武力或武力威胁也似乎合情合理。如此，则现实主义的假设再次成为解决问题的可靠指南。但是，在绝大多数情况下，动用军事力量代价高昂，而且其成效如何难预料。

某些国家之间已经禁止直接使用武力，但军事力量仍可服务于政治目标。冷战期间，每一个超级大国都使用武力威胁来遏制对方攻击自己或者自己的盟国；其威慑能力起着间接的保护作用，超级大国又利用这种保护与盟国在其他问题上讨价还价。对美国而言，这种讨价还价的工具尤其重要，因为其盟国对美国的潜在威胁忧心忡忡，而美国对盟国施加影响的手段明显少于苏联影响东欧伙伴的途径。因此，美国利用欧洲人（特别是德国人）对美国保护的渴望，将美国在欧洲驻军的数量与美欧贸易、货币谈判挂钩。就本质而言，威慑力量首先起到的是消极作用，即制约超级大国敌手的有效进攻力量；但各国也可以积极地运用该威慑力量，即获得政治影响力。

第三节 评析与思考

一 评析

（一）《权力与相互依赖》的学术贡献与地位

基欧汉与奈倾心打造的《权力与相互依赖》出版于20世纪70年代，在1989年再次出版并增加了作者对部分批评的回应，随着全球化的发展，2001年作者基于全球化的发展分析了国际环境的发展变化，提出了自己的看法，在全球化的发展背景下，这本书成为自由制度主义理论的代表著作。20世纪六七十年代起，国际关系出现大分化、大组合，一度有美国霸权衰落之说，同时伴随着现实主义理论难以解释的更为复杂的国际现象。在美国霸权衰退的惊呼之中，国际关系学者开始质疑物质性权力在维持世界稳定中的作用，并开始探索非物质性权力因素的作用和意义。美国学术界提出了各种各样的解释和政策建议，而《权力与相互依赖》的复合相互依赖模式被公认为最有解释力的理论之一，于是迅速形成了自由主义与现实主义两分天下的局面。

该书既有理论上的深度建构，也有实践上的指导价值，自出版以来，一直是国际关系研究引用频率最高的著作之一。基欧汉与奈通过分析当时的国际形势，认为国家之间的关系已经悄然发生了变化，国家与国家之间的冲突不再是无政府状态下必然发生的。随着经济领域的融合发展，国家行为体之间的合作领域逐渐增多，类似于军事、政治等高级政治领域的作用逐渐降低，经济等低级政治领域逐渐发挥重要作用，基欧汉与奈由此提出了复合相互依赖的理论。

该理论对以往国际关系领域现实主义理论占据的主导地位提出了挑战，否定了现实主义关于国际关系领域的假设认识。与此同时，自由制度主义对于现实主义的批判和否定极大地促进了国际关系理论的发展。国际关系理论并非一家独大，对于不同的历史情景可以存在不同的理论解释。20世纪90年代之后，在整个国际关系理论处于极大丰富的年代，温特的《无政府状态是国家造就的：权力政治的社会结构》认为国际环境的合作是可能的而且国家可以建构一种倾向于合作的政治文化，无政府并非国际关系的特性，这标志着建构主义理论的出现。21世纪初期温特的《国际政治的社会理论》标志着建构主义趋向成熟。之后的世界体系理论、女性主义理论、批判理论以及英国学派等理论如雨后春笋般涌现，极大地促进了国际关系理论的发展，而这主要开始于自由主义理论对一家独大的现实主义理论的挑战。

（二）复合相互依赖理论的阶级性

《权力与相互依赖》是在20世纪70年代美国在全球范围内的霸权"有所衰落"的背景下创作的，作者根据国际环境的变化，结合现实主义、新现实主义的理论框架提出了无政府状态下通过国际合作抑制冲突的有效性和可能性。书中的理论阐述和案例分析论证都以美国为中心，是为了论证美国在全球范围内"霸权衰落"后的应对之策，与其说是对全球范围的国际环境变幻的新认识，倒不如说是站在美国这个"巨人的肩膀上"看待世界局势的变化。《权力与相互依赖》代表了世界范围内资产阶级的利益，也是为了维护资产阶级的利益所在，来继续保持旧有的国际体系或者继续领导建立新的国际体系，为自身的利益服务。归根结底是为了维护美国全球霸权地位而建构起来的体系化理论，是对美国的发展作出的政策性解读。

尽管如此，我们可以借鉴《权力与相互依赖》这本书来推动中国的国际政治理论发展。首先，这本书能够帮助我们更好地认识西方的话语体系下美国对外政策的理论依据，正所谓"知己知彼，百战不殆"，只有充分地了解对手的情况才能更好地发展自身。其次，书中提到的复合相互依赖理论对于我们认识国际环境，作出应对之策也有重要的启示意义，尤其是在全球化的背景之下，如何"求同存异"，实现不同国家间的良好合作，是我们应该探索的问题。但是我们也应该认识到复合相互依赖理论的不足之处，尽量避免因经济方面的融合而忽视高政治领域的投入和发展。最后，我们需要构建中国自身的话语体系，从中国的国情出发，结合本国的传统文化构建自己的国际关系理论，也让世界更好地认识中国。

二 拓展与思考

1. 如何理解复合相互依赖的三个条件？这三个条件之间有什么联系？
2. 在复合相互依赖的理想模式下，相较于传统现实主义模式，国际组织可以发挥哪些优势？
3. 依据复合相互依赖的模式，弱国如何进行战略决策？

第十三章　罗伯特·基欧汉与《霸权之后：世界政治经济中的合作与纷争》

第一节　原著简介

一　罗伯特·基欧汉简介

罗伯特·基欧汉生于1941年，哈佛大学政治学博士，曾执教于布兰代斯大学、哈佛大学等，曾任美国政治学会主席，主编有重大影响的论文集多部，是自由制度主义理论权威、集大成者。

罗伯特·基欧汉是新自由制度主义的最主要的奠基人。由于他的不懈努力，新自由制度主义得以创立并最终发展成为完备的理论体系。新自由制度主义作为当今世界最具影响力的国际关系理论学派之一，是在与新现实主义的论战中形成并发展起来的。基欧汉的学术生涯缘起于对现实主义范式的质疑，发展于对现实主义范式的批判，成就于新自由制度主义范式的建构，辉煌于新自由制度主义（尤其是其构建的国际制度

第十三章　罗伯特·基欧汉与《霸权之后：世界政治经济中的合作与纷争》

理论）与新现实主义之共同主导地位的确立。基欧汉的学术发展历程以挑战现实主义为开端，以新自由制度主义获得与新现实主义并驾齐驱的学术主导地位为中点，以积极迎接建构主义范式挑战为当前形态。

他的主要研究方向是相互依存、国际制度和传统均势理论。著有《权力与相互依赖》《霸权之后：世界政治经济中的合作与纷争》《国际制度与国家权力》等，主要著作除了与奈合著的《跨国关系和世界政治》和《权力与相互依赖》之外，还有《霸权之后：世界政治经济中的合作与纷争》《新现实主义及其批判》《国际制度与国家权力——国际关系文集》等。基欧汉曾与奈合作撰写过一些颇有影响的论文，如《世界政治和国际经济体系》《全球环境和资源依存的组织问题》《国家自治、国家权力及国际经济的相互依存》《再论权力与相互依赖》等。他也发表了不少关于国际关系理论的文章。

二　时代背景

20世纪70年代中期，以肯尼思·华尔兹为代表的一批学者将政治现实主义研究推向新的理论顶峰。然而，随着美国霸权的相对衰弱，各种非国家行为体的纷纷涌现，跨国经济联系的不断加强，传统的以强调"国家为中心"和"物质性权力在维持世界稳定中作用"的权力国际政治观开始遭到国际关系学者的普遍质疑。罗伯特·基欧汉敏锐地洞察到了新现实主义的解释性缺陷。他指出，华尔兹的新现实主义"未能充分关注跨国关系，经济相互依赖和国际制度"，忽视了国内因素与国际体系结构的联系，因而未能动态地说明世界政治的主要变化。正是在对新现实主义的批评中，基欧汉力图重新诠释变化中的世界政治，创立并完善了他的新自由制度主义理论体系。

《霸权之后：世界政治经济中的合作与纷争》是迄今为止研究发达资本主义国家间合作问题最为全面，也是最有影响的一部著作。在没有霸权国家存在的情况下，国际合作能够维持下去吗？为了回答当代世界政治中的这一紧迫问题，基欧汉分析了世界政治经济中合作得以发生的国际制度（或者国际机制）的作用，以及随着美国霸权的衰落，这些国际机制的演变情况。基欧汉并不认为霸权的衰落会使国际合作变得不可能，相反，他认为国际制度的设计能够促进利己主义政府间的合作。本书涉猎广泛，基欧汉借助档案研究、口头访谈、国际政治理论、理性选择分析、微观经济理论、马克思主义与非马克思主义的国际政治经济学理论，对后霸权时代的合作问题进行了深入的探讨，得出了许多引人深思的结论。本书因此成为国际政治经济领域最权威、征引率最高的著作之一。

第二节 《霸权之后：世界政治经济中的合作与纷争》主要内容与观点

《霸权之后：世界政治经济中的合作与纷争》共有十一章节，根据内容可以分为四个部分。

第一部分是问题与概念，是这四部分中最主要且重要的一部分，该部分作者对现实主义的理论提出了质疑，并对财富与权力、国际体系、霸权稳定论等概念作出了界定，其中，最为关键的是提出了世界政治经济的说法，并把政治学和经济学联系起来考察国际体系，从而引出合作的重要性。

第二部分是合作与国际机制论，作者详细论述了合作、国际机制、理性选择理论以及国际机制的功能理论，从理论上阐释了霸权衰落的后期维持稳定的关键在于国际机制。

第三部分是实践中的霸权合作，作者通过具体的实例证明前面两部分提到的理论，并且认为在霸权衰落之后国际机制内的合作是可能的。

第四部分是结论，作者进行通篇总结，并再次论述了制度的价值所在。

在本书中，基欧汉提出的一个中心命题是霸权后合作是否可能以及

第十三章　罗伯特·基欧汉与《霸权之后：世界政治经济中的合作与纷争》

如何实现。在基欧汉看来，霸权之后的合作具有可能性与现实性，利益的不同导致国际政治经济中充满纷争，而国际机制的建立可以实现更多的合作，进而使世界各国仍可以在霸权之后保持合作。

一　霸权稳定论

在共同利益的情境下，现实主义认为无政府状态下的合作是因为霸权的存在；制度主义认为合作发生于经济相互依赖的情景，作者认为国家间的政治冲突在很大程度上造成了世界经济与和平的安全隐患，由此引用了吉尔平的理论，并且认为在后霸权时代，世界政治经济的中心困境是在无霸权的情况下各国之间如何达成合作。

随后作者从国际政治经济学的角度出发，论述了权力与财富互补的关系，认为权力与财富才是国家政府的长期目标。除此之外，他更注重国际制度对国家行为的影响，因为国家行为可以是内因引起的，也可以是外因促使的。相较而言，内部的分析也需要依据外部的背景，本书也是从体系层次分析开始的。这种研究方法与现实主义体系理论相似，但又不同于结构现实主义。

最后作者通过对霸权稳定论进行论述，认为："霸主扮演着一种独特的地位，为其伙伴提供领导，换取服从的回报。但是与一种帝国的权力不一样，霸主在没有其他国家一定程度同意的基础上，是不能制定和执行规则的。"[①]"国际合作可能通过霸权的存在而培育起来，同样，霸权也需要其他国家的合作来制定和执行国际规则。"[②]霸权与合作的关系，并不是可以相互取代的，而是具有互补性的。由此判定霸权稳定论有效性的观点被夸大了，其对国际秩序的构建并非必要也非充分条件。与此同时，现实主义与马克思主义的阶级斗争理论对于霸权稳定论的认识提

---

① [美]罗伯特·基欧汉：《霸权之后：世界政治经济中的合作与纷争》，苏长和、信强、何曜译，上海人民出版社2016年版，第44页。

② [美]罗伯特·基欧汉：《霸权之后：世界政治经济中的合作与纷争》，苏长和、信强、何曜译，上海人民出版社2016年版，第44页。

供了一个新的视角。

二　国际机制论

这一部分作者主要以"合作"和"国际机制"为中心展开论述。

作者首先论述了合作、纷争与和谐的关系，认为和谐不同于合作，和谐的状态可以自动地促进其他行为者目标的实现。"合作需要通过谈判的过程（即我们常说的政策协调）将各个独立的个体或组织的行动（并不是处于先在的和谐状态）变得互相一致起来。"[①]"通过政策协调过程，当行为者将它们的行为调整到适应其他行为者现行的或可预料的偏好上时，合作就会出现。"[②] 也就是说和谐是一种自动促进的状态，合作需要主动作为。

在国际合作的过程当中，应通过政策的协调，实现各国政府的目标。合作与冲突相伴相生，也是通过合作减少冲突。纷争与和谐相对，当有需要的时候，通过调整需求推动合作的产生，当然也会伴随着剧烈的冲突。

在界定概念的基础上，作者在第五章中提出了国际机制的功能理论，并引用博弈论和集体行动理论的逻辑，认为行为者之间存在共同利益，但是相互之间的信息障碍也会阻碍沟通的实现，并且导致纷争。所以在无政府的状态下，如果存在国际制度或者国际机制，在利己主义者之间是有可能出现合作的。

作者在第六章中引用了市场失灵理论与科斯定理的逻辑分析国际机制，认为国际机制的建立就是为了扮演某种法律责任的模式，提供交易信息，降低交易成本，从而促进合作实现。所以"国际机制所执行的功能是有价值的，它们降低合法交易的成本，增加非法交易的代价，减少

---

① ［美］罗伯特·基欧汉：《霸权之后：世界政治经济中的合作与纷争》，苏长和、信强、何曜译，上海人民出版社 2016 年版，第 51 页。

② ［美］罗伯特·基欧汉：《霸权之后：世界政治经济中的合作与纷争》，苏长和、信强、何曜译，上海人民出版社 2016 年版，第 62 页。

第十三章 罗伯特·基欧汉与《霸权之后：世界政治经济中的合作与纷争》

行为的不确定性"①。国际机制倡导为共同的目标进行讨价还价,因此国际机制最重要的价值功能就在于促进各个政府之间的谈判,达成一个互相有利的协议。国际机制还通过与各方议题的联系影响权力因素,国家加入国际机制,建立协议,对于自身而言是一个约束机制,一旦违反,对国家的声誉会产生不好的影响。

在第七章,作者拓宽自我利益的界限,加入其他国家的利益考量,淡化自我利益的色彩,以此来考察世界政治当中的合作问题,认为国家行为体是在有限理性的基础上"粗略地概测规则所提供的便利,以及长远而不是短视地计算自身利益所具有的优点,促使利己主义的各国政府,尤其是那些深受有限理性限制之苦的政府,更加倾向于遵守国际机制的规则"②。"在有限理性意识下所促进的合作,不会触及国家根本的主权原则,国际机制的创设是权力配置的状况、共同的利益以及盛行的期望和实践等因素综合作用的结果。"③

这一部分作者通过实例说明了经济机制与霸权力量并不具有相关性,美国在第二次世界大战后的早期有着多样化且有效性十足的手段为自己的霸权提供激励性手段,包括贸易金融领域以美国为中心建立的国际机制。但是在石油领域未能形成有效的机制,因此美国未能应对欧洲和日本逐渐上升的威胁和石油问题。在此之后美国霸权的衰落也并没有导致国际机制崩溃。

现在依旧存在的国际机制是各种错综复杂的纷争的结果,也就是霸权力量的遗产。霸权和国际机制都可以促成国际合作,但是两者都不是促成国际合作的必要条件。1956—1957年的石油危机表明了霸权对于合作的重要作用,1980年的石油危机依靠国际机制得以解决,虽然没

---

① [美]罗伯特·基欧汉:《霸权之后:世界政治经济中的合作与纷争》,苏长和、信强、何曜译,上海人民出版社2016年版,第130页。
② [美]罗伯特·基欧汉:《霸权之后:世界政治经济中的合作与纷争》,苏长和、信强、何曜译,上海人民出版社2016年版,第141页。
③ 牛正兰、杜向辉:《霸权后合作的理论内涵与实现途径》,《西北师大学报》(社会科学版),2010年第6期。

有像 20 世纪 50 年代通过霸权促进合作那样干脆有效，但是依旧达成了合作。当然，没有依赖于国际机制的作用，50 年代的霸权也促进了国际合作的开展。霸权与国际机制也并非促进国际合作的充分条件。两次世界大战期间，美国的霸权地位并没有明显主动地产生合作。虽然国际能源机构制定了广泛的规则，拥有一定的效力，但最终依旧没有阻止 1979 年的纷争。但是需要明确的一点是，如果没有霸权促进的国际合作，没有霸权打破集体行动的困境，也就不会产生后续的国际机制的合作，国际社会合作的前景将会更加黯淡。所以说在霸权之后的世界格局中，各国政府主张建立有效的国际机制的缘由就可以找得到了——从一定程度上来说，是霸权的领导作用，通过强力为国际机制的建立奠定了一定的基础。

从这个意义上来说，霸权和国际机制是可以相互补充的，或者说两者具有相互替代的作用，都可以促使国家行为体遵守规则并达成协议。在战后，美国的衰落只能部分解释国际机制的衰落。当代各国在合作上的尝试，不仅是霸权衰退的反映，同时也是国际机制作用继续存在的反映，而这些机制则大部分是在美国霸权的影响下所建立起来的。随着霸权国的衰落，共同利益与既存制度使合作成为可能，有必要以新的方法来促进合作。

最后一部分作者将霸权之后的合作问题与国际机制理论结合起来进行了分析。对于未来的国际合作，作者认为要限制或者调和现实国家之间的利益冲突与矛盾，政府必须作出让步，为了达到这个目的，历史为我们提供了两个可以借鉴的线索：一个是通过霸权国的行动来促进合作，另一个是通过机制协调各方利益冲突。美国在 20 世纪 20 年代对前一个线索进行了完美的展示，美国很好地充当了中间协调者的角色，促进了国际上的合作，但是随着美国实力的衰落，之后就不会存在霸权的合作了。出于对本国利益的考量，国家行为体之间很难自觉地形成合作关系。但是霸权衰落之后，美国的霸权行为留下了很多的遗产，那就是依旧存在着一些制度基础，能够在没有霸权国存在的情况下，通过降低国家行为体之间交易的成本，提高行动的可靠性和确定性，协调国家行

第十三章 罗伯特·基欧汉与《霸权之后：世界政治经济中的合作与纷争》

为体之间的冲突的利益与互补的利益，为国际合作提供了一个基础。①

本书对国际合作当中的道德价值及其政策含义进行了分析，论述了国际机制对于外交政策的借鉴意义，也就是说"在接受传统的认为外交政策的制定者们应该致力于保持政策的可变性以及选择的最大化这样的观点上，我们应该持谨慎的态度"②。对于外交政策应该保持"弹性"，由于国际环境极大的不确定性，通过国际机制可以降低不确定性进而促进合作，但是国家在国际机制当中也会受到国际机制的制约，违背规则就会损坏国家的声誉，国家会选择坚持这样的协议，当然，一个国家坚持目前的协议是基于未来这个协议具有同样确定的利益。

本书的主要内容就是霸权之后的合作是否可能，以及为何可能，作者对此进行了论述。不同于现实主义所认为的国际社会以军事权力为中心争夺利益，作者认为霸权之后的合作是今后国际社会发展最为重要的趋势，整个理论框架的构建都置于国家之间的合作的问题上，这也是自由制度主义与现实主义的明显不同之处。

相较于自由主义前期的理想主义，不同之处就在于作者承认了现实主义理论提出的国家是国际社会的主要行为体和国家的自利性。自由制度主义强调的是国家之间的经济领域的联系，以这样的经济联系为基础就可以确立和维持国际秩序。随着全球化与经济一体化的发展逐渐强化，国家之间因为经济利益的融合加深了相互依赖的程度，军事权力在国际关系中不再是唯一的主导因素，"合作"与"国际机制"的概念成为自由制度主义的核心。

在理论假设的选取方面，作者通过理性选择理论的不断调整，从行为体取得信息有限性等方面，逐渐推导出有限理性，又从行为体的道德约束以及国际制度对行为体的限制等因素推导出"道德的约束性"对于利己主义的影响，理性选择的假设以一个逐渐放宽的过程来证明利益追

---

① 参见[美]罗伯特·基欧汉《霸权之后：世界政治经济中的合作与纷争》，苏长和、信强、何曜译，上海人民出版社2016年版，第237页。
② [美]罗伯特·基欧汉：《霸权之后：世界政治经济中的合作与纷争》，苏长和、信强、何曜译，上海人民出版社2016年版，第289页。

求的结果并非最佳。

《霸权之后：世界政治经济中的合作与纷争》节选[①]

第一章的研究表明，现实主义和制度主义理论都能解释二战之后20年间的世界政治经济秩序，但它们是以完全不同的方式来解释的。制度主义强调共同利益的作用，这种共同利益是由经济相互依赖以及制度的效应所产生的；而现实主义则着重美国霸权的影响。两个视角都是有益的，但都是不完整的，我们需要对现实主义和制度主义理论加以综合。

本书第二部分就是在理论层面寻求这样一种综合。第五章和第六章在理性选择的基础上建立了国际机制的功能理论。这一理论得出一些与第一章中的制度主义学者同样的结论，但其结论是建立在一个不同的基础上的，也就是说是建立在现实主义理论的假定基础上的。在相互依赖的情势下，理性的、以自身利益为取向的行为者，将会把国际机制视为增加它们达成相互有利协议能力的途径。在第七章中，我曾努力表明，如果将理性的假设予以放宽，这种解释就显得更为有理，而且通过对利己主义假设的追问，我们可以获得更深一步的理解。

从这一章开始的第三部分，也是旨在综合现实主义与制度主义的观点，但我在这一部分并不是抽象地阐述这一点，而是应用权力、利益、霸权、合作与国际机制的概念来理解我们这个时代的国际政治经济。第八章将着力说明战后时代霸权与合作的互补性：美国的力量推动合作这个事实，部分是通过建立一种根据美国的利益取向来组织国家间关系的国际机制来实现的。第九章将讨论20世纪60年代中期之后国际经济霸权机制的衰落，同时认为霸权稳定

[①] [美] 罗伯特·基欧汉：《霸权之后：世界政治经济中的合作与纷争》，苏长和、信强、何曜译，上海人民出版社2016年版，第135—138页。

第十三章　罗伯特·基欧汉与《霸权之后：世界政治经济中的合作与纷争》

论为理解这个过程提供了一些极有价值的见解。但是这一章的论述还表明，霸权稳定理论，或者任何其他仅仅以权力变化为基础的理论，在解释合作类型的变化上是不够的。正如第二部分的理论所阐述的，如果霸权稳定论可以成立的话，国际机制的维持将比人们预料的要更长。本书的第十章将表明，作为与发达工业国家相关的新的主要国际经济机制——国际能源机构，其所扮演的功能与本书第二部分的论述是一致的，尽管它的运作是处于以世界权力结构为基础的框架之中。

强国总是寻求建立一种有利于其利益和意识形态的国际政治经济秩序。但正如我们所指出的，在世界政治中，拥有行动的资源并不意味着就能将它自动地转化为政策的结果。即使我们在第三章采用了严格限定的新现实主义理论，即霸权能够推动合作，我们也需要回答霸主如何才能将其物质和精神资源转化为体系规则这样一个问题。霸主怎样从自身的立场出发，建立能够推动国际合作的国际机制呢？也就是说，霸权的领导是如何发挥作用的呢？

这个问题是由于现实主义对权力的关注而提出来的，所以我的分析从此处开始。但在解释世界政治经济的变化时，正如在第三章中所讨论的，我更着重于强调权力的经济根源，而非军事力量。具备足够的军事力量保护一种国际政治经济秩序，使其免遭敌对国家的破坏，是成功的霸主应有的前提条件。自二战以来，美国就保持足够的军事力量，对苏联推行"遏制"战略，在其军事力量的后盾下，美国以多元化原则和制订体现美国利益的规则为基础，建立了自由资本主义世界的政治经济秩序。美国在世界政治经济中的领导地位是与北约不可分离的，而在这些年中，双方都互相借助而得到加强。欧洲国家，特别是德国政府，担心美国撤销其保护的承诺而对自己不利，从而被迫尽量顺从美国的愿望。不过，至少在二战后的20年左右的时间里是库珀（Cooper, 1972-1973）称之为"双轨制"体系盛行的时期：在美国与其盟国的关系中，经济事务很少与军事事务明显地联系起来。美国的军事力量是为保护其控制的国际政治经济秩序而发挥作用的；它只是在就经济事务进行讨价还价时作为一种背景而起着重要的作用，但它并未经常直接影响到这种讨价还价的行为。因此，正如第三章所讨论过的，我们在分析中重点考察发达工业化国家的政治经济情况，而不是经常涉及国际安全方面的事务，这样做是有一定理由的。当然，在其他研究中，更详细地分析经济与安全之间的联系当然是极有价值的。

我们将详细探讨战后经济权力资源的特征，以及这些资源的分配和利用是如何随着时间而发生相应的变化。但要回答霸权状态下的合作如何运作这样的问题，我们还必须考虑利益与制度因素。霸权领导地位并非凭空而来，而是建立在国家利益的基础上。霸主总是努力说服其他国家与它的世界秩序观念保持一致，并顺从其领导。美国在战后的霸权领导地位，就是以在北大西洋区域内所达成的大致一致的安排为先决条件的，此后与日本也建立了同样的关系，目的是维持国际资本主义世界，反对社会主义或是半独裁的民族资本主义模式（Block，1977）。用葛兰西的话来说，这种一致被视为美国的伙伴对其意识形态霸权的接受。次级国家的领导人相信，他们可以从正在建立的体系中获得利益，这种信念又推动他们接受美国的领导。因此，人们认为，在美国与其盟国之间存在高度的互补性。美国旨在通过创建不但能减少不确定性和鼓励合作，而且也能使其伙伴获取特定利益的国际机制来加强这种互补性。

霸权的力量，以及以霸权国的条件建立起来的国际机制共同推动了合作。霸权本身降低了交易成本，减少了不确定性，因为每一个盟国都能与霸权国开展正常的交往，并希望霸权国确保该体系的整体连续性。国际机制是按照霸权国能在其中发挥关键作用的行为标准来建构的，从而确保其合法性。在经贸领域，当盟国的合作是必要时，美国就会按照既定的规则去建设稳定的国际协议安排措施。对于美国而言，这种协议安排措施不但约束其他国家，也约束了美国自身，从而促使弱国愿意追随美国的领导。

美国领导人所建立的霸权机制，并非是仅仅通过指挥比它更弱

第十三章　罗伯特·基欧汉与《霸权之后：世界政治经济中的合作与纷争》

小的伙伴按照规定的方式行动来实现的。相反，他们必须在双方之间寻求共同利益，而且，在要求伙伴和他们保持一致时，他们本身也必须作一些调整来相互协调。要建立这种制度，他们必须运用其权力资源。在这个过程中，也会遇到许多挫折。正如戴波德所说，在我们日后对现今霸权的回忆中，我们不会产生这个时代是一个霸权领导的愉快时代这样的认识（Diebold，1983，p.3）。重要的是，不能夸大美国制订和执行规则的容易程度。虽然最终美国成功地实现了其关键的目标，不管是用什么方式完成的。在一种有益的霸权合作的整体模式中，肯定包含着在特定领域中的许多挫折。过分简单地将霸权的概念视为完全的统治或是实行无私的贡献，只会妨碍而非帮助我们理解历史。

第三节　评析与思考

一　评析

（一）历史发展的经验总结与未来的政策应对

通过对霸权稳定论的总结和质疑，作者从另外一个新的角度提出了无政府状态下的合作问题，认为在无政府状态下的合作是可以实现的。《霸权之后：世界政治经济中的合作与纷争》这本书以霸权稳定论为引子，提出了霸权之后的国际社会如何以及怎样进行合作的问题，并且给出了自己的答案，那就是通过国际机制的建设。这个新建构的理论认为在经济日益相互依赖的国际环境中，通过国际机制来管理国家间的政治经济纠纷，从理论意义上来说对于减轻国际纠纷具有重要的意义。除此

国际政治原著选读

之外，对于美国在第二次世界大战之后面临的霸权衰落问题也提出了一个理论解释工具，对美国应对霸权衰落的实践具有很大的帮助，为美国在此之后重新领导世界提供了一个方法论工具。

《霸权之后：世界政治经济中的合作与纷争》这本书研究的核心问题就是发达的工业化国家在美国霸权衰落之后如何更好地促进相互之间的合作，如何更好地适应国家之间联系愈加紧密的世界政治和经济环境。在第二次世界大战之后，尤其是20世纪70年代，西方世界的权力格局发生了巨大的变化，美国在世界领域内的影响力逐渐减弱，在政治、经济等诸多领域内都陷入困境，美国霸权的衰落使得西方发达工业化国家合作的前景更加灰暗。这本书构建的理论意义就是在后霸权时代，也就是美国霸权衰落的背景下，通过建立新机制或者修复旧机制来确保美国在全球范围内的领导力。我们今天看到的很多对外多边关系的机制当中，都能够发现美国的身影，当然，这样的制度对于政治经济的稳定具有一定的作用，但是美国也借此更好地维持了自己在全球范围内的领导力。由此看来，《霸权之后：世界政治经济中的合作与纷争》为美国应对霸权衰落，并且维持自己的领导地位提供了很好的理论借鉴。[1]

所以说，《霸权之后：世界政治经济中的合作与纷争》更加侧重于从以美国为首的发达资本主义国家的角度考虑国际政治的发展。虽然全书的核心议题是世界政治经济中的合作是如何实现的以及怎样组织的，但不难看出霸权前后以及机制的建立，侧重的是发达国家的地位和作用，并未过多考虑一些小国的权力和利益。基欧汉理论框架内的国际机制带有明显的美国利益导向。现实主义看重美国霸权的逻辑，认为美国霸权是形成和维持战后国际秩序的力量。制度主义则强调由经济相互依赖以及制度的效应而产生的共同利益，认为共同利益会促进国家间的合作。现实主义和制度主义都可以解释第二次世界大战之后20年的世界

---

[1] 苏长和：《解读〈霸权之后〉——基欧汉与国际关系理论中的新自由制度主义》，《美国研究》2001年第1期。

第十三章 罗伯特·基欧汉与《霸权之后：世界政治经济中的合作与纷争》

政治经济秩序，但都不完整。为此，基欧汉尝试通过论述霸权与合作的互补性来进行理论融合。通过选取金融、贸易和石油这三个领域的霸权合作案例，强调美国在这些合作中的推动作用，来论述霸权与合作的互补性。

（二）理论的融合：与现实主义相结合

首先，新自由制度主义建立在现实主义理论认识的基础之上。作者在本书构建的国际机制的理论是以国家为主要的行为体构建起来的，在一定程度上就承认了国家是国际社会最为主要的行为体；作者借用了理性理论作为分析工具，并通过国家的利己主义进行了深入分析，基欧汉创建的自由制度主义理论融合了现实主义理论的基本认识，在现实主义理论的基础上进行融合总结进而提炼出自己的理论观点。有学者认为《霸权之后：世界政治经济中的合作与纷争》这本书构建的新自由制度主义是对现实主义的妥协，而且是一次全面的妥协，因为自由主义一直以来坚持的是一些理想主义的"美好观念"，而该书在国际机制的创建和维持过程中引入了权力因素，分析方法上接受了结构现实主义的体系分析方法，包括该书的作者也认为自己创建的理论是对现实主义的一种理论补充。从这一层面来看，基欧汉构建的理论是在现实主义理论认识的基础上融合总结起来的。

其次，新自由制度主义与结构现实主义类似。在国际关系理论第三次大辩论的背景下，《霸权之后：世界政治经济中的合作与纷争》标志着新自由制度主义和新现实主义开始逐渐走向融合。基欧汉想要构建的研究框架是通过以启发式接受现实主义学说有关等级体制和无政府状态的两分思想，来确证无政府状态在国际体系中的运作方式。基欧汉对霸权机制的研究把国际政治成员的行为特征归因于它们之间的权力分配，用机制来描述在实力接近的霸权国和其他大国之间导致合作的权力分配关系，认为霸权国家建立的机制确保了世界政治经济中的合作与和平。国际机制是国际体系的有机组成部分，而后者从根本上讲是建立在主权和自助原则基础之上的。在这个意义上，基欧汉采用了结构现实主义的观点。

任何理论性的解释都是通过实践的环节对现实情况的规律性总结，进而在一定程度上对未来所要发生的事情进行预测。国际关系领域也是对国际社会的发展进行规律性的总结，但是我们不可能认识到所有的事物发展的规律，不同的情景下会有不同的理论归纳，不同的事物也具有不同的机制原理，国际关系发展的过程中存在着很多的不确定性，这是正常也是必然的。现实主义与自由主义都是对国际关系领域的认识，不同理论流派在争斗的过程中也在互相吸收借鉴，相互成就和相互发展。理论为认识国际关系领域提供了很好的路径，通过国际关系理论框架，可以更好地认识理论框架背后的国际关系原理。

（三）学科融合：政治学与经济学的结合

从方法论的角度来讲，基欧汉借用了经济学领域的理论，打破学科边界，实现政治学与经济学的交叉融合，推动了理论创新，也为之后的学科研究发展提供了很好的启示。比如，作者借用经济学领域的制度经济学和功能性理论来分析构建政治学领域的国际机制价值理论，又通过经济学的"市场失灵"理论来分析改造国际关系理论，论证制度的需求与必要，等等。

（四）局限性

第一，对国际机制的论述存在缺陷。《霸权之后：世界政治经济中的合作与纷争》一书也存在着局限性，正如一些学者认为，对于国际机制的功能解释论证过程存在着因为需要国际机制所以才证明国际机制重要性的问题。尽管作者本人在全书论证的过程中引用了经济学领域的理论以及不同领域的实例来证明，但是贯穿全文来看，对于国际机制的功能论述依旧存在缺陷。除此之外，书中阐述了霸权衰落之后需要国际机制的持续发力来保证相互依赖的国际环境中的合作，这一点是确信无疑的，但是书中缺乏对于国际制度产生多样化特点原因的解释，为什么国际制度在现实情境中发挥着不同作用，展示了不同的效力，作者对此并没有从源头给予清晰的答复，也就是对于国际机制的变迁以及类型的讨论不多，这也是一些学者认为《霸权之后：世界政治经济中的合作与纷争》一书的国际机制理论是一种静态性的理论而非机制变迁的动态

第十三章　罗伯特·基欧汉与《霸权之后：世界政治经济中的合作与纷争》

理论。[1]

第二，国际机制论据不够充分。《霸权之后：世界政治经济中的合作与纷争》一书的中心点就在于霸权衰落之后的合作是否可能以及缘由为何，并为此创制了国际机制的功能理论，以20世纪70年代之后美国霸权的衰落为背景，分析了现实国际环境在霸权之后合作的可能性以及必要性。但是拉长时间线之后就会发现，20世纪90年代随着美苏冷战的终结，美国霸权似乎又存在着恢复的迹象，美国在国际社会的政治、经济、文化以及军事领域的主导能力依旧处在前列，该书对于"霸权的衰落"之后的国际机制的论述并不充分，在一定程度上就不能够通过实例论证"霸权之后"国际机制的存续。

第三，国际机制的分配问题与合法化问题。书中未对机制中分配问题和合法化问题作出详尽合理的论证，这也是这本书的不足之处。这一论述不可避免地暴露了推动合作的主要力量是根据美国的利益取向来组织的国际机制。基欧汉认为合作会给各方带来收益，确信那些成为国际协议的成员，将能够从协议中得到好处。但是，这一理论隐含的前提条件是合作各方都能获得公平的权力和利益分配。基欧汉倾向于认为各国自愿接受国际机制，显然是不能够自圆其说的。比如，考虑到国际社会中实力强的行为体在影响力与话语权方面远超弱小行为体，以及前者在议题制定与推行过程中的优势地位，弱小行为体可能时常会遇到"两害相权取其轻"的情景。

二　拓展与思考

1. 评析霸权稳定论。
2. 举例说明世界卫生组织运转机制的发展与变迁。

---

[1] 苏长和:《解读〈霸权之后〉——基欧汉与国际关系理论中的新自由制度主义》,《美国研究》2001年第1期。

第十四章　亚历山大·温特与《国际政治的社会理论》

第一节　原著简介

一　亚历山大·温特简介

亚历山大·温特（Alexander Wendt）1958年出生于德国的梅茵兹市，1982年在明尼苏达州麦卡勒斯特学院取得硕士学位后，在明尼苏达大学取得国际关系博士学位，博士学位论文为《国家体系与全球军事化问题》，在学界取得一定影响。在之后的职业生涯中，温特先后在耶鲁大学、达特茅斯学院和芝加哥大学任教，直到2004年加入俄勒冈州立大学，担任国际安全专业教授。他的研究领域主要涵盖量子社会科学、社会科学哲学以及国际关系理论。作为国际关系建构主义流派的代表人物之一，温特对社会科学的哲学方面表现出浓厚的兴趣，尤其是在国际关系领域。

第十四章　亚历山大·温特与《国际政治的社会理论》

老一辈国际关系理论学者如霍夫曼、杰维斯和华尔兹都提及温特和他的建构主义理论，尽管温特对他们的批评有所保留，但他们仍赞赏温特"后生可畏，敢想敢创"。1987年，温特发表了两篇颇受重视的论文：《国际关系理论中的行为体：结构问题》和《国际关系理论中的代理者——结构问题》。他指出，当前的国际关系理论需要一种新的科学现实主义方法，把结构与社会、结构与"代理者"结合起来。社会由社会关系组成，这种关系形成人类互相关系的特有结构。这些观点被视为温特建构主义的雏形。[①] 随后，温特发表《国际政治的社会理论》一书。书中，温特借鉴哲学和社会学理论，全面提出了国际政治的社会建构理论。目前该书已被翻译成12种语言，并在2006年获得国际研究协会颁发的"十年最佳书籍"奖。在2017年，根据对1400名国际关系学者进行的调查，温特被评为过去20年来国际关系领域最具影响力的学者之一。

除了在国际关系领域的杰出贡献，温特还发表了一本跨学科作品，名为《量子心灵与社会科学》。这本书探讨了意识作为一种宏观量子力学现象的可能性以及其对社会科学的影响，对传统社会科学的概念和逻辑进行了批判，引起了广泛的学术讨论。此外，温特对UFO也有一定的研究，并且对金属音乐情有独钟。

二　时代背景

从国际关系独立成为一门学科的20世纪初至建构主义受到普遍重视的20世纪90年代中期，国际关系学的理论高地一直由现实主义学派和自由主义学派交替主导。第一次世界大战使人们认识到了大规模战争的恐怖与和平的可贵，时任美国总统威尔逊提出"十四点计划"，其中的拒绝秘密外交、裁减军备、设立国际联合机构等思想无不展示出浓厚的理想主义色彩，同时这些构想亦在极大程度上迎合了世界范围内人

---

① 参见倪世雄《当代西方国际关系理论》，复旦大学出版社2018年版，第230页。

们的需求。因此，在第一次世界大战至第二次世界大战期间，国际关系学界可以说是由理想主义者所主导。第二次世界大战的爆发从现实层面完成了对理想主义思想的证伪。不仅如此，1939年，英国学者爱德华·卡尔的著作——《20年危机（1919—1939）：国际关系研究导论》出版，亦为理想主义学派带来了诸多理论层面上的挑战，国际关系理论的第一次论战在现实主义者和理想主义者间打响。两派围绕着人性、国际组织、国际法、国家目标等话题展开了激烈的辩论，最终汉斯·摩根索的著作——《国家间政治：权力斗争与和平》为现实主义学派取得了相对优势，使现实主义学派开始了长达20年的对国际关系学界的统治。

现实主义理论与自由主义理论的发展并未因此而画上句号。在国际社会的变化与演进过程中，新现实主义和新自由制度主义在前人的基础上步入国际关系理论的舞台。作为新现实主义理论的代表作，《国际政治理论》从"什么是理论"这一本质问题出发，力图实现现实主义理论的简洁化和科学化。沃尔兹将其研究的重点置于结构中，认为结构对于国家的行为有着重要的因果关系影响，因此，其理论也被称为结构现实主义。与此同时，新自由制度主义也"不甘示弱"地出现了。《霸权之后：世界政治经济中的合作与纷争》是这一理论的代表作品，该理论主要强调国际组织、国际法等国际制度所产生的体系进程对于国家行为的影响。新现实主义和新自由制度主义构成了国际关系理论的第三次论战（第二次论战主要指科学行为主义与传统主义间的辩论，本书不再赘述）。在最初阶段，这两大理论间的区别是十分明显的，两者对于国际社会行为体、国家的单一性、合理性、军事手段和经济手段的具体效用等方面都存在较大分歧，但是这些区别随着辩论的进行而逐渐模糊化。

为实现其理论的简洁性和科学性，沃尔兹将国家的单一性与理性、国际社会的无政府状态作为一种常数，其理论的变量只有国际体系的结构和国家行为，结论亦根据这两个变量提出：国际行为受国际体系的结构影响。而新自由制度主义也将科学性作为其追求的目标之一，为实现该目标，基欧汉认同结构现实主义者关于"国家是单一的理性行为体""国际社会处于无政府状态"的基本理论前提，更为重要的是，基

第十四章 亚历山大·温特与《国际政治的社会理论》

欧汉也将国际体系作为其主要论述角度。因此，从某种意义上来看，基欧汉的理论同沃尔兹的理论的关键区别在于变量和结论上：基欧汉选择了国际社会中的制度和国家行为作为变量，认为国家行为受国际社会中的制度而非国际体系的结构影响。第三次论战后期，两者辩论的空间在趋同性的挤压下趋于狭隘，甚至可以说是仅在技术层面讨论绝对收益和相对收益孰轻孰重，这对于国际关系理论的发展而言并不具备实质意义。因此，国际关系学界开始寄希望于理性主义阵营的对立面——反思主义。

相较于利益与权力，反思主义更加重视规范、话语、文化等观念性因素的作用，强调通过建构逻辑而非因果逻辑分析问题，反对理性原则在国际社会中的支配地位。反思主义中流派众多，如强调女性在国际社会中的地位的女性主义、通过梳理历史脉络分析国际关系的历史社会学学派、重视话语作用的后现代主义等，但是在理性主义大行其道的时代背景下，此类理论并非主流。因此，从整体上看，反思主义同理性主义的辩论是单向的，反思主义者的理论观点被理性主义者们以"不具有科学性"的理由置于国际关系理论体系的边缘地位。20世纪末的国际关系理论学界面临如此困境：反思主义被理性主义拒之门外，而在理性主义内部，新现实主义和新自由制度主义间的议题趋于狭隘与相似，难以提供国际关系学科发展的动力。在此背景下，一些建构主义者们开始探索此困境的解决之道：能否在理性主义理论和反思主义理论间搭建一架桥梁，通过对双方优势的综合与缺陷的摒弃实现理论间的互动，以此来推动国际关系理论的进一步发展。亚历山大·温特是这些建构主义者中的杰出代表，其著作《国际政治的社会理论》亦在一定程度上实现了上述目标。

第二节 《国际政治的社会理论》主要内容与观点

在温特看来，包括国际关系理论在内的所有社会关系理论都以哲学角度上的本体预设为一定内容，因此，温特在书中的致谢部分指出："我在这本书里创立了一种把国际体系作为社会建构的理论。……所以本书的第一部分从概念上阐析我所使用的'社会建构'这个术语的意义。这一部分所讨论的问题属于哲学的范畴，……本书的第二部分是根据第一部分的哲学论述提出的一种国际政治学理论。"[①] 为了解温特笔下的建构主义国际关系理论，必须以其理论在哲学意义上的本体基础和研究原则为出发点。

温特根据国际关系学界社会理论的两次辩论将关于结构的社会理论划分为两类基本假设、四个主要内容：方法论上的个体主义与整体主义，本体论上的物质主义和理念主义。[②] 温特明确提出其理论以整体主义为方法论，以理念主义为本体论，并在认识论上坚持科学实在论而非诠释论。与此同时，温特理论的方法论和本体论又有着明显的合成特征，温特也指出他的理论并非绝对意义上的建构主义理论，而是一种弱式建构主义，以期开辟理性主义与反思主义间的中间道路。因此，温特理论所坚持的整体主义方法论和理念主义本体论都是非强式、非绝对的，或者可以理解为温和的整体主义和理念主义。

在方法论的角度上，整体主义和个体主义的区别主要在于结构和施动者谁是因果逻辑或建构逻辑的主导者，整体主义认为结构塑造施动

---

① [美]亚历山大·温特：《国际政治的社会理论》，秦亚青译，上海人民出版社 2014 年版，第 XXXV 页。
② 参见[美]亚历山大·温特《国际政治的社会理论》，秦亚青译，上海人民出版社 2014 年版，第 21 页。

者，而个体主义则认为施动者决定结构。温特并没有急于在这两者中间站队，而是选择了一条中间道路：温和的整体主义。温特认为，社会结构和施动者间的关系是互构的，且这一关系并不矛盾。对于施动者来说，施动者是由其自身性和社会性构成的，自身性决定着施动者相较于结构的独立性，社会性决定着施动者同结构的联系性。因此，诸多施动者构成结构，结构又根据施动者对其的依赖性反过来塑造施动者，基于施动者社会性内容和非社会性内容的划分，整体主义和个体主义间的矛盾得以调和。

在本体论的角度上，物质主义和理念主义的区别则主要在于观念和物质谁更具有决定性的意义。同在认识论上的选择类似，温特在本体论上同样选择了理念主义和物质主义的中间道路，或者可以理解为一种较为温和的理念主义。这种观点强调观念在本质上对于权力和利益的决定性作用，同时认为仅凭观念无法完全理解社会结构，有时亦需要向物质主义妥协。温特通过将物质性与客观性区别开来的手段解决了物质主义和理念主义间被大多数学者认为是无法调和的矛盾。物质力量与观念力量都是客观存在的，其区别并不在于客观与否，而在于其作用逻辑：物质力量主要起因果作用，观念力量主要起建构作用。

在解决上述问题后，温特根据吉登斯的理论，将意味着整体的结构理解为一种观念，将国际社会中的结构理解为一种文化观念，进而实现了整体主义和理念主义在其理论体系内的统一。此外，在认识论上，温特认为相较于人，外在世界是客观且独立地存在着的，即使一些事物不可观察（如国家和国际体系），但其也是客观存在且可被感知的。因此，与持有诠释论的一般建构主义不同，温特坚持科学实在论的观点。为处理科学实在论和诠释论之间的冲突，温特指出：物质力量在建构社会类别的过程中起到基础性作用；自行组织的自然类别的内在结构具有独立性；"社会类别不是独立于建构社会类别的集合体的思维/话语的，但却

国际政治原著选读

通常是独立于试图解释这些类别的个人的思维/话语的"[1]。进而指出了作为观念存在的社会类别同样具有客观性,因此是可以通过实证而非诠释的方法进行观察的。

综上,从哲学角度来看,温特的理论是以理念主义—整体主义为本体论和方法论基础的温和建构主义,在选择弱理念主义和弱整体主义的同时亦回答了如何调和观念同物质、整体同个体之间的对立关系,在认识论上该理论坚持科学实在论并回答了同诠释论的冲突。

基于温特理论的理念主义的本体论、整体主义的方法论和科学实证主义的认识论基础,其理论的基本假设可以概括为以下两点:观念而非物质决定人类关系的结构;共有观念建构有目的的行为体的身份和利益。以此为起点,温特开始将社会学中的建构主义理论引入国际关系之中。作为一种规范化、科学化的理论,温特尝试从国际体系结构的层面观察国家施动者这一研究对象,其中,国家和国际体系结构是研究变量,而国家和国际体系结构间的互动过程则是中间变量。温特的研究得到进一步明确:探讨这三个变量的实质内容和相互关系。

在国家方面,国家具有如下特征:制度—法律秩序;唯一可以合法使用有组织暴力的组织;具有主权的组织;社会;领土。这些特征由国内建构并赋予国家存在的形式。国家具有身份和利益,其身份包括团体/个体身份、类属身份、角色身份和集体身份,其利益则包括客观利益和主观利益,这一划分使得国家具有"生命"(即施动性),因而国家是先于国际社会而存在的。为进一步展开研究,温特将国家这一施动者假定为客观存在的、单一的且有目的的国际社会行为体。

在国际体系结构方面,温特认为任何体系的结构(不限于国际体系)都包含物质、利益和观念三个因素,但由于利益从其本质上来看是由观念建构的,因此这三个因素可以被缩减为物质和观念两个因素。相较于物质因素,温特更加倾向于观念因素,认为观念因素是物质因素

---

[1] [美]亚历山大·温特:《国际政治的社会理论》,秦亚青译,上海人民出版社2014年版,第74页。

第十四章 亚历山大·温特与《国际政治的社会理论》

具有意义的前提条件，同处理整体主义和理念主义间的内在统一关系一样，温特将国际关系结构理解为一种文化观念。作为文化观念存在的国际关系结构的具体内容将在下一部分展开。需要指出的是，温特对于国际关系结构的这种理解并非意味着物质因素是无意义的，相反，物质意义有时也会起到决定性的作用。

至于第三种变量，即国家和国际体系结构间的互动过程，就其本质来说是一种相互的作用，但是对于这一作用的具体方式的理解需要引入因果逻辑和建构逻辑这两个概念。在因果逻辑中，变量与变量间的关系是相互独立的，自变量决定因变量，所以其出现的时间也是有先后之分的，所以这一逻辑是存在于自然意义上的，在讨论某一问题时也主要关注结果的原因和过程，国际关系理论学界中的新现实主义和新自由主义学派常常青睐该逻辑。在建构逻辑中，变量与变量之间是相互依赖的，所谓自变量和因变量的划分也因此模糊，进而失去了时间上的先后顺序，因此这一逻辑更强调观念意义上的关系，即这一事物的属性而非结果是怎么产生的，该逻辑主要由建构主义使用。换一种说法，因果逻辑主要强调的是自变量对于因变量的决定性作用，而建构逻辑主要强调的是一个变量的属性对于另一个变量的构成作用。温特的理论并非仅以建构逻辑作为国家和国际社会结构间的作用模式，而是既有建构逻辑，又有因果逻辑：国家导致了国际社会结构的产生，同时又影响国际社会结构的特征；国际社会结构影响单个国家的行为，同时又对其内在属性进行建构。从其具体的论述过程中可见，温特的主要关注点在于因果逻辑上的国家对国际社会结构的作用和建构逻辑上国际社会结构对国家的作用。因此，这三种变量间的关系可通过图 14-1 表述。

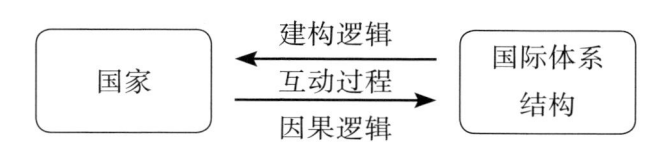

图 14-1　三种变量间的逻辑关系

从整体来看，温特对于国家、国际体系结构和两者间的互动过程这三个变量的实质内容及其相互关系的探讨主要以国际体系结构的动态变化为主线，即国际体系结构的形成、固化与变迁。温特将国际体系结构，即无政府状态视为一种文化观念，作为文化观念的无政府状态并不是恒定不变的。在探讨这些变化之前，需要先认识无政府状态的类型和动力。

一　国际体系结构的三种类型

按照无政府状态在不同阶段所具备的不同特点，温特将其分为三种理想的类型：霍布斯文化、洛克文化与康德文化。

霍布斯文化下国家彼此间的角色认知是敌人，不承认个体的权利且不加限制地使用暴力。在这一文化下国家的行为一般呈现出如下特征：国家往往会采取强烈的改变现状的方式对待敌人，即试图摧毁或征服敌人；决策在很大程度上不考虑未来前景，向最坏处准备；相对军事力量被视为至关重要的；如果真正爆发了战争，国家就会以（自己认为的）对待敌人的方式来进行战争，这就意味着无限制地使用暴力。[1] 因此，霍布斯文化下的无政府状态实际上是一种"所有人反对所有人"的状态，"弱肉强食，适者生存"是这片国际体系原始丛林的生存法则，国家依靠自己的实力（军事实力尤甚）来谋求生存，国家与国家间的互动也是在竞争状态下的零和博弈。洛克文化下国家彼此间的角色认知是对手，对手同敌人不同，敌人间的博弈并不承认对方拥有的权利，而对手间的博弈则相互承认对方的主权完整，并不会将摧毁作为其博弈过程中的手段，互动过程的核心内容是竞争而非对抗。

洛克文化下的无政府状态主要有如下趋势：国家保留着战争的权力，但是这种权力往往会受到限制；由于战争这一毁灭性的手段受到了

---

[1] 参见 [美] 亚历山大·温特《国际政治的社会理论》，秦亚青译，上海人民出版社2014年版，第257—258页。

第十四章　亚历山大·温特与《国际政治的社会理论》

限制，因此该体系较为稳定且内部成员相对安全；国家在相互承认主权的前提下形成均势；相互之间的中立状态是一种稳定的结果状态。[①] 因此，洛克文化下的无政府状态以"生存和允许生存"为逻辑，从1648年开始的威斯特伐利亚体系到现如今的"一超多强"国际体系，从主权的彼此承认、暴力的相对限制等角度来看都是洛克文化。

康德文化下的无政府状态以朋友作为国家彼此间的角色认知，以友谊作为互动过程中的核心内容。"在这种角色结构中，国家期望相互遵守两条基本的规则：一是不使用战争和战争威胁方式解决争端（非暴力规则）；二是如果任何一方的安全受到第三方威胁，双方将共同作战（互助规则）。"[②] 非暴力规则和互助规则并不意味着国家之间没有利益冲突，而是这种利益冲突可以通过非暴力、友善的方式得以解决。此外，康德文化下的无政府状态是一种"人人为我，我为人人"的状态，当某一国家受到暴力手段的侵犯时，处于同一体系的其他国家将会予以援助，哪怕没有直接的利益相关性。至于军事手段，这种手段已然不再是威胁其他行为体的方式或同他者进行博弈的砝码，而是成为一种保护集体安全的共有财富。洛克文化下的国际体系结构不再存在个体意义，取而代之的是广泛且高度的利益认同和各行为体融为一体的集体身份。

这三种文化下的国际体系结构的特点可以大致概括为表14-1。

表14-1　　　　　三种文化下的国际体系结构的特点

特征文化	霍布斯文化	洛克文化	康德文化
角色认知	敌人	对手	朋友
认知态度	消极	积极	
互动方式	战争	竞争	合作
行为模式	力图消灭对方，重视相对收益	承认主权，重视绝对收益	彼此帮助

[①] 参见[美]亚历山大·温特《国际政治的社会理论》，秦亚青译，上海人民出版社2014年版，第276—278页。

[②] [美]亚历山大·温特:《国际政治的社会理论》，秦亚青译，上海人民出版社2014年版，第289—290页。

续表

特征文化	霍布斯文化	洛克文化	康德文化
行为逻辑	所有人反对所有人	生存和允许生存	人人为我，我为人人
对武力的态度	决定性力量	予以保留并受到限制	保护集体安全的共有财富
现实案例	威斯特伐利亚体系前的国际社会	威斯特伐利亚体系至今	区域范围内的欧洲联盟等政治经济共同体

二　国际体系结构的发展动力

作为国际体系结构的无政府状态为何能够在不同阶段具有不同的特点？其又为何能形成、固化与变迁？无政府文化"是自我实现的预言"是温特给出的答案。

温特理论中的"结构变化"实际上是一种"文化变化"，国家不断地使无政府状态具有新的内容。[1] 当行为体重新定义其身份和利益的时候，结构就发生变化，结构变化是附着于身份变化的。[2] 温特对于国际体系结构的发展前景持乐观态度和进化的观点，认为大致上是由霍布斯文化发展到洛克文化，之后再发展到康德文化。但温特理论下的国际体系结构的变化并不是可以轻易达成的，甚至比现实主义者眼中的国际体系结构变迁更为困难：现实主义者认为国际体系结构在本质上是权力的分配，权力结构的改变自然会导致国际体系结构的改变；温特理论中的国际体系结构在本质上是一种观念的分配，观念的改变是一个长期的、潜移默化的过程，因此更为困难。处于同一国际体系结构内的国家都会持有某些被彼此认同的共有观念，如霍布斯文化下的无限制暴力、洛克文化下的尊重主权和康德文化下的平等互助，这些共有观念将会影响甚至主导国家的外交政策和对外行为。更为重要的是，在此观念影响下的

---

[1] 参见[美]亚历山大·温特《国际政治的社会理论》，秦亚青译，上海人民出版社2014年版，第309页。

[2] 参见[美]亚历山大·温特《国际政治的社会理论》，秦亚青译，上海人民出版社2014年版，第328页。

第十四章　亚历山大·温特与《国际政治的社会理论》

国家间互动会使国家产生思维惯性和路径依赖，进而进一步加强、固化此观念。但这并不意味着这一类型的无政府状态是无法改变的：单个国家难以改变普遍共有的文化观念，这种观念得以固化，但既然共有观念由于国家间的互动过程而产生，那么共有观念亦会由于国家间的互动而改变。

在国际体系结构的变化过程中，集体身份起到了关键的作用。集体身份从其本质上来看是一种认同，存在于国家间的互动过程和相互关系中。国家间的交往推动共有观念的产生，进而模糊了自我和他者的区别，当该进程达到一定程度时，彼此间的相互认同，即集体身份得以产生。新现实主义者追求相对收益，因此对于集体身份的态度是消极的；新自由主义者认为国家应当以绝对收益为重点，因此对于集体身份的态度是漠不关心的；建构主义者则将集体身份的产生视为国际社会发展的动力，因而对此持一种积极的追求态度。以此为基础，温特又提出了相互依存、共同命运、同质性和自我约束四个主变量，并指出这些主变量的主要意义在于减弱利己身份，帮助创建集体身份，"在一个情景中四个变量可能都会存在，其存在程度越高，集体身份形成的可能性就越大"[①]。基于集体身份的发展，国际体系结构获得了形成、固化与变迁的动力和进化的方向。

三　国际体系结构的形成、固化与变迁

关于国际体系结构的形成，无政府状态普遍被学者们视为一种国际社会自产生以来的固有的、伴生的结构状况，例如新现实主义者和新自由制度主义者将无政府状态作为其理论的先验条件，因此也不对其形成展开论述。但温特却对无政府状态的形成过程进行了难能可贵的论述。在温特的理论中，无政府状态，即国际体系结构在实质上是一种观念文

---

①　[美]亚历山大·温特：《国际政治的社会理论》，秦亚青译，上海人民出版社2014年版，第334页。

化，由于这种观念文化存在于国家间，因此可以将其理解为一种共有观念，无政府状态的形成问题实质上等同于共有观念的形成问题。在此基础上，温特通过国家互动的初始过程假设了共有观念的产生。在同其他国家互动之前，一个国家仅受到国内环境的建构，基于此自有观念形成了自身的利益和身份并开始同他国展开互动。在随后的互动过程中，该国家接触到了他国的自有观念并受到这些观念的影响，在这一互动过程结束后，该国的观念开始由国内和国际两个维度共同建构。此后的互动过程中，该国家与其他国家所持有的观念都不再是自有观念，而是经过对方建构过的观念。随着互动过程的开展，国家的观念受到对方的不断建构，各个国家的观念也开始趋于同化并不断加强，同时国家间的互动实践是在整个国际社会的范围内展开的，这一观念亦在这一范围内传播，普遍化且具有一定稳定性的共有观念得以产生，即国际社会中的无政府状态。综上，国家通过彼此间的互动实践将各自持有的自有观念转换为共有观念，共有观念在长期多次互动实践下的形成构造了国际体系结构。因此，国家间的互动实践是无政府状态得以产生的必要条件，而国家的自有观念则是共有观念的最初来源。

关于国际体系结构的固化，这里的固化主要是指共有观念的稳定趋势。互动过程中的观念不断加强，在同化为共有观念后，这一加强趋势并不会停止，而是推动着这种共有观念的进一步稳定，温特将这一趋势形容为"文化是自我实现的预言"。在国际关系结构形成后，国家间的共有观念建构着国家的身份与利益，身份与利益又进一步建构了国家的外交政策和对外行为，由于国家的外交政策和对外行为在很大程度上是由共有观念所建构的，因此在其作用于其他国家的过程中，共有观念再次对国家进行了建构，因此这一共有观念在国家的互动过程中不断加强并趋于固化。以洛克文化下的无政府状态为例：洛克文化下的无政府状态强调绝对收益和对于国家主权的尊重，在这种国际体系结构下，国家追求绝对收益要以尊重他国主权为前提。国家的对外实践以获取绝对收益为目的，为达到该目的，国家将通过贸易、投资等经济手段开展实践。虽然通过军事手段的暴力掠夺能够更高效地带来更多的绝对收益，但是由于该手段僭越了其他国家的主权和生存权利,因此不被这一国家考虑。在整个国际社会中,虽然国家都在追求绝对收益,但是军事手段极为罕见,其运用亦会遭到其他国际社会行为体的制裁。因此,在互动的过程中,一国对于放弃军事手段而获得他国对于尊重国家主权这一共有观念的认可产生了更为积极的认知,在今后的互动中将在更大程度上履行这一共有观念,洛克文化下的无政府状态进而在共有观念的加强下得以固化。

关于国际体系结构的变迁,国际体系结构在形成后会随着施动者的互动趋于固化,亦会随着施动者的互动出现变迁,国际体系结构因为施动者的实践而产生,亦会因为施动者的实践而改变。需要指出的是,相较于结构现实主义者指出的国际体系结构的变迁,温特理论中的国际体系结构变迁更为深入、更为彻底。在结构现实主义者的理论中,国际体系结构实际上是国家权力的分配,国际体系结构会随着国家间相对实力的变化而变迁,但这种变迁并没有改变现实主义视阈下的无政府状态,变迁后的无政府状态仍然以相对收益为主要考量,国际社会仍然处于一种彼此怀疑的不稳定状态。但温特所指的国际体系结构的变迁是不同文化下的变迁,变迁前后的无政府状态在角色认知、互动方式、行为逻辑等方面有着本质上的不同。那么这种变迁又是如何发生的呢?温特对于国际体系结构发展的态度是乐观的,因此其理论中的无政府状态也呈现出从霍布斯文化到洛克文化再到康德文化的发展态势。在霍布斯文化下的国际体系结构中,国家彼此间加强对于"敌人"这一对方角色的认知,在这种共有观念发展到一定程度后,由于国家在暴力笼罩下的不安全感,一种追求国家主权在国际范围内的合法性的新共有观念得以产生,这种共有观念亦在互动中得到加强,从而国际体系结构由霍布斯文化过渡到洛克文化。同理,洛克文化下的国家在追求绝对收益的过程中对于友好和合作产生了愈发强烈的需求,在这种需求成为一种共有观念并得到不断加强后,康德文化得以取代洛克文化。因此,在温特的理论中,国际体系结构变迁的动力来源于国际体系结构自身对于国家施动者观念的建构,即新的共有观念或集体身份的产生。在这一对未来国际社会持乐观态度的积极语境下，国际体系结构的变迁实际上是一种"进化"。

《国际政治的社会理论》节选[①]

第四章 结构、施动性和文化

国际政治中结构的概念对于不同的人来说具有不同的意义。对于新现实主义者来说，结构指的是无政府状态和物质力量的分配。在第三章里，我提出，为了使这样的理论具有普遍的解释能力，我们必须至少对体系中的利益分配作出含蓄的假定，当然，如果我们把利益当作由人性建构的因素，这一观点就不一定非与新现实主义的物质主义世界观相冲突。考虑到本书的理念主义基底，有一点是值得强调的，即：我同意现实主义关于社会体系结构中存在纯属物质性的因素这一观点。构成社会体系的行为体是具有生理能力、生理需要和生理气质的动物，在这个方面，他们与其他低等动物没有什么区别。这些动物有着各种工具（"能力"）供他们使用，这些具有内在能力的物质性东西使他们能够从事某些工作。所以，当我们强调国际结构的理念侧面的时候，我们不应该忘记理念是附着于这些物质基础的。而对物质基础的研究正是现实主义的主要贡献。

虽然物质条件是结构理论研究的重要起点，但是物质条件本身却没有什么解释能力。在第三章里，我指出利益在很大程度上是由观念建构而成的，这意味着社会体系也是由知识分配建构而成的。这样一来，我们就打开了理念主义结构分析的大门。但是这样做本身并不一定意味着这是一种文化结构。就像在首次相遇的例子里那

[①] [美]亚历山大·温特：《国际政治的社会理论》，秦亚青译，上海人民出版社2014年版，第183—184页。

第十四章 亚历山大·温特与《国际政治的社会理论》

样,有时行为体在没有共有知识的环境里互动。在这种情况下,体系中的知识分配完全是自有信念。在这一章里,我搁置了自有知识结构的问题,重点讨论了共有知识,因为在这个问题上最可以表现出建构理念主义超出理性理念主义的价值。文化结构的实质和作用都是复杂的,为了澄清这些概念,我设计了一个分类的方法,这个方法的基础是三种区别:(1)两种层次之间的区别,即微观和宏观层次。文化结构是在这两个层次上组织起来的,并分别表现为共同知识和集体知识;(2)文化结构的因果作用和建构作用之间的区别;(3)文化结构对行为产生的作用和对身份和利益产生的作用之间的区别。分析这些不同的形态需要使用不同的结构方法,所以,本章使用的文化主义方法从本质上讲是具有多元性质的。但是,在分析过程中,重要的是要表明文化形态是怎样与物质力量结合起来并赋予物质力量以意义的,物质力量又是怎样制约文化形态的。为了分析的目的,有必要区别"物质"结构和"观念"结构。但是,社会体系最终只有一种结构,包含了物质和观念两种内容。

我认为,几乎没有国际关系学者会否认现代国家对国际政治的游戏规则有很多共有信念,如谁是国际政治的行为体,它们的利益是什么,什么行为是理性行为等等。即使是最强硬的现实主义者也不会否认这些事实。换言之,几乎没有人否认现代国际体系结构包含了许多文化成分。这样的文化深深嵌入政治家和学者理解当今国际政治实质的方式之中,使之可能以目前的形态存在。这就意味着国际关系学不仅可以从政治经济学家那里得益,也可以从人类学家的研究中得益。国际关系学者之间严重的分歧是,与弱式物质条件这一基础(the base of rump material conditions)相比,这种文化上层建筑在指导国家行为方面具有多大的意义。简言之,国际关系学者的分歧是国际文化能够起到多大的"作用"。正是部分地以这种分歧为背景,我在第二部分里提出了我的国际关系实体理论。(第183—184页)

第三节　评析与思考

一　评析

在《国际政治的社会理论》一书中，温特以整体主义为方法论基础、理念主义为本体论基础、科学实在论为认识论基础，通过论述国家施动者同国际体系结构互动的因果逻辑和国际体系结构同国家施动者互动的建构逻辑为国际关系理论学界带来了新的分析框架，开辟了国际关系研究的社会化路径。在学科融合的角度上，哲学和社会学的引入使国际关系研究焕发了新的生机，国家不再被学者们普遍视为单一的"经济人"存在，人的能动性、社会性和实践性得以在国际政治领域体现，那么通过经济学模式将国际政治学朝着所谓可证伪性、客观性与科学性的科学主义方向推动是否仍然有意义？这是温特从哲学和社会学角度对于新现实主义者和新自由制度主义者的质问。

对于理性主义者来说，温特理论的最大价值莫过于其对身份和利益的实质内容的补充。理性主义者将国家的身份和利益作为一种先验条件，认为国家是单一且理性的行为体，在屏蔽国家利益内容和身份的动态可变化性和国内社会的建构性后，其存在于国际体系层面上的"经济人互动模式"方才成立。正如沃尔兹在《国际政治理论》中强调的那样，理性主义者们追求国际关系理论的抽象性和科学性，但常识下的国家行为体并非单一且不受国内社会影响，理性主义理论因此面临着诸多关于其现实意义上的质问。温特指出，国家的利益由其观念决定，身份由国际体系结构这一整体塑造。这一观点为国家利益赋予了动态性并使得国家身份在国内外角度上具有了可建构性，这是理性主义理论不可比

第十四章 亚历山大·温特与《国际政治的社会理论》

拟的。

对于反思主义者来说，温特理论的价值主要在于在理性主义和反思主义之间搭建了沟通的桥梁，结束了长期以来理性主义的排外性和反思主义的边缘性。国际关系理论学界的第三次辩论围绕着新现实主义和新自由制度主义展开并以这两者作为唯二的主体。前者强调国际体系结构影响国家行为，后者强调国际制度影响国家行为，在主变量、结构特征的一致性下，两者间的辩论最终仅仅围绕着绝对收益和相对收益何者重要展开，这无疑使国际关系理论的发展失去了直接动力。反思主义亦向其提出了挑战，但是却以"缺少客观性、科学性"的理由受到了主流学派，即理性主义者们的漠视。理性主义者逐渐趋同的辩论使得彼时的国际关系学界缺少创新力，其对于反思主义者的排斥又使得国际关系理论难以注入新鲜的血液。温特的建构主义理论的出现打破了这一僵局，哲学、社会学方法的融入猛烈地冲击了标榜科学性的理性主义理论，同时也为国际关系研究提供了新的议题，反思主义得以实现同理性主义在平等意义上对话。毫不夸张地说，《国际政治的社会理论》一书的出版使当时的国际关系理论学界焕发了新的生机，理性主义者的"理论霸权时代"结束了。

温特的理论并不完美，在为国际关系学界带来贡献的同时亦遭受了来自不同角度的批评。首先是对其哲学基础的批评。温特理论在本体论、方法论和认识论中选择的中间道路既是其理论的优势，亦是其理论的缺陷。在本体论上，新现实主义认为强调观念重要性的弱式理念主义无法分析以物质作为基础的国际关系，通过观念、文化等具有动态性的因素去解释国家行为是不牢靠且不具有科学性的。新自由主义则认为国际关系中的任何事物和现象都是由物质和观念共同构成的，温特将物质和观念作为两个变量对立起来的做法是错误的。在方法论上，为解决整体主义和个体主义间的矛盾，温特指出国际体系结构和国家施动者间的关系是互构的。为实现这一互构逻辑，温特理论下的国家施动者难以避免地呈现出了单一性特征，其理论的完整性也因此受到了削弱。与此同时，温特在这一互构逻辑下的论述同样在很大程度上忽视了国际组织等非国家行为体，这一特点受到了大多数建构主义者的批评。在认识论上，反思主义认为温特理论的本体论和方法论是无法同其认识论实现统一的。选择以科学实在论分析国际关系和国家行为便等于将其视为客观且可被物化的存在，但是作为整体的国际体系结构和作为观念的文化并非如此。因此，反思主义者，尤其是激进建构主义认为温特理论的认识论同其本体论和方法论是矛盾的，即科学实在论对国际体系结构和文化的解释力是极其匮乏的。

其次是对于其理论的可证伪性的批评。在此书中，温特的绝大部分精力放在了理论的搭建上，而关于理论的现实验证，即经验研究却少之又少。温特所强调的观念、文化、认同等因素是软性且不可量化的，在现实情况里国家间的互动难以辨识出这些因素，缺少明确具体的标准导致了其验证的困难。虽然后来的建构主义学者在这一方面进行了积极的尝试，但是这些尝试往往都停留在国际体系结构的建构作用上，对于无政府状态的文化特性却少有涉及。例如，在当前国际社会，根据温特的理论，区域范围内的欧洲联盟已经实现了由洛克文化向康德文化的转变，但近年来欧洲联盟的离心力却在不断加强，英国脱欧事件尤为典型，康德文化的内在逻辑因此受到了现实意义上的质疑。此外，亦有批评指向温特理论的因果逻辑和建构逻辑。温特同时肯定了这两种逻辑的作用，强调国家施动者对于国际体系结构的因果逻辑和国际体系结构对于国家施动者的建构逻辑。但在现实国际社会的实践视角下，这两种逻辑是难以区分的。如何从国际政治现实中抽象出自变量与因变量，同时判断其中自变量影响因变量的过程是因果逻辑还是建构逻辑在发生作用，这是温特并未谈及的问题。因此，在某种意义上，温特的理论呈现出了过于理想化的特征，进而失去了对于国家现实行为的解释力。

总而言之，瑕不掩瑜。理论的力度不在于其解释事物的多寡，而在于其对于某一事物的解释力的强弱。《国际政治的社会理论》至少在这一方面对阐释国家利益的实质内容、国家身份的可塑性以及国际体系结构的动态性进行了难能可贵的尝试，其开辟的崭新研究议题和分析路径也打破了国际关系理论学界的僵化局面，为其注入了新的活力。对于温特理论的批判向包括温特在内的建构主义者们昭示了未来的努力方向和发展空间,尽管如此,亚历山大·温特在建构主义学派乃至整个国际关系理论学界的大师地位仍然是值得肯定的。

二 拓展与思考

1. 简述温特理论中的本体论与方法论。
2. 温特理论中国家与国际体系结构的交互方式是什么?
3. 分析温特的建构主义理论的贡献与缺失。

第十五章　玛莎·芬尼莫尔与《国际社会中的国家利益》

第一节　原著简介

一　玛莎·芬尼莫尔简介

玛莎·芬尼莫尔（Martha Finnemore），美国政治学家，目前担任乔治·华盛顿大学政治学与国际事务学院教授，并且是美国艺术与科学院院士。她曾在布鲁金斯学会和斯坦福大学担任过客座研究员。芬尼莫尔的研究主要关注全球治理、国际组织、伦理学和社会理论。她出版了多部重要著作，包括《国际社会中的国家利益》和《干预的目的》。这两本书于2004年荣获美国政治科学协会伍德罗·威尔逊奖，并被评为"关于政府、政治或国际事务的最佳书籍"。美国著名国际政治学家卡赞斯坦指出，《国际社会中的国家利益》揭示了建构理论在当今国际关系理论中的新的重要发展线索，成为继亚历山大·温特之后的又一位对国

第十五章　玛莎·芬尼莫尔与《国际社会中的国家利益》

际关系中建构理论作出重大贡献的理论家之一。

芬尼莫尔还与迈克尔·巴尼特合著了《为世界定规则：全球政治中的国际组织》，这本书于 2006 年荣获国际研究协会最佳图书奖。此外，她与著名建构主义学者亚历山大·温特共同获得了 2023 年的"政治学诺贝尔奖"——约翰·斯凯特政治科学奖。芬尼莫尔的文章发表在《国际组织》《世界政治》《政治学年度评论》《国际研究评论》《国际政治经济学评论》《全球治理》《外交事务》等重要学术期刊上，她的研究在学界引起了广泛关注。

二　时代背景

冷战的结束激发了世界各国国际政治学者的新一轮探索。国际政治理论的发展进入一个立体化和多元化深度扩展时期，原有的命题、概念等受到质疑和考察，国家利益就是被审视的对象之一。在历经西方国际关系理论的三次论战后，为服务于自身的论述过程，现实主义、自由主义等主流国际关系理论认为国家利益是国家内部的机械化产物，受现代科学主义研究方法影响的新现实主义、新自由主义尤甚。现实主义将国家利益作为一种不需论证的先验条件，认为国际体系中的国家本质上都是一个个内部结构相同的"实心球"，其利益诉求都可以归结为"权力"或"安全"。自由主义流派虽然论述了国家利益的形成，但这种形成是一种一次性的过程，国家利益在形成后随之固化，进而失去了其动态性。新自由主义认为国家利益受国际制度的影响，国际制度可以帮助国家脱离对相对收益的执拗。新现实主义则认为，无政府状态下安全与利益永远是国家的首要考量，国家间的合作是暂时的、有限的。新自由主义强调制度在国家间的作用，认为制度促进了国家间利益关系的改善；新现实主义则认为国际体系结构影响国家间的利益互动，进而影响国际体系的稳定。

然而，越来越多的研究者认为，新现实主义和新自由主义并没有能够充分解释和说明冷战的结束以及冷战后国际生活中的复杂现象。在对现存占主流的国际关系理论进行深刻反思的基础上，他们谋求重建冷战后西方国际关系理论。在此背景下，作为"建构主义"这一新型研究取向的构成部分，芬尼莫尔的建构主义视角下的利益论应运而生。芬尼莫尔指出，虽然现实主义和自由主义的论述均对国际体系有所涉及，但是这两大学派都没有涉及最基础的问题，即"国家利益从何而来"。《国际社会中的国家利益》从国家利益的定义、规范与国家机构等方面出发，以规范的互动为轴心，对国家利益进行了深入探讨。作者对现实主义、自由主义等国际政治学派的国家利益观进行了反思，为我们展示了一种认知国家利益的独特路径，提供了一个分析国家利益的全新视角。

在研究方法方面，在政治科学中，行为体取向的方法一直占主导地位，分析一般从假定一群行为体具有偏好和力量开始，从行为体的微观总和中推导出宏观上的政治结果。新现实主义和新自由主义就是如此。即使结构现实主义描述的结构也不过是国家偏好和权力的一个附属现象，并没有独立的本体论地位。它是由行为体和利益组成的，而不是生成的。结构取向的方法则把结构看成因果变量，然后从中推导出行为体的利益。结构而不是行为体是分析的起点，它在本体论上是原初的，沃勒斯坦的世界体系论和依附论就是这样。但这些理论的结构主要指物质结构。在芬尼莫尔看来，结构不仅指物质结构、权力结构，它更是意义和价值结构。国家利益并不是先定的，等着被发现，而是通过社会互动建构的。国际社会的核心内容是规则、制度和价值。国际社会结构不仅约束行为体的行为，而且还改变行为体的偏好，把新的价值传授给行为体，从而改变行为体的利益。只有认识了国际社会结构，才能理解国家的需要。结构和行为体之间是一个建构的过程。一方面，结构由行为体来建构，行为体具有能动作用；另一方面，社会结构反过来影响和重建行为体。国家行为只有被纳入结构—行为体相互构成的框架中才能得到比较充分的理解。国家利益不是一个自变量，而是一个因变量。

第十五章　玛莎·芬尼莫尔与《国际社会中的国家利益》

第二节　《国际社会中的国家利益》主要内容与观点

一　国家利益之问

"国家需要何种权力？获得权力是为了什么目的？国家需要何种安全？安全意味着什么？如何确保或获得安全？同样，国家需要何种财富？给谁的财富？如何获得财富？"① 这是芬尼莫尔向现实主义理论和自由主义理论的先验条件——国家需要权力、安全和财富——提出的国家利益之问。基于此，芬尼莫尔认为，国家利益或偏好并非如现实主义者认为的那样是既定的，而是通过社会的互动建构的；国家利益或偏好也并非如理想主义者认为的那样是由国家内部决定的，而是国内外两个角度共同建构的结果。冷战后，气候问题、恐怖主义等全球性问题伴随着全球化进程纷纷出现，国际体系中除国家外的其他行为体开始活跃于世界舞台。"国家作为其中的一员被嵌在密布的国家间和国际社会关系网中，它们塑造了国家对世界的认知以及在世界中的地位。"② 只有由国际规范构成的国际社会体系规则得到足够的重视，才能回答芬尼莫尔向现实主义者、自由主义者提出的利益之问，才能理解国际层面对国家偏好的影响。

不同于传统国际关系流派将国际结构定义为一种权力结构，芬尼莫尔认为国际结构是一种意义和社会价值结构，并从该角度去认识国家利

---

① [美]玛莎·芬尼莫尔：《国际社会中的国家利益》，袁正清译，上海人民出版社2012年版，第1页。
② [美]玛莎·芬尼莫尔：《国际社会中的国家利益》，袁正清译，上海人民出版社2012年版，第2页。

益与行为。因此，现实主义理论中作为目的的国家利益在芬尼莫尔的论述中变成了手段，国家需要知道这种手段是用来做什么的，如何运用这种手段，国家利益并非固有的、等待我们去发现的，而是国家间的互动所建构的。另一方面，芬尼莫尔肯定了国内层次对于国家利益、偏好的影响乃至决定性作用，但与此同时也通过举例论证了国内层次并不足以解释国家的偏好与选择，反而是国际社会共享的规范与理解定义了国家利益。除此之外，传统的因果分析方法将国家作为分析起点，认为国际体系的重要性主要体现为其约束作用，芬尼莫尔则认为国际体系是构成的、生成的，进而能够影响国家偏好并改变其行为。

在从理论角度论述完国际关系层次对于国家偏好的影响后，芬尼莫尔通过联合国教科文组织、国际红十字会和世界银行三个现实案例论证了上述观点。联合国教科文组织的案例展示了国际社会视角下国家的演变过程。芬尼莫尔首先叙述了联合国教科文组织的观念变化，起初该组织认为科学是一项无国界的全人类活动，国家的干预反而会阻碍科学的进步，后来该组织认为国家的干预会促进科学的发展。在认知的转变下，联合国教科文组织开始致力于促进发展中国家创立科学科层组织。黎巴嫩等国在联合国教科文组织的影响下意识到了科学科层组织的重要性并在其国内建立了科学科层组织。

国际红十字会的案例主要论述了《日内瓦公约》的起源并探讨了该公约在实践过程中的适用性问题，分析了对战时伤员予以援助的规范的形成过程和国家对此规范的认同度。个人行为体杜南特对于公约的签订起到了关键性作用，国际组织国际红十字会促进了医学在军事领域中的进步及提高了其治疗伤员的效能。

世界银行的案例聚焦于世界银行在发展中国家开展的减贫工作。20世纪70年代，在国际组织和学者的助推下，"发展"的内涵于20世纪70年得到了延展，减贫被纳入发展的指标之中。时任世界银行行长麦克纳马拉对当时的世界银行进行改革并提出了一系列减贫战略和政策。在同世界银行的互动过程中，发展中国家改变了自身的观念并将减贫目标纳入本国的发展计划中，在世界银行的推动下，减贫得以在世界范围

第十五章 玛莎·芬尼莫尔与《国际社会中的国家利益》

内达成共识。

通过上述案例,芬尼莫尔观察了不同国家行为的变化,具体论证逻辑如下:如果不同国家的国内条件、特性不同,但却根据某一事件作出了相同的反应,那么此变化的动力来自国际体系层面,也就是说国际规范、共同信仰、话语、文化和其他社会结构可以对不同的行为体提出相同的行为要求。同时,芬尼莫尔亦指出"这些案例没有,实际上也不能'证明'这种方法是'正确的'",[①]但这些案例却表明了这种方法的有效性。肯尼思·华尔兹指出,对于规律,我们要问的是:"它是真实的吗?"而对于理论,我们要问的是:"它有多大的解释力?"[②]理论指出事物是如何运作的,如何联系在一起,或者研究领域的结构是什么?因此,芬尼莫尔的理论并非无意义的,它从政治哲学的角度弥补了现有理论的不足,以理性选择理论作为基点,将结构作为本体,通过整体主义的方法和社会学制度主义的视角论述了国家利益在国际社会层面上的建构与形成。

综上,芬尼莫尔所认为的国家利益是一种依赖于国家间互动的国际社会关系的产物,同时也是随着国际社会的建构不断发生变化的存在,而不是独立于社会活动的客观物质。只有将国家嵌于国际社会的互动(即国家的国际社会化过程)中国家利益才会形成,在此过程中国际规范对国家的偏好乃至其行为产生影响,国家利益的意义由国际社会结构赋予,国家利益因此成为一种由国际社会建构的动态的主观存在。

二 结构取向与行为体取向

"偏好转化为政策和行为的方式要么是毋庸置疑且放之四海而皆准

---

① [美]玛莎·芬尼莫尔:《国际社会中的国家利益》,袁正清译,上海人民出版社2012年版,第4页。
② [美]肯尼思·华尔兹:《国际政治理论》,信强译,上海人民出版社2017年版,第6页。

的；要么取决于国家内的不受跨国影响的政治和决策。"[1]新现实主义与新自由主义这两个重要的国际关系范式都以此作为其理论基础。它们将国际社会中的行为体、行为体的能力以及行为体的偏好作为其理论的先验条件，从而进一步将国际社会中的互动理解为行为体通过其能力去追求自身偏好的过程，这一理解亦为其针对单个国家案例进行研究的行为赋予了合理性。不仅是新现实主义与新自由主义，国际关系理论中行为体取向的研究方法一直居于主导地位，其论述过程也大多从微观角度出发，对行为体的偏好进行机械式的加法并同国际体系层面上的宏观结果画上等号。这种将国际社会中的结构（即使被结构现实主义作为研究对象）视为国家的附属品的研究方法被视为行为体取向的，结构并没有获得本体论地位，而是由利益或偏好组成而非生成的。

芬尼莫尔指出国家的偏好在某种程度上来自国外（即结构），并非植根于国内的客观物质条件与需求，因此，上述理论的研究是错误的，其研究议程也是不妥的。芬尼莫尔进一步指出，这种结构不仅是物质的、权力的，更是观念的、文化的。国际社会的核心内容是规则、制度和价值，各行为体围绕此核心展开互动，进一步建构了国家的利益或偏好。相较于结构的约束作用，其更重要的作用在于改变偏好、传授价值进而改变行为。芬尼莫尔在国家与国际社会结构之间建造了一条双向道路：结构通过能动的行为体来建构，被建构的结构又对行为体起到影响与塑造作用。由于芬尼莫尔认为国家利益是因变量而非自变量，因此在某种意义上结构对国家的影响要大于国家对结构的影响。在芬尼莫尔看来，将行为体取向作为单一研究路径是不全面、不科学的，国家是"嵌入"国际社会中的，只有将行为体取向和结构取向相结合才能对国家的偏好与行为进行正确的理解。

在新现实主义者的理论中，国际结构被视为权力的集中程度，因此，这种视角下的国际结构是物质的，而芬尼莫尔理论中国际体系的结

---

[1] ［美］玛莎·芬尼莫尔：《国际社会中的国家利益》，袁正清译，上海人民出版社2012年版，第7页。

第十五章 玛莎·芬尼莫尔与《国际社会中的国家利益》

构是社会性的,可以体现为观念、社会规范、价值的集中程度。那么国际社会结构的具体体现是什么?芬尼莫尔给出的答案是国际组织。因此,国际组织从其原有的附属地位中一跃而起甚至取代国家偏好成为分析的先验条件。芬尼莫尔将国际社会中行为体的互动形容为两种过程,第一种过程是国与国之间相互学习,但该过程的动力产生于国内。而芬尼莫尔强调的第二种互动过程则有主动的"教师",他们为"学生"提供了明确的学习计划。其他的行为体则制定议程、明确任务、塑造国家利益。[①]例如在联合国教科文组织的例子中,国际组织向国家传授相关科学规范;在红十字国际委员会的例子中,国际组织使得国家开始保护战时伤员;在世界银行的例子中,国际组织打造了一个新的发达国家概念并传授给国家。因此,芬尼莫尔的论述中国家有着更多的社会特性,且除国家外的行为体有着更为重要的作用。

结构取向并非芬尼莫尔的首创,至少三种研究流派似乎属于这一类型:建构主义、英国学派和社会学制度主义。[②]芬尼莫尔的思想来源是社会学制度主义,在社会学制度主义的观点中,国际社会的结构是由发展变化着的世界文化构成的,而非由国家构成的,这种国际社会结构以韦伯的理性观念为核心,该观念对国家起着创造与塑造的作用。而建构主义者虽然考察了诸多社会结构因素,却并未明确这些因素间的相互关系,也没有探讨起主导作用的社会结构、具有连续性的社会结构以及通过这种结构处理国际事务的可能性。此外,建构主义将这些社会建构变量视为基本的因果变量,进而导致了偏好内生化而不被看成是外生的[③]。在英国学派的理论中,结构甚至不处于本体地位,结构是由国家组成的社会,其与其他行为体间的划分是模糊的,甚至是缺失的,在结构取向

---

① [美]玛莎·芬尼莫尔:《国际社会中的国家利益》,袁正清译,上海人民出版社2012年版,第9页。
② [美]玛莎·芬尼莫尔:《国际社会中的国家利益》,袁正清译,上海人民出版社2012年版,第11页。
③ 参见[美]玛莎·芬尼莫尔《国际社会中的国家利益》,袁正清译,上海人民出版社2012年版,第12—13页。

与行为体取向的论述中亦没有明确强调结构这一方面。芬尼莫尔的理论对结构与其他行为体进行了明确划分，在分析的过程中亦强调了结构取向的重要性乃至决定性意义，同时弥补了建构主义在经验研究角度上的缺陷，强调结构中各因素的联系与影响。但芬尼莫尔指出这些观点并不是竞争性的，其目的在于结合这三种结构取向的分析方法同以行为体取向为研究路径的传统国际关系理论进行对比，彰显社会结构方法的有效性并以此论证本书的重要结论：正是国际组织而不是国家是变化的推动者。[①]

三 互动中的规范

在阐述完关于利益与结构的观点后，芬尼莫尔随即展开了对于社会结构中规范因素的探讨。为论述结构与国际社会行为体之间的相互关系，芬尼莫尔取消了案例中行动者所具有的优先级地位以凸显结构中规范等因素的有效性，但仍将国家行为作为变量展开探讨。在结构角度，主要分析国家行为由于国家组织而产生的变化；在行动者角度，主要分析国际组织中存有的规范以及这些规范如何传输给国家。"所有的案例都致力于解释相同的国家行为，清晰地描述所考察的国家行为作替代解释，寻求支持这些替代解释的证据，提供国际组织造成国家行为方面的证据，考察国际组织的行为导致这些变化的原因。"[②] 由于现实主义与自由主义认为利益是客观且固化的，并且仅看到了结构—行动者关系中行动者对于结构的单向作用，因此，芬尼莫尔的分析是不全面的，但这并非错误的，芬尼莫尔的分析同现实主义与自由主义间的关系并不是相互对立的，而是对其的补充与完善。同时，作为一种社会理论而非政治理论，建构主义主要强调结构同行为体之间的相互关系，对于社会结构的

---

① ［美］玛莎·芬尼莫尔：《国际社会中的国家利益》，袁正清译，上海人民出版社2012年版，第16页。

② ［美］玛莎·芬尼莫尔：《国际社会中的国家利益》，袁正清译，上海人民出版社2012年版，第18页。

第十五章 玛莎·芬尼莫尔与《国际社会中的国家利益》

内容和行为体的性质并没有展开深入探讨。因此,国际社会结构的性质和内容有待进一步地探讨。

芬尼莫尔从社会学的角度将规范定义为"行为共同体持有的适当行为的共同预期"[①],并将规范与观念作出区分:观念可以是属于个人的,可以是不具有行为意义的,而规范则只能是主体之间的且涉及行为的。在规范的作用上,芬尼莫尔认为规范塑造利益,利益进而影响行为,但是这种影响并非决定性的,规范推动认同的达成或对行为体的行为进行限制,从而构成了行为体与结构之间的桥梁。

在规范对于国家的作用方面,芬尼莫尔结合国际组织的具体案例进行了详细论述:在联合国教科文组织的例子中,国家接受新制度这一行为并不是由自身需求驱动的,而是规范的作用;在国际红十字会的例子中,战争作为一种高度组织化的社会制度,规范而非利益的变化推动着其规则的变化;在世界银行的例子中,国家发展目标发生变化的动力来自国际层面上的规范变化而非国内层面上的政治变化。规范影响着国家在行动过程中对于目标和方向的选择,赋予特定客观存在以意义,同时为国家明确了追求权力行为的目的(即塑造国家的利益)。这也与芬尼莫尔此前提出的观点进行了呼应,即国家利益并非固定不变,而是处于持续的发展与建构之中,而且仅通过国内客观物质条件机械式地推导无法正确分析国家利益,应当将国际结构中的各种因素考虑在内。由于国家"内嵌"于国际社会之内,因此规范等因素对于国家的影响并不是外在的,而是内化于国家中的,国家不仅仅受到规范的限制,更重要的是受到规范的塑造。在规范的作用方式方面,芬尼莫尔认为规范主要以国际组织为载体、以说服为方式对国家进行"传授",但在此过程中国家并非处于完全的被动地位,国家亦有着主动"学习"的一面,在此双向过程中内化得以完成。

"适当性逻辑"(logic of appropriateness)和"推论逻辑"(logic of

---

① [美]玛莎·芬尼莫尔:《国际社会中的国家利益》,袁正清译,上海人民出版社 2012 年版,第 16 页。

consequence)的引入进一步论述了国际结构同行为体间的互动以及规范因素的重要作用。在"适当性逻辑"方面,国际社会结构中的规范通过对行为体提出要求以控制相关行为体的行动并预测其行为,因此"适当性逻辑"是由社会结构驱动的。在"推论逻辑"方面,国际社会中的行为体不断追求利益的最大化,将规范等国际社会结构中的因素视为追求利益过程中的产物,因此"推论逻辑"是由行为体驱动的。芬尼莫尔并非肯定前者而否定后者,在国际社会的互动中,两个逻辑是同时存在、缺一不可的,至于两种逻辑在不同情况下的相对有效性和主导性,芬尼莫尔并没有展开进一步的论述。但规范因素在这两种逻辑中的地位截然不同:在"推论逻辑"中,规范因素不过是行为体追求利益过程中的附属品,而在芬尼莫尔提出的"适当性逻辑"中规范因素则拥有了主体地位并同行为体相互建构。虽然规范由于其内化而被视为理所当然,如国家间的交流方式、国际社会中对于自由和人权等观念的认知,但仍可以通过对于国家行为的观察和话语讨论来认识观念因素。相较于"推论逻辑"中对于利益的诉求,"适当性逻辑"中规范因素所提出的诉求也更为彻底,能够从根源上对国际社会中的行为体产生影响。

四 规范在国际社会中的作用

探讨规范在国际社会中的作用并不等同于对该规范进行价值评判,社会性和共同体的作用并非一直正向:"社会规范会导致奴隶制、种族主义和种族清洗,也能促进宽容和仁慈。"[1] 在理性主义的分析中,规范的作用在于调节行为体的行为以达到帕累托改进,而芬尼莫尔所探讨的规范产生的作用是构成而非调节。如芬尼莫尔在前文中提到的那样,建构主义主要论述了结构同行为体间的关系,而对于这种关系具体是什么却没有进行进一步地论述。对此,芬尼莫尔指出 20 世纪末的国际社会

---

[1] [美]玛莎·芬尼莫尔:《国际社会中的国家利益》,袁正清译,上海人民出版社 2012 年版,第 121 页。

第十五章 玛莎·芬尼莫尔与《国际社会中的国家利益》

生活围绕着三个基本的规范因素来组织:科层组织、市场和人的平等。[1]这些规范因素间的紧张关系导致了世界秩序发展过程中的矛盾和张力,也就是国际社会的发展动力,这是与将权力和物质作为发展动力的理性主义分析范式截然不同的。

在科层组织角度,当前国际组织、国家内部以及次国家领域的权力与权威已被科层组织化,人们根据角色或定位而非个人品质赋予这些规范因素以权威性。在市场角度,近年来市场的发展壮大使其被视为经济生活的合法化甚至是必要的部分。虽然学术界将此现象视为人类社会自然发展的结果,但芬尼莫尔认为市场是现代的、西方的产物,其发展依赖于现代和西方的文化规范,同时也需要规范因素和社会的支持,只是市场由于其在现代生活中的合法性被人们误以为是理所当然的。在人人平等方面,作为另一种规范因素,人人平等的意义不断扩展延伸,从曾经的白人平等、资产阶级平等、政治平等扩展到了在种族上、阶级上、领域上更为广泛的平等。

这三种规范因素之间可以彼此促进与支持,例如,市场内的经济过程会产生对于平等的诉求,这种诉求在涉及科层组织或经济资产时产生区别。同时这三种因素之间也存在着紧张关系:西方的理性主义注重市场与科层组织,市场和科层组织对于"效率"和"利益"的强调将会牺牲平等,平等则又反过来要求科层组织干涉市场。三种规范因素间的紧张关系构成了国际社会发展的动力。那么在这三种普遍存在的规范因素的影响下,国际社会是否会呈现出同质化的倾向?芬尼莫尔认为,这些规范因素间的紧张关系和矛盾推动了不同行为体结合自身条件采取不同方法,但这些方法从根源上都来源于这三个规范因素之中。因此,芬尼莫尔对该问题的回答是肯定的。

随后,芬尼莫尔又探讨了建构主义同国际法、自由主义之间的关系。在建构主义同国际法的关系上,建构主义同国际法都着重考察行

---

[1] [美]玛莎·芬尼莫尔:《国际社会中的国家利益》,袁正清译,上海人民出版社2012年版,第124页。

为中的规范因素且两者分析单位具有相同的特性——相信规范因素（法律）的作用，同时以制定规范为任务的国际法著作也是建构主义的研究对象。说服在国际法的应用过程中扮演着关键的手段角色，"新现实主义和新自由主义效用最大化的结果论没有给说服留下空间"，[①] 而建构主义却认为说服这一手段意义重大，因为其应用过程表达了行为体偏好的转变过程。

但建构主义同国际法仍有分歧，建构主义理论主要是描述性的，而国际法则是规定性的。虽然如此，建构主义对于国际法的积极意义不容忽视：建构主义填补了国际法在微观基础上的不足，以此来抵挡现实主义通过"理想主义"的等号对国际法发起的进攻，为现实主义者和国际法学者提供了对话的可能。在建构主义与自由主义的关系方面，部分自由主义学者同样关注行为体利益或偏好的内容问题，他们反对现实主义者将国家利益先验化的做法，认为国家决策反映的是国内社会中政治集团（尤其是主导性政治集团）的利益，因此不能从外部条件去推导国家行为。这种观点同芬尼莫尔提出的建构主义观点具有共同因素：关注但不假设国家偏好；国家"嵌入"更大的社会语境里；各种各样的非国家行为体在世界政治中非常重要。[②] 但自由主义并没有提出这些行为体在追求利益的过程中的核心考量因素，芬尼莫尔的理论却指出了三个关键因素：科层组织、市场和人的平等。同时，自由主义认为国家偏好是不可延展的、固化的，而非随国际结构不断变化的。因此，芬尼莫尔提出的建构主义理论亦对理想主义理论作出了补充。

最后，芬尼莫尔指出"本书考察的问题是国际政治生活的目标，以及它们因时而变的方式"。[③] 但在此前的传统国际关系理论中，学者们将

[①] ［美］玛莎·芬尼莫尔：《国际社会中的国家利益》，袁正清译，上海人民出版社2012年版，第131页。

[②] 参见［美］玛莎·芬尼莫尔《国际社会中的国家利益》，袁正清译，上海人民出版社2012年版，第133页。

[③] ［美］玛莎·芬尼莫尔：《国际社会中的国家利益》，袁正清译，上海人民出版社2012年版，第137页。

第十五章 玛莎·芬尼莫尔与《国际社会中的国家利益》

国际体系假设为以弱肉强食、适者生存为法则的原始森林,理性选择与强制是生存的最佳选择。而当我们置身于21世纪的国际社会时,全球性政治议程的加速涌现要求我们挣脱主权国家的桎梏并赋予国际结构以更多的重要性,充分理解规范等曾被行为体取向所忽视的结构因素,为理解国家的偏好或利益,我们需要社会学的帮助。

《国际社会中的国家利益》节选 [1]

从本质上说,权力和财富是手段,不是目的。国家必须决定用它们做什么。国家可能并不总是知道自己需要什么,如何利用自身的资源。冷战后有关外交政策的争论表明了这一点。利益并不是"放在那儿"等着我们去发现,而是通过社会互动建构的。尽管国家要避免侵略、毁灭和经济崩溃,但对大多数国家而言,这些消极利益在大部分时间里没有缩小可能的诉求的范围,仍有很多目标和价值需要国家在各种政策领域中维护。国内政治在定义国家目标和利益时会起很大的,甚至有时是决定性的作用。但是,本书中的案例表明,国内政治和地方性因素不能解释很多业已阐明的利益和做出的政策选择。

国家利益总是根据国际上公认的规范和理解来定义,即什么是善的和合适的。规范的语境影响决策者和大众的行为,大众是指可以选择决策者并对他们施压的人。规范的语境也随时间变化,当国际上公认的规范和价值变化时,它们就相应地引起体系层面上的国家利益和行为的转变,从传统的角度看,这些国家利益再定义的模式很奇怪,而这正是本书所要做的工作。本书中的案例表明,国家利益的再定义常常不是外部威胁或国内集团要求的结果;而是由各国共享的规范和价值所塑造的,这些规范和价值组织了国际政治的

---

[1] [美]玛莎·芬尼莫尔:《国际社会中的国家利益》,袁正清译,上海人民出版社2012年版,第2—3页。

生活并赋予其意义。

与很多社会生活一样，国际社会生活的组织化程度也相当高。国际生活中的社会关系可能是非正式的；但是，很多社会关系，尤其是最直接影响国家的社会关系，是由科层组织（bureaucracy）构造和引导的。组织理论学者早就认识到规范在塑造科层组织之间和科层组织内部的组织行为方面所起的作用。有一些人，特别是那些受过经济学训练的人，一直强调规范在追求效用最大化的公司协调行为和促进帕累托最优（Pareto-optimal）中的作用。新现实主义和新自由主义学者综合了这种组织理论阐述了他们的论点。然而，还有其他思考规范及其对组织化社会生活的影响的方式。做组织研究的社会学学者强调组织在建立和传播文化规范方面的作用：这些规范定义组织中人们的认同、利益和社会实在（social reality）。

本书使用这些社会学的方法，揭示规范对国家行为的影响。案例研究考察了三个国际组织的活动：两个政府间国际组织和一个非政府国际组织。它们活跃在三个不同的问题领域。每个案例展示了国际组织使国家社会化，去接受新的政治目标和新的价值的各种方式，这些目标和价值对战争的行为、国际政治经济的运行及国家本身的结构有着持久的影响。

最近很多政治学研究为了进一步地理论化，出现了经济学转向，以求有所洞见；我则运用社会学和社会组织理论，特别是这一领域的制度主义分析流派。就方法论而言，它与下面谈到的政治学中的建构主义关系最密切，强调国际政治的社会建构性质。建构主义方法不是把角色和利益看成是既定的，而是将它们问题化，作为分析的对象。本书的三个案例研究表明社会学方法对认识各种重要领域的国际政治是有益的。

第十五章　玛莎·芬尼莫尔与《国际社会中的国家利益》

第三节　评析与思考

一　评析

作为建构主义的经典著作之一,《国际社会中的国家利益》一书为冷战后的国际关系理论提供了一种基于社会学制度主义的独特视角,芬尼莫尔通过严谨的案例分析展现了其以结构取向为角度、以"适当性逻辑"为路径、以规范等结构因素为重点的理论框架。然而,当前关于此书的评价褒贬不一。

批评的观点认为,芬尼莫尔虽然对国际社会结构中规范因素的作用展开了详细的论证,但这种论证是不全面的,因为文中所提及的规范仅存在于国际社会层面,国内社会中的规范因素并未涉及,即使认为该变量已被作者预先排除,那么该变量是否为关键变量,即排除该变量后的理论是否依然具有现实意义仍待考证。本书具体论证过程中的抽样也存有疑问,例如在世界银行一例中,其抽样的几个国家是否能够代表国际社会中存在的所有国家的不同类别?如果不能,那么通过该例子所得出的结论的有效性将面对质疑。芬尼莫尔认为规范因素在国际社会中得以传播的主要手段是国际组织的"说服",我们不禁要问:谁说服谁?说服什么?芬尼莫尔给出的答案是西方文化说服非西方文化以接受西方文化。那么芬尼莫尔在文中所举的"老师"和"学生"的例子是否可以理解为西方国家作为"老师"借由国际组织将自身的观念、规范因素传授给作为"学生"的非西方国家该"社会化"过程相当于一种西方文化对非西方文化的入侵,甚至具有了一种"西方本位""文化殖民"的色彩。就像大多数关于建构主义的批判观点一样:建构主义将权力斗争粉饰为"温情脉脉"的建构，那么这种建构合法吗？建构后的文化无害吗？这同样是我们需要考虑的问题。关于国际社会中的行为体在规范因素的长时间传播下是否会趋于同质化这一问题，芬尼莫尔尽可能保守地肯定了这一观点。这样的国际社会看似在规范因素的传播下不断发展，但实际上却居于一种静止态势，试问：当"老师"完成对"学生"的社会化后，国际社会演进的动力将从何而来？如果认为国际社会的发展在于规范因素等结构性因素的传播，那么我们需要越出"西方的观念"的限制，将观念因素视为一种处于历史背景下的多元文化混合的实践性产物。芬尼莫尔在文中虽然多次强调了其理论是对于理性主义、行动者结构和"推论逻辑"的补充而非否定，但是文中的结构却被放置在了主导性乃至决定性的地位。作者只关注国际组织对于其他行为体的单向影响，拒绝承认单元间的互动以及国家自身在解释、应用和重塑规范过程中的能动性，因此芬尼莫尔所勾画的国际社会亦呈现出了"自上而下"的特点。

赞同的观点认为，《国际社会中的国家利益》是人类历史上第一部尝试通过建构主义方法研究国家偏好的著作，推动了国际关系学界对于国际规范研究的重视。芬尼莫尔将规范的传播视为国际组织同其他行为体之间的互动过程，不仅给予国际组织、个人等除国家之外的国际社会行为体充分的重视，同时也为传统国际关系理论认为国际结构是由权力、物质构成的观点提供了补充。相较于温特将重点置于国际社会中的共有文化和结构的稳定性的建构主义观点，芬尼莫尔从更深层次的观念因素和更为动态的行为体互动角度展开论述，其理论亦具备更多的合理性和现实意义。更为重要的是，理性主义国际关系理论或政治经济学分析方式将国家利益作为其先验条件，而芬尼莫尔对这一理论内核进行冲击甚至摧毁的尝试在国际关系学界是勇敢的、创新的和难能可贵的，以社会学制度主义为工具探索国家利益或偏好的实质内容，提出处于国际社会中的行为体受到国际结构中的规范因素影响的"适当性逻辑"以取代传统国际关系理论中认为行为体都是理性经济人的"推论逻辑"，从而赋予其理论整体主义的特点。通过引入社会学理论，芬尼莫尔推动了国际关系理论研究路径的丰富性、多样化，国际关系学在同历史学、经济学等学科产生交叉后，又同社会学展开了进一步的交流，同社会学的互动对于国际关系学来说是机遇亦是挑战，同时也弥足珍贵。以结构取向而不是行为体取向为论证角度的尝试反映了芬尼莫尔对于国际组织这一国际社会中非国家行为体的重视，有别于传统国际关系理论以国家作为其理论中的基本行为体变量，芬尼莫尔认为国际组织、个人等行为体对国家有着关键性甚至决定性的作用，这种对"国家中心主义"的拒斥提醒我们要对除国家外的行为体予以足够的重视，充分发挥国际组织中规范因素等结构性因素的作用，从而探索实现全人类福祉的更多可能性。因此，芬尼莫尔理论中的缺陷并不影响其对于国际关系理论的重要意义。

在重视国家利益的实质内容、国际社会中规范因素等结构性因素以及国际组织等非国家行为体的作用的同时，亦需要警惕"西方本位""文化入侵"的陷阱，推动国际关系理论朝着更具有科学性、实用性与平等性的方向发展。

二　拓展与思考

1. 分析芬尼莫尔对国际关系理论其他学派利益观的重塑。
2. 比较芬尼莫尔理论与结构现实主义理论的异同。

第十六章　深度阅读与拓展思考

第一节　先秦中原文化区域国际政治思想主干及其当代价值*

一　引言

改革开放 40 多年来，中国特色的国际政治理论建设取得了很多成果，但也存在着一些问题，其中最主要的是没能实现重大理论突破。西方国际政治理论的创立基于西方的文化土壤，同样，中国特色的国际政治理论范式的建构也应该基于中国五千年的文化底蕴。中原是华夏文明的发祥地，先秦时期的中原更是当时华夏族政治、经济、文化和人口的

---

* 原文刊发于《世界经济与政治》2010 年第 2 期，作者余丽，收录本书时略有改动。在本文的写作过程中，笔者得到了王逸舟老师的帮助和指导，也受益于《世界经济与政治》杂志三位匿名评审专家对本文提出的具有建设性的修改意见，对此，笔者向他们表示衷心的感谢。作者文责自负。

中心，并持续三千余年，可见，中原文化在中华文明中长期发挥着核心作用。故此，以中国传统文化为切入点来挖掘中国特色的国际政治思想，既是本文应有之义，亦是历史的必然。要言之，基于中原深厚的传统文化积淀，通过对先秦中原文化区域中国际政治思想主干与当代价值的探究，以促进中国特色的国际政治理论建设，无疑具有一定的学术价值。

对先秦国际政治思想的研究在学术界已经引起关注。这方面研究的代表性观点主要有：一是叶自成从历史视角挖掘春秋战国时期国家间关系的思想，提出春秋战国时期已经产生了不同的外交思想流派；二是赵汀阳从哲学视角提出"天下体系"概念，并以此来分析当今国际政治问题，试图重构一个具有当代意义的天下理论；三是阎学通等以西方国际政治理论为分析工具，阐释先秦诸子主要代表人物的国家间政治思想。学界同仁的研究无疑有着重要的启发作用，也是我们后续研究的基础。

本文以"文化切入"和"思想解读"为路径。所谓"文化切入"，即以中原文化区域为切入点，以先秦国际政治实践为基础搭建理论研究平台，从而使中国特色国际政治理论的建设更具根源性、基础性和原创性；所谓"思想解读"，即考察以儒、墨、道、法等为代表的诸子百家思想、著作以及其他传世文本，并与重大考古新发现相结合，以挖掘先秦中原文化区域内的国际政治思想主干及其当代价值。

二　先秦中原文化区域下国际政治实践的考察

思想来源于认识，认识来源于实践。对先秦中原文化区域下国际政治运转机制的动态分析是研究该时期中原文化区域下国际政治思想的基础。

虽然先秦国家的概念与现代国家的概念有一定的差别，但古今国际政治具有共通性。我们需要解决的主要问题是，先秦中原文化区域中的共主国、诸侯国和少数民族政权是否可以被称为国际政治行为体？假设答案是肯定的，那么，这些行为体彼此间的互动方式如何？围绕领土兼并、财富掠夺和王朝征服所引起的合作与对抗是否能构成该时期国家间关系的主要内容？因此，本文将通过对先秦中原文化区域内国际政治行为体的界定和对该时期国际体系形成与演进的梳理，实现对此时期国际政治实践的宏观把握，进而对涉及先秦国际政治基本问题的这些命题和假设进行证实或证伪。

（一）先秦中原文化及其对国际政治的作用

笔者沿用考古学、历史学和古文字学等学科对先秦中原文化的共同研究成果，认为先秦中原文化就是秦朝之前以河南文化为主的中国古代王朝核心统治区文化，先秦文化在当时中国历史的发展中起着主导性作用，具有根源性、原创性、包容性、开放性和基础性五大特点。[①] 先秦时期的中原地区是当时国际政治实践的主要场地和国际政治思想孕育的主要场所，故自古就有"得中原者得天下"的说法。在中华文化的思想渊源之中，儒家见用于中原，道家发端于中原，法家原生于中原。[②]

可以说，先秦中原文化就是华夏文明的童年时期，是中华文化的主要源头。

先秦中原文化的内涵界定及其对国际政治的作用可归纳为四个方面。其一，科技文化，主要以青铜器、铁器为代表的生产工具变革及其他重大科技创新在物质层面对当时国际政治所起的基础性和根本性的作用。其二，制度文化，主要以重要的政治、经济、社会制度的创设与变革（如商鞅变法）及其他隐性因素（如民俗、民风）在制度层面对当时国际政治所起的规范性与传承性的作用。其三，思想文化，主要以出生或长期生活在河南境内的儒、墨、道、法等诸多流派代表人物的理念在思想层面对当时国际政治所起的指导性的作用。其四，宗教文化，主要

---

① 徐光春：《中原文化与中原崛起》，河南人民出版社2007年版。
② 孔子，出生于山东，祖籍河南商丘，儒家思想的创始人，其讲学和周游列国的主要活动地域在河南；儒家代表作《论语》是孔子的门人对他言行的记录。老子，河南鹿邑人，道家思想的创始人，长期生活与活动在河南，其代表作是《道德经》。韩非，河南新郑人，法家思想的集大成者，其代表作是《韩非子》。参见王保国《论中原文化道、儒、法、释思想内核的形成》，《华北水利水电学院学报》（社科版）2006年第4期。

以当时影响重大的宗教思想（如"天命观"）在精神层面对当时国际政治所起的凝聚性的作用。因此，笔者基于先秦中原文化的界定阐释和探讨先秦中原文化区域下的国际政治实践和思想。

（二）先秦中原文化区域下国际政治行为体的界定

一般认为，学理意义上的国际政治行为体包括国家行为体和非国家行为体。民族国家体系内的国家行为体是指主权国家，非国家行为体主要包括国际组织、跨国公司、世界政党等。但在考察民族国家体系形成以前的历史时，标准要稍稍放宽，纳入帝国、城邦等国家形式。① 就先秦中原文化区域下的国际政治行为体而言，国家行为体主要包括由夏、商、西周、春秋战国时期的共主国、诸侯国和少数民族政权构成的国家行为体，它们已经具备了领土、人口、军队等国家构成的基本要素及拥有部分的对内与对外权限，这无疑在一定程度上体现出国家的本质属性。② 其中，夏朝是中国最早建立的国家实体，因此它构成了本文论述先秦中原文化区域下的国际政治实践的历史起点。下面的论述将主要从先秦历史进程分析主要国家行为体。

前2070年，禹建立夏朝，建都阳城（今河南登封）。③ 夏朝包括三类国家行为体。第一类，夏王室是当时最重要的国际政治行为体。此时的夏王室不仅能够根据国家利益的需要自主地调整自己的对内对外政策，并确立了世袭制、刑罚制度、官吏制度以及保障这些制度实施的

---

① 参见［英］巴瑞·布赞、理查德·利特尔《世界历史中的国际体系——国际关系研究的再构建》，刘德斌主译，高等教育出版社2004年版，第8页。
② "九五"计划国家重点科技攻关项目"夏商周断代工程"1996—2000年阶段成果报告，不仅明确提出了公元前2070年夏王朝建立，中华民族历史上第一个国家行为体形成，而且制定了有科学依据的夏、商、周三代年表。参见夏商周断代工程专家组《夏商周断代工程1996—2000年阶段成果报告·简本》，世界图书出版公司2000年版。史学界普遍认为，夏商周时期的诸侯国和其他少数民族政权，已具有国家行为体的基本要素，可以认为是当代国家行为体的初始形态。
③ （汉）宋衷注，（清）秦嘉谟等辑：《世本八种·居篇》，中华书局2008年版，第6页。

国际政治原著选读

国家机器,①而且由夏王室直接统治的天子之国,是当时的国际政治中心。第二类,夏王的同姓侯伯分布在天子之国之外,是夏王控制天下的重要支柱。据《史记·夏本纪》记载,主要有费氏、褒氏、斟寻氏、彤城氏、杞氏、辛氏、冥氏等。②还有一些是异姓侯伯,他们接受了夏王封号并承认夏王的共主地位。具体有祝融之后的"昆吾为夏伯"中的昆吾③、"葛伯"④、"薛,夏车正奚仲所国"⑤的薛等。尽管这些诸侯不如夏王实力强大,但都拥有相对独立的统治区域,且在距离上使夏王难以充分施加影响,因而成为较重要的国际政治行为体。第三类,上述夏族之外存在的其他民族。⑥尽管文献中的记载很少,但它们在与夏王朝的不断互动中,包括交往与战争,不仅是夏文明扩张的过程,也是民族融合的过程。夏王室和主要诸侯国都在今河南境内,因此,夏文化不仅带有中原文化的深刻烙印,甚至将该时期的中原文化等同于夏文化也并不为过。

约前1600年,黄河下游的商部落在首领汤的率领下灭亡夏,建立商朝。商王室是当时最为强大的国家实体。该时期重要的国际政治行为

---

① 据《尚书》《左传》《墨子》和《吕氏春秋》等书可知,夏代的官职有:"六卿""三正""太史令""牧正""庖正""车正""遒人""官师""工""瞽"等。《尚书·甘誓》记载了夏代军队的编制,有居于中央的"御者",有负责车之左右两边的"车左""车右"。"御者""车左""车右"为"甲士",在车下跟随的步兵为"徒卒"。转引自江林昌《中国上古文明考证》,上海教育出版社2005年版,第82页。

② 《竹书纪年》载,帝太康"即位居斟寻"(意指斟寻氏始于河南伊洛地区)。《史记·陈杞世家》载,"杞东楼公者,夏后禹之后苗裔也"(杞即指今河南杞县)。《路史·后纪四》载,"江汉之北为南阳,江汉之南为南郡者"("南"通"男",意指有男氏在河南南阳一带活动)。由此可知,夏朝的同姓侯伯大多分布在今河南境内的南阳、偃师、杞县等地。

③ 上海师范大学古籍整理研究所校点:《国语》卷十六《郑语》,上海古籍出版社1998年版,第511页。

④ (汉)司马迁撰:《史记》卷三《殷本纪第三》,中华书局1959年版,第93页。

⑤ (汉)班固撰,(唐)颜师古注:《汉书》卷二十八下《地理志第八下》,中华书局1962年版,第1637页。

⑥ 据《尚书·夏书》《史记·夏本纪》《竹书纪年》等记载,夏时东有莱夷、淮夷、风夷、方夷等,西有昆仑、渠搜、析支,北有皮服鸟夷,南有卉服鸟夷、有苗、和夷、裸国,它们多分布在今河南周围的山东、山西、河北及较远的甘肃等地,历史上统称为东夷、北狄、南蛮、西戎等。

体还有商王室分封的侯、伯、子、男、任等方国，如位于今河南永城与安徽宿州间的攸侯等，"大抵北自今日河北中部，南至江淮湖北，东自山东，西至陕西"。①还有称为"四夷"的少数民族。据郭沫若主编的《甲骨文合集》所示，有巴方、鬼方、羌方、井方、龙方、人方等几十个异姓方国。它们与商王室之间时有交往与战争，并相互影响与融合。应该说，商时期的中原从地域上相当于我们如今所讲的中部地区，但本文所取狭义中原之今河南区域，仍然是当时政治、经济、文化的中心。这不仅在于最重要的国家行为主体商王室主要位于这一地域，而且分布在其周围的国家无论从历史还是现实的角度讲都深深受其影响，甚至从中孕育而生，所以我们将当时的中原文化定位为商文化的主体显然十分可行。

前1046年，周武王通过牧野之战（今河南淇县境内）打败商纣王，灭商，建立周朝。都城在镐京（今陕西西安），史称西周。周王室完成了从商族方国联盟成员向方国联盟共主的角色转换，成为该时期影响力最大的国家行为体。除此之外，还有按宗亲及功劳分封的主要国家。据《史记》记载有："周封五等：公，侯，伯，子，男……武王、成、康所封数百，而同姓五十五。"②同时，与周朝对应的国际政治行为体还有"四夷"，即东有淮夷、徐戎，北有薰育、肃慎，西有昆夷，南有荆蛮、越等族。③尽管西周时期的国际政治实践已经大大超越了本文所界定的中原区域，甚至建都今陕西西安地区在某种程度上意味着中原文化影响的削弱，但我们也可以认为伴随着西周活动区域的扩大，中原文化的影响范围得到大大扩展。因此，我们将该时期中原文化定位为西周文化的基础与核心是合适的。

前770年至前476年，史称春秋时期；前475年至前221年，史称战国时期。这两个时期并称东周，指从周平王放弃镐京而迁都洛

---

① 翦伯赞、邵循正、胡华编著：《中国历史概要》，知识出版社1980年版，第3页。
② （汉）司马迁撰：《史记》卷十七《汉兴以来诸侯王年表》，中华书局1959年版，第801页。
③ 翁独健：《中国民族关系史纲要》，中国社会科学出版社2005年版，第63—79页。

邑（今河南洛阳）到秦灭六国、秦朝建立的历史阶段。其间，国家行为体的形式并无大的变化，然而重要的是周王室虽名义上仍为"天下共主"，但其作为该时期最重要的国家行为体的地位已明显下降。据《左传》记载，东周时期的主要国家有140多个，其中最重要的是齐、晋、楚、秦、鲁、郑、宋、卫、陈、蔡、吴、越等国。这些国家之间为了争夺霸权而频繁发动战争，大并小，强吞弱，最后形成春秋五霸的格局。战国时期，兼并战争规模更大，更为激烈与频繁。经过齐、楚、燕、韩、赵、魏、秦战国七雄争霸，齐秦交战到齐秦对峙的历程，最后形成秦统一天下的格局。需要说明的是，该时期重要的国家行为体，即各大诸侯国所在区域并不处在本文所论述的中原地区，但东周王室在今洛阳，诸侯争霸以"得中原者得天下"为目标而展开，我们不难理解这是中原文化全方位扩展之后的整合性收缩。如果要具体形容该时期中原文化在春秋战国文化中的地位，唯有"灵魂"一词最为恰当。或者说，中原文化已经超越了地域的限制而存在，并渗透到当时的整个华夏文化之中，起到了文化的支撑作用。当然，这个过程还包括与其他次文化的碰撞、融合所取得的新发展使其生命力大大加强，这也是中原的范畴超越本文的界定而不断扩展的缘由所在。

（三）对先秦国际体系形成与演进的考察

从约前2071年到前476年，中原文化的主要载体为夏、商、西周三个王朝。它们之间的依次更迭，正是该时期国际体系演进的直接体现，而中原文化的影响也在这一过程中逐步深入和扩展，这就是国际体系演变的另一个重要方面即国际体系范围的不断扩展。

正如先秦国际政治行为体的产生与发展被打下了深厚的中原文化烙印一样，该时期国际政治体系的形成与演进也以各主要国家行为体为中介受到中原文化的间接作用。其中，中原文化是自变量，国家行为体是中间变量，国际体系是因变量。中原文化以国家行为体为媒介对国际体系产生间接影响。

夏、商、西周时期，大体上是一种以共主国为中心，包括诸侯国及周边少数民族政权在内的、较为稳定和有序的"单极"①国际体系。从夏朝开始，王位世袭制确立，这是一个重大的历史性变革。从商汤灭夏桀而建商，到武王伐纣而建周，王室的权力一直在不断扩大，乃至后来有"穆王将伐犬戎"②，大臣祭公谋父以"先王耀德不观兵"③之理反对，但他却"遂征之，得四白狼四白鹿以归。自是荒服者不至"④。可见，周王在最后决断之时调动军队的权力之大。另外，诸侯对王室的定期朝贡也表明了这一点。据记载，"禹会诸侯于涂山，执玉帛者万国"⑤，这里的"执玉帛"就是向夏王朝缴纳贡赋。汤灭夏后，武力所及之域渐广，历史上第一次出现了"四夷来朝"的盛景。

当然，整个体系呈现出较为稳定、有序的状态，这与夏、商、西周时期共主国强大的控制力是分不开的，原因如下。其一，共主国科技实力雄厚、经济发达。这是由于王室统治的中原地区有着得天独厚的自然环境以及先进的生产工具，使得共主国具有其他诸侯国无法比拟的农业文明，而在当时农业的发达程度决定了国家经济实力的强弱。这从二里头遗址出土的文物可以得到证实。⑥其二，王室拥有强大的军事实力。从夏、商到西周，共主国都拥有强大的军事力量，并通过承担维护集体安全的责任控制诸侯国。据史料记载，商代已经出现了常备军，天子直

---

① 这里用"单极"一词来形容夏、商、西周时期的国际体系特征有两层内涵：一是表明共主国的物质性实力与其他国际政治行为体相比较更具优势；二是强调共主国的"单极"地位不断得到强化。当然，这种强化不仅仅体现在"单极"的物质实力上，更体现在对单极身份的认同上，即两者的"统一"构成了当时"单极"体系的物质和观念基础。这也是为什么在历次的朝代更迭中，尽管有物质力量载体的转换，但人们对共主国合法性的认同却不减反增，这一点可以由该时期王权不断强化的历史进程得以证明。
② （汉）司马迁撰：《史记》卷四《周本纪第四》，中华书局1959年版，第135页。
③ （汉）司马迁撰：《史记》卷四《周本纪第四》，中华书局1959年版，第135页。
④ （汉）司马迁撰：《史记》卷四《周本纪第四》，中华书局1959年版，第136页。
⑤ （清）阮元校刻：《十三经注疏　附校勘记》下册《春秋左传正义》卷五十八《哀公七年》，中华书局1980年版，第2163页。
⑥ 二里头文化主要分布在河南中、西部的郑州附近和伊、洛、颍、汝诸水流域，这些地方都在夏、商、周时期王畿的直接管制之下。二里头文化的铸铜业较其他地区发达，已进入中国青铜时代的发展时期，二里头文化的进步性造就了王畿的相对优势。

国际政治原著选读

接控制的军队就有三万人。①其三，天子有着较为强大的政治影响力，主要通过会盟的形式来体现，如"夏启有钧台之享，商汤有景亳之命，周武有盟津之誓，成有岐阳之蒐，康有酆宫之朝，穆有涂山之会"，②以确立共主国和各诸侯国在国际关系中的地位，这成为"单极"体系得以维持的坚实基础。其四，夏、商、西周时期"天命观"等宗教思想根深蒂固、影响重大。如夏王大力宣扬"有夏服于天命"，用以巩固其人间"天帝"之位。商代统治者称"帝立子生商"，③以集神权与王权于一身。周王则强调受命于天。

应该说，自成王、康王、昭王、穆王至共王时期，是周王朝的盛世，也是"单极"体系发展到了相对成熟的阶段。但到了懿王时，内外矛盾交织并存，周王朝开始走向了衰败的道路。夷王时，"诸侯或不朝，相伐"，王室不能制，或有来朝，夷王也不敢坐受朝拜，他甚至要"下堂而见诸侯"④。到了厉王时期，发生了著名的"共和行政"，即朝政由诸侯共管。周东迁以后，王室逐步失去了其作为共主国的地位。至此，从夏、商开始到西周逐步确立起来的"单极"体系走向瓦解。诸侯各国纷争不断，你方唱罢我登场，逐鹿中原，争相谋求霸主地位。

到春秋战国时期，周王室相对衰落及诸侯争霸已经成为国际体系的主要特征，即以"得天下"为追求的"多极"国际体系。经历了平王东迁，加之中原诸侯纷争和内部斗争，周王室的实际地盘仅"方一二百里，与方数千里的诸侯相比，只相当于一个小国"。⑤随着"春秋五霸"的相继崛起，所谓"在政治上，挟天子以令诸侯"，⑥便是利用周王余威

---

① 郭沫若主编：《中国史稿》，人民出版社1977年版，第211页。
② （清）阮元校刻：《十三经注疏 附校勘记》下册《春秋左传正义》卷四十二《昭公四年》，中华书局1980年版，第2035页。
③ 宋元人注：《四书五经》，中国书店1984年版，第167页。
④ （清）阮元校刻：《十三经注疏 附校勘记》下册《礼记正义》卷二十五《郊特性》，中华书局1980年版，第1447页。
⑤ 王宇信、杨升南：《中国政治制度通史》（先秦卷），人民出版社1996年版，第386—387页。
⑥ 王宇信、杨升南：《中国政治制度通史》（先秦卷），人民出版社1996年版，第392页。

为各种争夺霸主的行径正名。战国时期，以齐、楚、燕、韩、赵、魏、秦七国为代表的七雄争霸表现得尤为突出，这是因为各大国经过长时期的"变法"，不仅实力已非往日，其观念也受法家思想主导而更为现实。而由师出同门的苏秦和张仪分别推动的"合纵"与"连横"运动则将这种诸侯争霸推向高潮。

如果说夏、商、西周是以共主国为中心，包括诸侯及少数民族政权在内的"单极"的国际体系，春秋战国时期则是以"得天下"为追求的、"多极"的国际体系。这不仅体现在物质层面上是从"单极"共主国到"多极"诸侯国的崛起，而且以此为基础形成了对观念层面上本属于共主国的"单极"地位的争夺，从而使得国际体系具有愈发明显的"多极"特征。进一步讲，如果说夏、商、西周时期是以"单极化"为特征的王权不断强化的过程，那么春秋战国时期是"国际社会"对王权的反思与重新定位的"多极"过程，而秦的统一则是对王权的否定与否定的最终结果。

三　先秦中原文化区域下国际政治思想主干及其当代价值

毫无疑问，先秦中原文化区域下国际体系的演变是华夏文明通过痛苦的自我整合实现的一次蜕变，是华夏文明在新的生产力时代一次新的自我定位，并且它的影响使得中国一直保持世界领先地位，直至近代面对西方文明时不得不在新的国际体系中重新定位自我，只是这一过程至今尚未完成。问题的关键还在于我们应该从上次的蜕变中学习到什么，并结合当代的天下大势为华夏文明的这次蜕变提供有力的理论支持。

下面，将以对先秦中原文化区域下的国际政治行为体的界定为基础，从国际体系的视角凝练出能够体现当时国际政治思想主干的理念元素，即"大一统"秩序观、以结盟为核心的国家安全观、以富国强兵为追求的国家权力观、以民心为导向的国家道义观及"和而不同"的理想观。进一步讲，先秦中原文化作为华夏文化的主要源头，它所孕育的丰富国际政治思想及其对后世产生的深刻影响，特别是就其当代价值而言，才是研究的最重要意义所在。

（一）大一统秩序观

"大一统"思想是从春秋、战国时期儒家思想中逐步提炼出来的。该词最早出自《春秋公羊传》："元年者何？君之始年也。春者何？岁之始也。王者孰谓？谓文王也。曷为先言王而后言正月？王正月也。何言乎王正月？大一统也。"东汉公羊学大师何休在《春秋公羊传解诂》隐公元年条中解释《春秋公羊传》"何言乎王正月？大一统也"时说："统者，始也。总系之辞。夫王者始受命改制，布政施教于天下，自公侯至于庶人，自山川至于草木昆虫，莫不一一系于正月，故云政教之始"，即理解为"大的统一""高度的统一"，指统一的规模和程度。①

"大一统"思想是贯穿于先秦各个历史阶段的一种关于国际秩序的理念。它致力于实现土地、民心和制度三个层面的和谐统一，构建以共主国为中心，包括诸侯国和周边少数民族政权在内的一套较为稳定、公正的先秦中原文化区域下的国际秩序。②

"大一统"秩序观的发展可划分为两个阶段：即夏、商、西周的形成与强化和春秋战国时期的重构。在前者中，共主国不仅在国际体系的物质结构中处于绝对优势，而且其共主身份在体系的观念结构中得到了大多数诸侯国的认同，但各个朝代的共主国与诸侯国都是作为相对独立的国际政治行为体并列存在的，使得该时期的"大一统"主要体现在土地和民心层面，而制度层面的表现并不突出。在后者中，虽然共主国在体系的观念结构中仍然名义上得到了大多数诸侯国的认同，但是由于其在国际体系的物质结构中处于相对劣势，使得以"春秋五霸"和"战国七雄"为代表，以实力为基础的诸侯争霸在客观上推动了"大一统"秩

---

① 于汝波：《儒家大一统思想简议》，《齐鲁学刊》1995 年第 1 期。
② 依据赵汀阳的观点，"天下"的概念通常被理解为一个具有多重含义的概念。第一，在地理层面上，指人类活动所及的整个"土地"。第二，在心理学和社会学意义上，指土地上所有人的心思，即"民心"。第三，在政治学和伦理学意义上，指基于世界制度的一种"乌托邦理想"。"大一统"思想正是在古人的天下观基础上产生的。但考虑到本文所取"天下"范畴，大一统观也体现为土地、普遍民心和世界制度的三位一体。

序的重构。其中,秦国凭借其在体系结构中的绝对优势,以武力方式实现了土地层面的统一,而这种统一恰恰迎合了民众对"大一统"秩序的渴望,最终逐步实现了天下民心的统一,加之秦朝建立了中央集权制的统一国家,从而最终真正实现了土地、民心和制度层面的"大一统"秩序。

总之,尽管该时期每次朝代更迭会出现土地及民心层面的天下分裂,但伴随着中原文化与周边文化的碰撞与融合,也使得土地范围从中原地区不断向四方扩展,民心更加凝聚到对共主的认同上,并在经历过春秋战国的重重洗礼之后实现了土地、民心和制度的三位一体。当然,"大一统"秩序观既有对从统一到分裂的防微杜渐之效,更有从分裂到统一的潜移默化之功。需要特别指出的是,"大一统"秩序观的意义往往理论大于实践,而"大一统"的实现也常常是过程多于结局。

作为一种影响深远的国际政治理念,伴随着中国的崛起,已经引起世人对它的关注。当然,当代意义上的"大一统"秩序观绝不是霸权主导世界,而是寻觅在作为"世界政府"的联合国旗下如何建立起一套以天下为公的、和谐的世界制度的路径与方法,进而实现儒家文明、基督教文明、伊斯兰文明等相融共生、共同繁荣的和谐世界的战略目标。但在当前以现代国家范畴为基本单位的国际体系中,最成功也最具代表性的"大一统"实践无疑是欧盟。与先秦以"天命"观、"礼制"为合法性来源的天下"大一统"不同,欧盟是基于各国主权的让渡来逐步实现大一统的,但实质上都是"大一统"秩序观在不同时空下的体现。欧盟不仅打破了国家主权在地理层面的限制,实现了政治、经济等不同领域要素的自由流通,而且培养了各国公民对"欧洲公民"这一称号的认同,无疑在民心层面上取得了"大一统"的成功。至于制度层面,如欧洲议会、欧盟委员会的建立及《欧盟宪章》的表决也是大一统进程中的深化表现。

实现"大一统"并不排斥多样性,它与多样性是相辅相成的关系。"大一统"是尊重多样性的大一统,多样性是实现了"大一统"的多样性。没有多样性就无所谓统一性,多样性的存在才使得统一有了逻辑与现实的基础，统一是对多样性的统一。同时，没有了统一，多样性也将大失光芒，统一能更好地促进各个不同的个体之间的交流，从而能够更好地互通有无、取长补短。

对中国而言，正如秦统一中国推动了中华文明的飞跃式发展那样，我们应当坚信未来世界的"大一统"必然带来人类发展的新阶段。在此过程中，中国有责任与其他国家共同作出努力。首先，把自己的事情做好，正如中国在本次国际金融危机中的出色表现一样，以自身发展和对人类的贡献赢得世界的尊重和认同。其次，以东盟和中日韩（"10+3"）为平台，加速推进包括美国在内的亚太区域一体化进程。最后，兼顾各方利益，在全球层面上，推动国际政治、经济和社会协调体系整合并最终纳入联合国的框架之内。

（二）以结盟为核心的国家安全观

结盟思想古来有之，但至今仍然熠熠生辉。究其原因，就在于其曾被普遍地应用于实践。以各种手段结盟于天下诸侯是夏、商、西周朝代更迭时的通用形式，并且在春秋战国时期的诸侯争霸中得到淋漓尽致的展现。前651年，齐桓公大会诸侯于葵丘（今河南兰考）。齐桓公代表各诸侯国承诺"凡我同盟之人，既盟之后，言归于好"[①]。以此维护了彼此间的和平。前546年，宋国向戌继华元之后提出晋楚弭兵之议，当时如晋、楚、齐、秦等大国都表示同意。是年六七月间，晋、楚、齐、秦、宋、卫、郑、鲁等14国在宋都开弭兵之会。该会确立了晋、楚的共同霸主地位，并因为两国实力的相对均衡，使以后的几十年里战争大大减少。而战国时期师出同门的苏秦和张仪的"合纵""连横"之争则堪称运用结盟的经典之笔。出于维护国家安全的需要，战国时期各诸侯国时"纵"、时"横"的现象成为常态。

相较于结盟而言，"国家安全"一词属于现代汉语的范畴。先秦并无此说法。但国家安全的思想却由来已久，古人对此也多有论述。如

---

① （清）阮元校刻：《十三经注疏　附校勘记》下册《春秋左传正义》卷十三《僖公九年》，中华书局1980年版，第1800页。

"于安思危,危则虑安"[①]"出则无敌国外患者,国恒亡"[②]等都是这一思想的集中体现。

回眸历史,结盟之于国家安全的重要性可见一斑。一方面,从防御的视角看,处于弱势的国际政治行为体通过结盟以增强维护集体安全的力量来抵抗外在威胁乃至防止冲突与战争;另一方面,从进攻的视角看,强势国际政治行为体为了扩大与对手的力量悬殊对比而通过结盟实现对其的压制乃至胜利。其作用有二。其一,在先秦中原文化区域下的国际体系的物质结构中,结盟作为各个国际政治行为主体实现力量分化组合的方式,它能够保持不同联盟之间力量对比的动态平衡,从而有助于整体上实现以牵制、威慑为基础的共同安全。其二,在先秦中原文化区域下的国际体系的观念结构中,结盟体现了国际政治行为主体的共同道义取向,它能够深化联盟内的彼此合作,从而有利于形成以信任为基础的区域安全。在此过程中,也有利于促进多样性文化的交流与融合,从而强化结盟的社会基础,为国家安全提供更为有力的保证。

总之,先秦中原文化区域下的国家安全观指的就是先秦国际政治行为体之间为了弥补自身实力的不足,通过结盟(如"合纵""连横"),获得更多的国家权力,实现该时期国际体系中力量结构的重新分化组合,以有效维护自身国家安全的一种国际政治理念。

当然,先秦"以结盟为核心的国家安全观"也带有明显的时代局限性,容易使人陷入将国家安全的维护系于结盟,特别是与强国的全面结盟的认识偏差之中。对此,需要说明两点:其一,在先秦国家安全观中,构成国家安全的核心要素是军事安全;其二,以结盟为手段维护国家安全的国际政治实践活动贯穿于先秦这一宏大的历史时期。在先秦,战争的频发性和突发性决定了一个国家很难在短时间内积聚权力,而结盟却能在战事来临时完成力量组合,满足维护国家安全的需要。姑且不

[①] (西汉)刘向编集:《战国策·卷十七·楚四·虞卿谓春申君》,齐鲁书社 2005 年版,第 181 页。
[②] 《诸子集成》卷一:《孟子正义·卷十二·告子章句下》,上海书店 1986 年版,第 515 页。

论结盟是否为国家的权宜之计,单就其在先秦被应用的广度和有效度而言,结盟之于国家安全的重要性也就不言而喻。所以,先秦以结盟为核心的国家安全观是一种"大安全观",它是一个宏观概念,是对整个先秦大多数国家安全战略选择的高度凝练。

以结盟为核心的安全观对于维护今天的国家安全仍然具有一定的借鉴价值。当前,"国家安全"和"结盟"都已经逐步突破其传统的军事安全范畴,具有了更多的经济要素。具体来讲,伴随着近代以来经济全球化不断深入和扩展,尤其是冷战结束后,"和平与发展"成为时代主题,使得"结盟"更多体现为双边及多边之间的经济合作协定或条约,而"国家安全"也相应取决于以经济实力为核心的综合国力的提升。如此来看,即使各主要国家依然不能完全摒弃由于人性缺陷所持有的现实主义逻辑,这种非暴力方式仍不失为"结盟"之于"国家安全"的历史性进步。更为重要的是,在这一系列基于"现实"考虑的结盟背后所产生的长期反复互动过程中,从个人到组织、从民间到政府在不同层次、不同领域的交流对彼此加深了解、扩大共识显然也是一个不可逆转的历史进步。这一点从欧洲近现代以来频繁爆发的战争,如第一次世界大战、第二次世界大战,到战后出于多种原因对联合之路的探索,以及欧盟成为目前一体化程度最高的区域组织不难发现其可行性。

(三)以富国强兵为追求的国家权力观

"国家权力"是现代国际关系理论中的术语,但在先秦,关于国家权力思想的论述甚多。有推崇"王道"的儒家之言,亦有主张"无为而治"的道家之说。儒、道两家的国家权力学说虽有其价值所在,但在先秦战乱不断、烽火不熄的客观现实面前便显得脆弱乏力,其迷离的理想主义光芒也就自然略显黯淡。相反,建构于现实需要的法家学说由于被广泛应用于政治实践而显得尤为突出。在众多的法家代表人物中,又以韩非子的成就最高,其对国家权力的论述也最为精辟。韩非子认为国家权力就是"制天下""征诸侯"①的能力,并主张以"威势"②达到"事在四方,要在中央;圣人执要,四方来效"③的战略目标。

先秦法家的国家权力学说不仅对国家权力的概念加以界定,而且也对增强国家权力的主要手段进行了探讨。法家认为,提升国家权力最行之有效的手段就是富国强兵,"富国强兵"一词出于《商君书·壹言》:"故治国者,其抟力也,以富国强兵也。"其基本含义是指"使国家富裕,军力强盛"。④具体来看,就是特别强调国家财富的积累和军事实力的提升。这一思想源于夏、商、西周时期,形成于春秋战国时期。而对富国强兵思想论述最为详备者当推管子。《史记·管晏列传》称:"管仲既任政相齐,以区区之齐在海滨,通货积财,富国强兵。"管子提出:"凡治国之道,必先富民。"⑤利用逐步递进的分析方法进一步揭示民富是国富的基础,国富是兵强的根本。在他看来,国富民强的落脚点是"战胜"而后使得"地广",其中含义不言自明,一语道破了富国强兵与提升国家权力之间的内在逻辑关系。正如管子所言:"国富者兵强,兵强者战胜,战胜者地广。"⑥在进行国富兵强的实践中,管子又十分重视农业。他认为:"夫富国多粟,生于农,故先王贵之。"⑦这不仅体现在齐国作为春秋战国时期第一个霸主而崛起,而其他各国变法图强的实现也基本符合这一模式。

因此,本文认为"以富国强兵为追求的国家权力观"就是指在提升

---

① 《诸子集成》卷五:《韩非子集解·卷二十·人主第五十二》,上海书店1986年版,第362页。
② 《诸子集成》卷五:《韩非子集解·卷二十·人主第五十二》,上海书店1986年版,第362页。
③ 《诸子集成》卷五:《韩非子集解·卷二·扬权第八》,上海书店1986年版,第30页。
④ 《汉语大辞典》(第三卷),汉语大辞典出版社1992年版,第1568页。
⑤ 《诸子集成》卷五:《管子·卷十五·正世第四十七·治国第四十八》,上海书店1986年版,第261页。
⑥ 《诸子集成》卷五:《管子·卷十五·正世第四十七·治国第四十八》,上海书店1986年版,第261页。
⑦ 《诸子集成》卷五:《管子·卷十五·正世第四十七·治国第四十八》,上海书店1986年版,第261页。

国际政治原著选读

以经济和军事实力为核心的国家权力的国际政治实践中,萌生、发展并最终被先秦主要国际行为体所广泛认同的、用以实现国家利益最大化的一种国际政治理念。

当然,这并不意味着在先秦中原文化区域下的国际体系的观念结构中获得身份认同对于提升国家权力不重要,而是在当时的国际环境下,以经济和军事实力为主的物质力量具有更为根本性的作用。在夏、商、西周时期的"单极"体系中,共主地位的维持首先以其在物质结构中占据绝对优势为前提,而一旦这种优势为其他诸侯国所占据,共主地位也就随之丧失。在春秋战国时期的"多极"体系中,以青铜器、铁器为代表的生产工具的改进与科技的创新,以及相继开展的变法运动(如秦国"商鞅变法"),使得主要诸侯国与东周王室间的力量对比发生重大变化。东周王室名义上仍是共主,但是以"春秋五霸""战国七雄"为代表的主要诸侯对共主地位的争夺却已展开。其中,秦国以最为全面彻底的变法获得了较为强大的经济和军事实力,进而在体系结构内的力量对比中以占据绝对优势的国家权力逐步统一了天下。

其中,农业对于先秦以"富国强兵"为追求的国家权力观的形成具有基础性和根本性作用。据载"禹稷躬稼而有天下"[1]。《论语·泰伯》也提及禹"尽力乎沟洫"。到了春秋战国时期,主要大国积极推动土地改革。作为第一个春秋霸主的齐国,管仲实行"均地分力""与之分货"[2]的农业改革,战国初期魏国李悝实施"平籴法",即在丰年时向农民多征粮食以作为储备,供荒年时调剂之用,使得其"行之魏国,国以富强"[3]具体来说,农业对"富国强兵"的作用主要表现两个方面:一方面,农业的发展能够促进人口的增长,从而提供更为充足的兵源,以增强国家的军事实力;另一方面,农业的发展能够提供更多的税赋,从而有利于财富积累,以提高国家的经济实力。

---

① 《诸子集成》卷一:《论语正义·卷十七·宪问第十四》,上海书店1986年版,第301页。
② 《诸子集成》卷五:《管子·卷一·乘马第五》,上海书店1986年版,第15页。
③ (汉)班固撰,(唐)颜师古注:《汉书·卷二十四上·食货志第四上》,中华书局1962年版,第1125页。

对于如何提高国家权力以维护自身在体系结构中的有利地位，主要诸侯国的选择是相同的。由于农业是整个古代世界的决定性的生产部门，所以，先秦农业的发展就是国家经济增长的主要来源，是提高国家经济实力的最主要途径。先秦国家权力观也是随着农业文明的发展逐步形成的。例如，秦国通过土地改革及其一系列的法制建设，激发和保护了广大民众从事农业生产的积极性，这对于提升秦国的国家权力是显而易见的。

应该看到，以富国强兵为追求的国家权力观在先秦无疑是一种较为积极的国家权力观。特别是在当时大国角逐、竞争激烈的国际安全环境中，对于一国保持和增进自身的权力具有重要的意义。但是，从当代国际政治的视角来看，国家权力不仅包括以经济、军事为代表的硬实力，还包括文化影响力在内的软实力。因此，若单纯强调经济和军事实力的作用不仅失之偏颇，也带有浓重的霸权主义和强权政治的色彩。对此，在挖掘"以富国强兵为追求的国家权力观"对于当代中国所具有的现实意义时，有两个前提是需要明确的：首先，全球化已经提供了当今最为广阔的国际政治视野；其次，以经济为主的非暴力手段日渐成为国际政治互动的主流形态。这就在新的历史条件下提出了一个新的国际政治命题，即为了在全球范围下通过以经济为主的非暴力形式实现中国国家权力的最大化，我们应当以及能够采取怎样的举措来实现目标。简言之，可概括为三个方面：第一，国家教育需要培养具备适应全球竞争且创新需要的国际化复合人才，这是中国国家权力得以实现的基础；第二，国家要建立和扶持具备全球竞争实力的跨国企业集团以及能够参与全球事务的非政府组织（NGO），它们将成为集经济竞争与科技创新为一身的实现中国国家权力的直接主体；第三，国家还应占有适当的经济财富以维持其功能的正常发挥，尤其是建设强有力的以军队为主体的强制力量，以在利益驱动和法制强制两个层面上开发其对全社会有效的政治整合能力，使其在必要时能对国家权力的最大化实现作出保证。

（四）以民心为导向的国家道义观

在现代汉语中，"道义"一词多指"道德和正义"。如通常所讲的"道义上的支持"即有此意。① 而在古代,"道义"则更多解作"道德和义理"。例如,《易·系辞上》有言:"成性存存,道义之门";《管子·法禁》亦曰:"德行必有所是,道义必有所明",即表达了这层含义。② 考虑到本文论题所涉及的时间范畴,这里取后者作为研究的基调显然更为合理。

与极具显性的国家实力不同,先秦国家道义因素显然较为务虚。它是以人们长期生活为基础形成的关于自然与社会的惯例,概括为两点则为"顺天理"和"应民心",最重要的是"应民心"。但时人由于宗教的原因对上天或神的崇拜也往往以民众为中介发挥影响,因而,国家道义亦可解作民心所向。所谓民心,是指"人民的思想、感情、意愿等"。③ 应民心也即是指顺应民众的思想、感情和意愿。正如孟子所言:"乐民之乐者,民亦乐其乐;忧民之忧者。民亦忧其忧。乐以天下,忧以天下,然而不王者,未之有也。"④ 基于此,无怪乎周武王言:"民之所欲,天必从之",⑤"天视自我民视。天听自我民听"⑥。即上天服从民意,并从民众的见闻中获取信息。孟子亦讲"民为贵,社稷次之,君为轻"⑦。可见,广大民众的认同与支持是任何国际政治行为体占据道义制高点的关键所在。这从先秦中原文化区域下国际体系的演进中可见一斑。即夏、商、西周王朝的更迭,与共主国失去了天下之民心,进而对其在国际体系的观念结构中的共主地位的认同被削弱息息相关。

考虑到对国家行为的不同影响,民心以国界作为区分标准则可分为

---

① 《辞海》(中),上海辞书出版社,1979年版,第2428页。《汉语大词典》(第十卷),汉语大词典出版社1992年版,第1082页。
② 《辞海》(中),上海辞书出版社1979年版,第2428页。《汉语大词典》(第十卷),汉语大词典出版社1992年版,第1082页。
③ 《汉语大辞典》(第六卷),汉语大辞典出版社1992年版,第918页。
④ 《诸子集成》卷一:《孟子正义·卷二·梁惠王章句下》,上海书店1986年版,第71页。
⑤ 《春秋左传集解第十九·襄公六·襄公三十一年》,上海人民出版社1977年版,第1153页。
⑥ 《诸子集成》卷一:《孟子正义·卷九·万章章句上》,上海书店1986年版,第381页。
⑦ 《诸子集成》卷一:《孟子·卷十四·尽心章句下》,上海书店1986年版,第573页。

内部民心与外部民心。其中，内部民心的认同是政权能否存在的基础，而外部民心则通过其所在国对外产生间接影响。同样，在国际政治实践中，国家道义又有内部与外部之分。前者源于广大民众对政策的拥护，后者则是他国民众对其行为的认同和赞誉，能大幅提升一国的国际号召力。这一点在春秋战国时期的表现尤为明显。如墨子曰："吾闻为明君于天下者，必先万民之身，后为其身，然后可以为明君于天下。"[1]荀子言："汤武非取天下也，修其道，行其义，兴天下之同利，除天下之同害，而天下归之也。"[2]而最典型的则是先秦时期的共主国集内、外国家道义于一体，内失民心则无以立足，外失民心则有损天下认同与拥戴。

当历史的车轮驶向今天，我们对国家道义的理解似乎也有必要以现实的眼光作出某种超越与适应。首先，对于作为"民心"载体的国内外广大民众而言，较之于他们对国际政治的关注，"国家道义"作为一种政治话语，它的表达不论在内涵上还是在形式上，无疑过于抽象。相反，"国家形象"却具体而生动，而这种具体对于广大民众来说易于把握。其次，对于作为"国家形象"构建主体的国家而言，同样由于"国家道义"所具有的抽象性难以界定，而当代通过定量分析对于"国家形象"的具体把握也就更加便于操作，且其对民心所向的客观反映越来越有利于中国采取更具针对性的举措。

明确了"国家形象"较之"国家道义"对于目前中国国际政治实践的更重要意义，下面则是对先秦"以民心为导向的国家道义观"的借鉴与创新。首先，国家形象作为一种结果，它是国内外广大民众通过对中国国家道义认知的直接体现。这关乎中国国际政治实践中的民心所向问题，需要我们建立一套完善、系统的国家形象评估机制，以客观地把握国内民情及国际上对中国的舆论导向。其次，国家形象建设作为一个过程，它是国内外广大民众对中国国家道义的期盼与认知的过程。这种国家形象的渐进转变，更为我们采取一系列措施不断维护基于民心的国家

---

[1] 《诸子集成》卷四：《墨子问诘·卷四·兼爱下第十六》，上海书店1986年版，第74页。
[2] 《诸子集成》卷二：《荀子集解·卷十二·正论篇第十八》，上海书店1986年版，第216页。

道义提供了可能。

需要特别指出的是,与先秦有所不同,在现代国际政治中对国家主权的不断强化,尤其是民主选举制度的不断完善,使得各国政府更倾向于优先考虑内部民心,而淡化外部民心的影响。事实上,这种民心导向的内外失衡是十分危险的,尤其是对于一个地区或全球性大国而言。以美国的"单边主义"政策为例,它在一定时期虽然迎合了选票的需要,却伤了美国之外的广大民心,尤其是激化了以伊斯兰世界为代表的各种群体对美国的仇恨。从短期来看,美国的强大实力毫发未损且获得了大量的战略资源,但从长远来看却降低了世界上大多数民众对美国的认同。

(五)"和而不同"的理想观

当中国积极对内构建和谐社会、对外倡导建设和谐世界之时,"和而不同"的理念却早在先秦就已经成为中原文化区域下国际政治实践的灵魂,并构成了当代我国和谐思想的早期源头。从伏羲"八卦"思想所蕴含之阴阳相合、万物和谐的含义,到以"和合"思想为核心的神龙文化,体现了包纳万物的胸怀和追求,再到"天人合一"的思想之于和谐理念的完美表达,这些都体现了先秦主流思想派别不遗余力地对"和谐"的追求。先秦诸子主流上对"和"与"不同"的认识虽有差别,但其终极目标却是高度统一于追求内在和谐。首先,儒家之人文和谐。孔子的学生有子曰:"礼之用,和为贵。先王之道,斯为美。小大由之。有所不行,知和而和,不以礼节之,亦不可行也。"[1] 从而提出了"以和为贵"的观点。其次,道家之自然和谐。老子提出:"人法地,地法天,天法道,道法自然。"[2] 即重视顺应自然,遵循自然规律,与自然和谐相处的理念。再次,法家之法治和谐。商鞅认为"以强胜弱,以众暴寡"[3]是这个时代的本质特征,而"事乱则邦危",[4] 故以"法"求和谐则应运

---

[1] 《诸子集成》卷一:《论语正义·学而第一》,上海书店1986年版,第16页。
[2] 《诸子集成》卷三:《道德经·上篇·二十五章》,上海书店1986年版,第14页。
[3] 《诸子集成》卷五:《商君书·画策第十八》,上海书店1986年版,第31页。
[4] 《诸子集成》卷五:《韩非子集解·卷二十·制分第五十五》,上海书店1986年版,第367页。

而生。最后,墨家之狭义和谐。墨子主张"兼相爱"①,即应当"视人身若其身""视人家若其家""视人国若其国"。②

在哲学层面上,"和而不同"的理想观体现的是"和"与"不同"的对立统一,而所谓"不同"通常只是其表象,并不能掩盖先秦中原文化区域下国际政治思想的"和谐"本质。"和而不同"理念的落脚点始终在"和",但需要指出的是,它的出发点却必须是"不同",即"君子和而不同,小人同而不和"。③"和而不同"代表了中国传统文化的基本特征和价值取向。"不同"可以解作多样性的存在,这是绝对的,而"和"则是相对的,和谐而不千篇一律,不同又不彼此冲突,和谐以共生共长,不同以相辅相成。

先秦"和而不同"的理想观也就是在承认和尊重共主国、诸侯国和少数民族政权利益和价值多元化的前提下,提倡彼此之间互相尊重、和平共处,以期实现"天下"范畴内以国际政治行为体相融共生、共同发展为终极目标的国际政治理念。

当今中国重提构建"和谐"世界,也恰恰是对国际社会"不同"客观现实存在的反面印证。首先,自1648年《威斯特伐利亚和约》确立"国家主权"概念以来,经过300多年的反复强化已经超越任何道义束缚达到至高无上的境地。一旦这种国家极度自利性与强权结合就会产生重大危害,在第二次世界大战中德国纳粹分子以"生存空间理论"发动对全世界的侵略扩张足以证明。其次,在经济全球化背景下,以经济为主的非暴力作为国际政治互动的主流形态导致各国对经济财富的无限追逐,然而世界原料、资源、市场和资本有限,为了最大限度地维护国家安全、国家权力以及国家道义等国家利益,国家必然面对越来越多且不断升级的经济摩擦、外交危机甚至军事冲突的威胁。再次,当今世界并不太平,局部战争频仍,恐怖主义威胁不断上升,伊拉克问题、阿富汗

---

① 《诸子集成》卷四:《墨子问诂·卷四·兼爱上第十四》,上海书店1986年版,第63页。
② 《诸子集成》卷四:《墨子问诂·卷四·兼爱上第十四》,上海书店1986年版,第63页。
③ 《诸子集成》卷一:《论语正义·卷十六·子路第十三》,上海书店1986年版,第296页。

问题、巴以冲突、朝核问题、伊核问题等致使世界动荡不安。最后，人类还面临某些动植物的灭绝进而使人类生存环境受到严峻挑战等问题。面临这样一个发生了重大变迁的国际环境，建设和谐世界，不仅是时代的要求，世界各国人民的呼声，也是我国实现和平发展目标的外部条件。

四 结语

从遥远的先秦走到 21 世纪的今天，从曾经的中原文化区域走到不断扩展的中华文明，经历了千年沧桑之后，尤其是百年东西方文化激烈碰撞之后，国家间的纷争依然，只是早已物是人非。然而，"大一统"秩序观、以结盟为核心的国家安全观、以富国强兵为追求的国家权力观、以民心为导向的国家道义观及"和而不同"的理想观作为先秦时期国际政治思想主干，它们基本囊括了我们自古以来与国际政治紧密相关的主要问题，直至今日，仍然具有强大的生命力。但是，今天的我们应当以历史的眼光审视之，以批判的态度继承之，以做到取其精华，去其糟粕。至此，希望本文对中原传统文化视域下先秦国际政治思想主干的挖掘及其与中国崛起的时代背景相结合所作的当代解读能起到抛砖引玉之效。①

第二节 马克思主义国家理论指导中国国家安全学理论建设研究 *

中国共产党第二十次全国代表大会首次将"推进国家安全体系和能力现代化，坚决维护国家安全和社会稳定"以专章写入大会报告，强调

---

* 原文刊发于《国家安全论坛》2023 年第 6 期，作者余丽、王高阳，收录本书时略有改动。

"国家安全是民族复兴的根基,社会稳定是国家强盛的前提"。[①] 在世界之变、时代之变、历史之变三大变局的交织下,世界进入动荡变革期,内外联动的风险因素随时可能导致生活失安、社会失调和国家失序,推进国家安全体系和能力现代化建设迫在眉睫。中国坚持"同世界上所有爱好和平、追求幸福的国家和人民携手同行","并肩守护地球家园的和平安宁"[②]。为此,深入研究、建构国家安全学理论将助推国家安全体系建设,为构建国家新安全格局贡献智力支持。本文以马克思主义国家理论指导国家安全学理论建构为着力点,旨在为推动中国国家安全学学科的发展奠定学理基础。

国家安全学是一门新兴学科,新兴学科发展的起点是对其基础理论的阐发,说明并解释国家发展过程中的安全问题。新理论的建设不是一蹴而就的,而是基于一定的文化根基,离不开特定文化的哺育作用。[③] 中国特色国家安全学理论的建构基于中国五千年的文化底蕴,在悠久的中华文明发展史中铸就的中国文化精神更是对国家安全学理论的发展进程有着重要的影响作用。理论来源于实践,研究国家安全学理论,不仅要立足现实,前瞻未来,也需要从历史的长河中探寻源头和脉络,对其经验和教训进行科学的思辨。[④] 在中国,建设有中国特色的国家安全学理论,既需要从中华优秀传统文化中汲取滋养,也离不开马克思主义理论的指导,尤其是马克思主义国家理论。[⑤]

[①] 徐成芳:《国家安全是民族复兴的根基 社会稳定是国家强盛的前提》(https://news.gmw.cn/2022-12/01/content_36200987.htm)。
[②] 《全球安全倡议概念文件(全文)》(https://www.mfa.gov.cn/wjbxw_new/202302/t20230221_11028322.shtml)。
[③] 余丽:《借鉴古代思想 研究崛起战略——读〈古代中国思想与当代中国实力〉之感》,《当代亚太》2011年第5期。
[④] 军事科学院战争理论和战略研究部:《安邦大略——中国历代国家安全战略思想论析》,军事科学出版社2007年版,第2页。
[⑤] 本文使用的马克思主义国家理论是把马克思主义看作不可分割的统一的体系,即包含由马克思、恩格斯创立的马克思主义国家理论,由列宁、斯大林、毛泽东、邓小平、江泽民、胡锦涛、习近平等马克思主义者根据各自时代无产阶级革命实践活动的发展、各自国家的具体情况继承和发展的内容。

国际政治原著选读

马克思主义国家理论内涵丰富，涉及面广，其中主权、利益、安全等构成了其核心研究主题。基于对主权性质与主权形式在不同发展阶段的基本判断，马克思主义理论家提出了以人民主权为核心的国家主权思想；从国家的本质出发揭示了国家的本质是阶级统治的工具，国家的首要利益就是维护无产阶级的统治。从发展历程来看，马克思主义国家理论是一个与时俱进的理论体系。随着俄国社会主义国家建设实践的推进，列宁关于无产阶级专政的国家思想推动了国家理论的发展与深化。在回应当代中国实践面临的问题时，毛泽东等一批中国马克思主义者不断推进马克思主义中国化，形成了具有中国特色的马克思主义国家理论。毛泽东提出对内要依靠革命夺取和巩固国家政权、维护国家安全，对外要坚持独立自主的思想；邓小平则基于和平与发展的时代主题提出经济建设与对外开放并重，利用国内和国外两种资源开辟社会主义现代化国家建设新道路的思想。党的十八大以来，以习近平同志为核心的党中央提出"国家治理体系与治理能力现代化""十个坚持"等思想，对国家本质、国家职能、国家制度、国家治理等进行了深层次思考，进一步推动了马克思主义国家理论的中国化与时代化。概言之，马克思主义国家理论是基于不同历史时期的国家实践的视域、主题、内容、资源和方法等方面的理论阐述。

以马克思主义国家理论指导国家安全学理论建设得益于两者的逻辑互洽和有效互动，契合建设中国特色国家安全学理论体系的内在要求，两者在研究主体上高度一致，在研究场域上相互交融，在价值取向上相互契合。基于此，本文着眼于理论指导的底层逻辑，基于"必要性—耦合逻辑—突破点"的框架，阐明马克思主义国家理论指导国家安全学理论建设的必要性，分析马克思主义国家理论指导国家安全学理论建设的耦合逻辑，探讨马克思主义国家理论指导国家安全学理论建设的突破点。

一 马克思主义国家理论指导国家安全学理论建设的必要性

论证马克思主义国家理论指导国家安全学理论建设的必要性是开展本研究的前提条件和根基所在。以马克思主义指导国家安全学理论建设既有深刻的理论逻辑,又有迫切的现实诉求。从历史角度看,马克思主义在中国的指导地位决定了马克思主义国家理论指导国家安全学理论建设的必要性;从实践角度看,建构中国自主的国家安全学知识体系要求用马克思主义国家理论指导国家安全学理论建设;从理论角度看,马克思主义国家理论与国家安全学主干理论建构厚植于政治学理论的土壤,具有学科同源性。

(一)马克思主义在中国的指导地位决定了马克思主义国家理论指导国家安全学理论建设的必要性

中华民族百年革命、建设和改革的复兴奋进史和中国工业化、现代化建设的艰辛探索史,同中国共产党的百年发展与马克思主义在我国指导地位的制度化是一一对应的。马克思主义在中国的指导地位,不是个别人也不是一个党的主观意志决定的,而是历史的选择、人民的选择。中国革命、建设、改革的历史充分证明,没有马克思主义,就没有中华人民共和国;没有马克思主义及其在中国的新发展,就没有中国特色社会主义。在任何时候任何情况下,都要坚持马克思主义的指导地位。[①] 中国现代化建设的实践充分证明,马克思主义的指导地位是在中国革命与改革的历史中确立的,是人民在追求美好生活的过程中选择的。

马克思主义在中国革命和建设过程中的指导地位,要求我们必须坚持马克思主义在我国各领域知识体系构建中的引领作用。坚持以马克思主义为指导本质上来源于马克思主义的科学性,根植于近代以来中国发展的历史规定性,是中国特色学科知识体系的灵魂。哲学社会科学作为

---

① 秋石:《为什么必须坚持马克思主义在意识形态领域的指导地位而不能搞指导思想的多元化》,《党的建设》2009年第5期。

研究社会发展规律的学科，它的科学化程度和对社会的贡献程度，取决于其坚持什么样的世界观和方法论。中国哲学社会科学的性质和建设方向，必须保持同马克思主义相一致，这是由我国的国家性质和马克思主义的指导地位所决定的。马克思主义在哲学社会科学中的指导地位决定了中国国家安全学理论的建设必须以马克思主义为指导。

本文以马克思主义为指导，旨在探讨马克思主义国家理论指导中国国家安全学理论建设的逻辑。一方面，马克思主义国家理论主要围绕国家起源、国家类型、国家演进、国家属性等问题展开探讨，其研究的核心主体是国家。国家安全学理论围绕与国家相关的一系列安全问题进行探索，其核心主体也是国家。故此，马克思主义国家理论与国家安全学理论研究的核心主体高度一致。另一方面，国家安全学理论建设虽处于探索阶段，但学界对其建构的目标基本一致，即国家安全学理论建构始终为国家利益服务。广义的马克思主义国家理论恰好同国家安全学理论的建构目标共向。因此，马克思主义国家理论能为国家安全学理论建设提供更具契合性的启示。

（二）建构中国自主的国家安全学知识体系必须用马克思主义国家理论指导国家安全学理论建设

建构中国自主的国家安全学知识体系必须立足于中国发展和中国经验。当前，中国知识体系仍未能完全跳脱西方知识体系的窠臼，难以解决中国实际问题。西方既有的知识体系无法科学解释中国关于国家安全的具体实践，更难以正确引导中国未来总体安全的发展方向。为纾解中国国家安全学理论建设同中国实践脱节的困境，必须从马克思主义理论中寻求建设中国自主的学科知识体系的方法和路径。习近平总书记曾指出："马克思主义经典作家眼界广阔、知识丰富，马克思主义理论体系和知识体系博大精深，涉及自然界、人类社会、人类思维各个领域，涉及历史、经济、政治、文化、社会、生态、科技、军事、党建等各个方面。"①马克思主义国家理论作为马克思主义理论的重要组成部分,是我们建设中国自主国家安全学理论体系的必要理论武器。该理论紧紧围绕国家展开,内容涉及国家的起源、本质、职能、消亡等方面。随着新时代中国特色社会主义伟大实践的深入发展,马克思主义国家理论与时代要求相呼应,具体内涵进一步丰富。其中,国家主权、国家利益、国家安全成为马克思主义国家理论新的研究重点。此外,中国自主的国家安全学知识体系的建设必须立足中国具体的实践活动,直面国家安全遇到的风险和挑战。在共产党的领导下,极具特色的中国国家安全实践取得了丰硕成果。马克思主义国家理论同中国具体安全实践相结合,将会形成具有中国特色的理论成果,这不仅是对马克思主义理论的有益补充,也为新时代中国国家安全稳定提供了科学的理论基础和行动指南。②

建构中国自主的国家安全学知识体系要立足中国发展实践,为中国当下发展所面临的问题提供科学解释和方法论指导。国家安全学属于新兴学科,对其理论建构目前尚缺乏系统梳理及学理阐释,因此,我国必须建设符合中国社会实践特点、顺应中国发展逻辑的自主的国家安全学理论体系。中华人民共和国成立以后,在保障政权安全、意识形态斗争、社会制度、国防军事、国际战略等方面的研究目前已经受到高度重视,相关研究取得了较为丰富的理论成果。改革开放以后,伴随经济社会发展和国际格局变化,传统安全与非传统安全问题的研究交相辉映,国家安全关涉的领域不断深化拓展。党的十八大以来,以习近平同志为核心的党中央提出"总体国家安全观""建构国家安全战略体系"及"十个坚持"等思想,对国家安全的内涵、价值和路径等进行了深层次思考,极大地推动了国家安全理论研究的创新发展。③国家安全学作为一门新兴学科,其理论建设的要求不仅在于能够解释当前中国发展面临

---

① 《在哲学社会科学工作座谈会上的讲话(全文)》(http://www.xinhuanet.com//politics/2016-05/18/c_1118891128.htm)。
② 丁国旗:《马克思主义的当代价值和时代意义》,《红旗文稿》2018年第21期。
③ 程琳:《加强国家安全学学科建设及人才培养的几点思考》,《国家安全研究》2022年第1期。

的安全困境,更需要能够指导中国未来的安全实践活动。整体而言,建设中国自主的国家安全学理论需要将党和国家有关国家安全建设的方针、政策、原则等作为学科理论的立足点,并从学科基础理论的角度进行诠释,服务于国家安全战略,通过探寻国家安全实践中的发展规律,提出更多具有中国特色的国家安全学理论。

(三)马克思主义国家理论与国家安全学主干理论建构厚植于政治学理论的土壤,具有学科同源性

同源是生物学、遗传学中常见的概念,旨在将每个个体的存在置于同一层次,通过比较、分析、审判,找到共同的根源。据此,所谓的学科同源即将马克思主义国家理论与国家安全学主干理论置于学科范式这一层次上,通过比较、分析找到共同的根源。元概念是新理论构建的第一块基石。笔者以两者理论研究中的元概念为切入点探究两者同源性,阐明马克思主义国家理论是对政治学理论的丰富和补充,反过来,政治学理论的发展又充实了马克思主义国家理论;另一方面,政治学理论支撑着国家安全学理论建设,国家安全学理论建设的创新也能进一步滋养政治学理论的发展。以此为论证的逻辑链条,阐释马克思主义理论与国家安全学理论具有学科同源性。

纵观政治学的发展史,政治学家们的重点研究对象一直是国家,政治学理论中有关国家的定义是多种多样的。如古希腊的政治学家亚里士多德指出,城邦(国家)的长成出于人类"生活"的发展,而其实际的存在却是为了"优良的生活"。[1]19世纪的德国哲学家康德认为,国家是许多人依据法律组织起来的联合体。[2]霍布斯、洛克、卢梭等人则从契约说的角度探究国家的定义,认为国家是自然状态下的人们按照理性原则形成的社会契约。除此之外,还有国家神权说、国家有机体说等定义。这些定义尚未能从根本上揭示国家的本质。通过考察国家起源的

---

[1] [古希腊]亚里士多德:《政治学》,吴寿彭译,商务印书馆2017年版,第7页。
[2] [德]康德:《法的形而上学原理——权利的科学》,沈叔平译,商务印书馆1991年版,第136页。

历史，马克思主义经典作家深刻揭示了国家的本质，马克思指出，"国家属于统治阶级的各个个人借以实现其共同利益的形式"。① 列宁也指出："国家是维护一个阶级镇压另一个阶级的机器。"② 马克思主义作家科学地、深刻地揭示了国家本质，丰富发展了政治学国家理论的内容。国家安全学是研究国家安全的学问，国家安全是国家安全学的主要研究对象。国家安全是随着国家产生而出现的一种社会存在和社会现象。③ 因此，其理论建设的起点应该是对国家含义的确定。政治学理论中有关国家含义的探讨支撑国家安全学理论对国家含义的界定。根据马克思主义对于国家含义的理解，同时扬弃和吸收其他政治学家关于国家含义的有益论述，厘定国家安全学理论建设的起点。

在"国家"这个核心概念之外，"主权""利益"等与国家安全休戚相关的概念也是在政治学的基础上逐步确立的。以"利益"概念的探讨为例，"利益"是政治学界探讨最多的概念，政治学家伊壁鸠鲁将正义与利益联系在一起，认为"渊源于自然的正义是关于利益的契约，其目的在于避免人们彼此伤害和受害。"④ 18世纪法国唯物哲学家爱尔维修强调"利益是一种手段，是达到欲望的中介"⑤。由于这些思想家们受唯心史观、形而上学思想的影响，并未真正揭示利益的本质。马克思主义则是在辩证唯物主义、历史唯物主义的基础上探讨利益问题，通过对利益的形成过程展开分析，将利益界定为"基于一定基础上获得社会内容和特性的需要"⑥，从根本上揭示了利益的本质，丰富了政治学关于利益研究的内容。正如列宁所说："必须到生产关系中间去探求社会现象的根源，必须把这些现象归结到一定阶级的利益。"⑦ 国家安全最根本的目标是实现国家利益。为更准确地理解国家安全、推动国家安全学理论建

---

① 《马克思恩格斯全集》第三卷，人民出版社1960年版，第70—71页。
② 《列宁全集》第三十七卷，人民出版社1986年版，第66页。
③ 刘跃进主编：《国家安全学》，中国政法大学出版社2004年版，第1页。
④ [苏]涅尔谢相茨：《古希腊政治学说》，蔡拓译，商务印书馆1991年版，第210页。
⑤ 葛力：《十八世纪法国哲学》，社会科学文献出版社1991年版，第609—610页。
⑥ 王浦劬：《政治学基础》，北京大学出版社2014年版，第47页。
⑦ 《列宁全集》第一卷，人民出版社1984年版，第464页。

设，探讨利益的本质、核心要义等内容是必要的，更有必要借鉴政治学中对利益等核心概念的相关阐述。

概言之，"国家""主权""利益"等与国家安全密切相关的概念，一直是政治学研究的重点，古今中外政治学家均围绕相关概念进行探索研究，并形成一系列理论与学说。马克思主义国家理论在吸收、借鉴其他非马克思主义国家理论的基础上，对政治学理论进行补充与升华。在国家安全学理论的研究中，"国家""主权"和"利益"也被视为核心概念，它们是在政治学理论和马克思主义国家理论的基础上阐发的。与此同时，国家安全学理论在其发展和建设过程中，也有助于丰富、补充和完善政治学的理论体系。

二 马克思主义国家理论指导国家安全学理论建设的耦合逻辑

恩格斯认为："辩证法是关于普遍联系的科学。"[①] 马克思主义国家理论与国家安全学理论之间潜含着相互支撑、耦合互嵌的科学逻辑。从本体论来看，马克思主义国家理论的主权观、利益观奠定了国家安全学理论的本体论基础；从认识论来看，马克思主义的辩证唯物主义为国家安全学理论建设提供了强大的认识论武器；从方法论来看，马克思主义历史的、辩证的方法对国家安全学理论建设具有重要的方法论意义。马克思主义国家理论指导国家安全学理论建设得益于二者的逻辑互洽和有效互动，契合国家安全学理论的构建要求。

（一）从本体论来看，马克思主义国家理论的主权观、利益观奠定了国家安全学理论的本体论基础

马克思本体论思想是对人类社会历史发展的本体基础——"基底样式"的科学揭示。就本义而言，本体论所关注的就是"世界何以可能"的问题，是对存在的原理及存在物的起源和结构进行批判性、系统性探

---

① 《马克思恩格斯选集》第三卷，人民出版社2012年版，第841页。

究的事业，是一种追本溯源、穷根究底式的追问。①以本体论视角切入，基于马克思主义国家理论的主权观、利益观的重点论述阐释国家安全学理论，理解国家安全学理论兼顾人民主权及领土主权的基本主权观，把握国家安全学理论对马克思国家理论利益观的深层次挖掘和发展，有助于进一步划定国家安全学理论研究的主体内容。

1. 马克思主义国家理论的主权观奠定了国家安全学理论的本体论基础

主权作为一个国家国际主体身份的象征，是其实现长久发展、立足于世界的坚实后盾和根本保障。②马克思和恩格斯基于对主权性质与主权形式在不同发展阶段的基本判断，提出了以人民主权为核心的国家主权思想。③实现人民主权，是马克思、恩格斯始终坚定不移的追求。④在探究国家主权的问题上，马克思始终强调人的重要性，站在"以人为根本"的立场上，去看待现实世界。⑤《共产党宣言》中明确提出共产主义社会的最终目标是实现人的自由全面发展。列宁对马克思和恩格斯的人民主权思想进行了继承与发展，提出确保主权要掌握在人民的手中，才能实现人民巩固主权。中华人民共和国成立以来，中国继承并发展了马克思主义的国家主权思想。毛泽东的人民主权思想首先体现在全心全意为人民服务。⑥以邓小平为代表的中国共产党人，开启了中国特色社会主义国家主权的理论探索，并指出各项工作"都要以是否有助于人民的富裕幸福，是否有助于国家的兴旺发达，作为衡量做得对或不对的标

---

① 杨耕：《返回马克思主义哲学体系理论源头：重释本体论和认识论》（https://epaper.gmw.cn/zhdsb/html/2020-07/22/nw.D110000zhdsb_20200722_1-06.htm）。
② 高德胜、赵娅倩：《习近平马克思主义国家主权思想的新发展——基于"一带一路"国际倡议的思考》，《海南大学学报》（人文社会科学版）2018年第1期。
③ 张南燕、刘建飞：《马克思主义国家主权思想的演化谱系与核心线索》，《北京社会科学》2023年第1期。
④ 王善才、于培礼：《国家主权是实现人权的基本保障——学习〈关于中国的人权状况〉白皮书》，《党校学报》1992年第1期。
⑤ 崔秋锁、付秀荣、丁立卿：《马克思人本思想研究》，人民出版社2014年版，第4页。
⑥ 韩斌、孟宪平：《以人为本的理论与实践问题研究》，中共中央党校出版社2007年版，第93页。

准"①。新时代,以习近平同志为核心的党中央,坚持以人民为发展中心,筑牢国家主权根基。习近平总书记曾说过:"人民对美好生活的向往,就是我们的奋斗目标。"②

在马克思主义的国家主权思想中,领土主权也是重要的构成部分。维护国家主权,确保国家独立和领土完整是一项重要任务。基于此,中国共产党和国家始终坚决反对任何分裂活动,反对一切外部势力干涉,坚定不移地捍卫国家主权和领土完整,维护国家稳定和中华民族根本利益。在毛泽东国家主权思想的指导下,中国共产党带领人民实现了争取领土完整、国家独立和确立社会主义制度的历史使命。中华人民共和国成立初期,西藏分裂活动猖獗。为了维护国家统一和民族团结,中国政府采取了一系列措施平息西藏的分裂活动。毛泽东主席坚定地指出:"西藏是中国领土,西藏问题是中国内政问题。"③ 习近平总书记在纪念中国人民志愿军抗美援朝出国作战70周年大会上提出:"我们决不会坐视国家主权、安全、发展利益受损,决不会允许任何人、任何势力侵犯和分裂祖国的神圣领土。"④

马克思主义国家主权理论是以人民主权为核心的,同时重视领土主权;国家安全学理论的构建也应该坚持以人民安全为宗旨,同时重视领土主权。马克思主义国家主权理论中对人的安全的重视对于当今中国国家安全学理论建设具有启发性。"人的安全"不是孤立的,与国家安全、国际安全乃至全球安全都有着千丝万缕的联系。⑤ 促进"人的安全"有助于社会稳定从而巩固国家安全,而维护国家安全的落脚点也应该是实现人的自由发展,促进人的安全。从这个意义上来说,国家安全学理论

---

① 《邓小平文选》第三卷,人民出版社1993年版,第23页。
② 《习近平总书记系列重要讲话读本(2016年版)》,学习出版社、人民出版社2016年版,第212页。
③ 《毛泽东文集》第六卷,人民出版社1999年版,第102页。
④ 《在纪念中国人民志愿军抗美援朝出国作战70周年大会上的讲话》(http://www.xinhuanet.com/politics/2020-10/23/c_1126649916.htm)。
⑤ 石斌:《"人的安全"与国家安全——国际政治视角的伦理论辩与政策选择》,《世界经济与政治》2014年第2期。

的建构要充分重视马克思主义的国家主权理论。

2. 马克思主义国家理论的利益观奠定了国家安全学理论的本体论基础

维护国家利益是国家安全的重要内容。马克思主义国家利益观的发展，为国家安全学理论发展提供了目标导向。马克思和恩格斯对国家利益的界定是从国家的本质出发的，国家是阶级统治的工具，"是一个阶级用以压迫另一个阶级的有组织的暴力"①，无产阶级国家的首要利益就是维护无产阶级的统治；列宁继承了马克思和恩格斯的国家本质思想，并在苏俄和苏联的社会主义建设中认识到了坚持无产阶级专政和共产党领导的重要性；毛泽东在中国革命的实践中，继承并发展了马克思主义的国家利益观，一方面强调"人民民主专政的国家制度是保障人民革命的胜利成果"②的武器，另一方面又提出了维护国家利益的三条外交方针，即"另起炉灶""打扫干净屋子再请客""一边倒"；邓小平继承了马克思国家利益的精髓，坚决维护国家主权利益，明确提出"主权问题是不能谈判的"③。同时，在和平与发展的时代主题下，提出要维护和发展国家的经济利益，"经济工作是当前最大的政治，经济问题是压倒一切的政治问题"，指出"工作重点都要放在经济工作上面"④；习近平在吸收借鉴马克思主义国家安全思想的基础上，在当今世界百年未有之大变局、中国特色社会主义进入新时代的背景下，提出了"要坚决维护国家的主权、安全和发展利益"⑤。马克思主义国家利益观的发展呈现继承性和发展性的特点。

维护无产阶级人民民主专政，维护国家安全和意识形态安全，同样是国家安全理论研究的核心主题，与国家安全理论高度契合。首先，这

---

① 《马克思恩格斯选集》第一卷，人民出版社2012年版，第422页。
② 《毛泽东外交文选》，中央文献出版社、世界知识出版社1994年版，第114页。
③ 《邓小平文选》第三卷，人民出版社1993年版，第85页。
④ 《邓小平文选》第二卷，人民出版社1994年版，第194页。
⑤ 《在庆祝中国共产党成立95周年大会上的讲话》(http://www.qstheory.cn/dukan/qs/2021-04/15/c_1127330615.htm)。

是由无产阶级的国家利益所决定的。建设国家安全学理论的根本目的是维护国家安全，维护国家安全就是维护国家利益，国家的安全需求是从国家的利益需求中诞生的。根据马克思主义国家理论，无产阶级国家最根本的利益就是维护无产阶级专政，因此无产阶级国家安全理论最核心的关注点就是维护无产阶级人民民主专政。其次，是由无产阶级国家所面临的国际和国内环境所要求的。无论是苏维埃政权还是中华人民共和国政权，在其成长过程中都面临着帝国主义和资本主义的威胁，面临着资本主义和社会主义意识形态的激烈碰撞。在这样的情况下，如何维护无产阶级国家安全，如何维护无产阶级国家意识形态安全，就成为国家安全理论的重要课题。

马克思主义国家利益观的与时俱进，为国家安全理论的发展开辟了新的领域。马克思主义的国家利益观从注重无产阶级专政到如今关注国家的经济利益、科技利益、文化利益、网络利益等诸多方面，从关注阶级利益到如今关注全人类的利益，从通过阶级斗争实现国家利益到各国相互依赖协同实现国家利益。国家安全的理论研究也相应地从政治、军事二元认知到非传统安全领域，从国家安全的博弈平衡到国际合作共赢的普遍安全，从注重国家主体性到强调"人的安全"的重要性，从国家"硬实力"较量到"软实力""巧实力"角逐等，国家安全内涵及理论同国家利益观日渐丰富。[1]

（二）从认识论来看，马克思主义的辩证唯物主义为国家安全学理论建设提供了强大的认识论武器

理论因实践的产生而出现，随着实践的发展不断创新。正如马克思主义国家理论在发展过程中，虽遭受无政府主义、机会主义和修正主义的歪曲，甚至遭到东欧剧变、苏联解体的沉痛打击，但这些挑战都无法磨灭马克思主义国家理论的生命力与解释力，这是由于马克思主义国家理论本身所具有的实践价值。相应地，依托马克思主义国家理论建设的

---

[1] 程琳：《加强国家安全学学科建设及人才培养的几点思考》，《国家安全研究》2022年第1期。

国家安全学理论也并非抽象的概念，而是依据中国具体的时空条件，并从具体实践中抽取出的理论。马克思主义国家理论统筹实践和认识的辩证关系，为国家安全学理论的建设提供科学借鉴。

1. 国家安全学理论是在新时代国家安全斗争中不断成长起来的具备鲜明实践品质的学问

理论研究总是源于社会现实问题，是对社会现实问题的思考和回答。长久以来，政治国家与市民社会之间的矛盾现实形成和发展了不同的国家观，而马克思主义国家理论通过科学阐明国家本质的问题，科学回应了市民社会与政治国家之间的矛盾问题。马克思主义国家理论的产生与发展正是在于回应特定的现实矛盾，我国的国家安全学理论建设也必须基于具体的实践需要，回应我国必要的现实国家安全问题。

基于不同时代主题展开的具体实践活动促进国家安全学理论的形成及发展，丰富国家安全学理论的具体内容及内涵，这是国家安全学理论建设的逻辑起点。国家安全是马克思主义国家理论体系的重点关切，保障国家安全是该理论在现实层面的折射。尽管马克思、恩格斯经典著作中蕴含国家安全的思想要义，但由于他们所处的时代少有围绕国家安全建设展开的实践活动，马克思、恩格斯时期并未形成一以贯之的国家安全学思想。而中华人民共和国成立后，新生人民政权尚不稳定，国内外多重不安全、不稳定因素威胁中国国家安全，挑战中国的生存及发展，为中国国家安全斗争与实践的展开提供了基础。尤其是在百年未有之大变局的时代背景下，中国的国家安全实践活动愈发丰富，对建设国家安全学理论提出了新的时代要求，建设科学的国家安全学理论体系以解释社会实践迫在眉睫。

马克思主义国家理论的发展完善根植于围绕国家开展的具体实践活动，如果没有实践的发展，马克思主义国家理论无从形成。实践为认识的形成提供了可能，我国建设国家安全学理论也必须将实践放到第一位，从实践中获得理论建设的启发。一方面，我国关于国家安全的具体实践要求学界尽快建设国家安全学理论体系，另一方面，围绕国家安全建设展开的实践活动成为我国建设国家安全学理论的逻辑起点。毛泽东曾指出:"人的认识一点也不能离开实践。"①对国家安全学理论的建设绝不是学者们进行思考就能完成的,只有将中国的实践经验同对国家安全建设的思考相融合,才能建构起符合中国发展规律的科学的国家安全学理论。

2. 国家安全学理论是新时代国家安全斗争实践推动下不断发展完善的学问

马克思主义国家理论的具体内容是在实践的推动下趋于完善的。关于国家职能的论述中,传统的马克思主义者认为阶级统治是国家的唯一职能,但随着社会主义的实践发展,阶级统治已无法满足公民对国家的需求,西方学者认为国家的职能不再局限于统治社会,而是囊括公共社会管理职能等。实践不断提出新课题,推动认识的发展。同样,我国对马克思主义国家理论的发展是马克思主义基本原理同中国具体实际相结合的过程,中国实践不断丰富和发展了马克思主义国家理论。在纪念马克思诞辰200周年的大会上,习近平总书记指出:"理论的生命力在于不断创新。"②创新的动力来源是处于发展中的实践活动。基于此,探寻实践的发展对国家安全学理论建设的推动作用,能够科学把握国家安全学理论的发展脉络及未来趋势。

国家安全学理论的建设符合马克思主义国家理论所体现的实践观的内在逻辑。国家安全学理论的建设并非一蹴而就,亦非一成不变,而是一个依据国家安全领域具体实践所提出的需求,不断发展完善的系统化动态过程。实践在认识中的重要作用就在于它是主体和客体之间发生联系和相互作用必不可少的环节。国家安全实践的发展推动了国家安全学理论的建设,促进了国家安全学学科的发展。为更科学地指导我国的安全实践,习近平总书记创造性地提出总体国家安全观,把中国共产党对国家安全的认识提升到了新的高度和境界,为破解我国国家安全建设所面临的难题、进一步落实新时代国家安全工作提供了基本遵循。国家安

---

① 《毛泽东选集》第一卷,人民出版社1991年版,第284页。
② 《在纪念马克思诞辰200周年大会上的讲话》(https://www.gov.cn/gongbao/content/2018/content_5294767.htm)。

全学学科建设及国家安全具体实践活动的发展为国家安全学理论的构建提供不竭的动力。

3. 国家安全学理论是指导新时代国家安全斗争且被实践检验的一门科学

马克思主义国家理论同中国具体实践活动相结合,其内涵和深度不断扩展,成为解决中国特色社会主义国家基本问题的科学理论和行动指南。马克思主义国家理论已然成为当代中国国家建设的强有力的理论武器,指导中国从站起来、富起来进入强起来的阶段。中华人民共和国成立以来七十多年的伟大实践证明了马克思主义国家理论对我国国情的判断是正确的,对我国发展道路的指导是科学的。同样,我国国家安全学理论的建设不仅能够指导新时代国家安全的具体实践,更需要接受实践发展的检验,发展成为兼具科学性及价值性的学科理论体系。

国家安全学理论现实价值的实现在于能够科学指导国家实践。马克思指出,理论是对事物本质和规律的认识,它可以而且应该走在实践的前头,指导实践的进程。根据马克思主义基本原理,在马克思主义哲学观中,任何理论建设都需以指导实践形成闭环:"理论在一个国家实现的程度,总是取决于理论满足这个国家的需要的程度。"[①] 此外,习近平总书记提出总体国家安全观的建设须以从实践中来到实践中去作为核心内容,从辩证唯物主义视角完善马克思主义国家观。相应地,国家安全学理论建设最终落脚于我国的社会实践,以指导国家安全实践、实现国家利益最大化为价值追求。为科学搭建国家安全学学科体系和理论建设,进一步夯实国家安全领域科学研究和人才培养,2020年底,国务院学位委员会、教育部正式将国家安全学设置为一级学科。整体而言,我国关于国家安全及其学理化的建设回应时代需要,顺应时代发展,随着国家安全实践的发展不断完善。

国家安全学理论作为新时代的新理论,对其建设及发展以指导我国的安全实践为价值导向。仅停留在对理论体系进行完善的理论建设偏离

[①] 《马克思恩格斯选集》第一卷,人民出版社2012年版,第11页。

了马克思主义辩证唯物主义的基本要求。正如马克思主义国家理论不是教条，基于该理论的国家安全学理论更不可能直接对各个不同国家、民族、地区千差万别的特殊情况和特殊问题提供现成的答案，而只可能提供观察问题和解决问题的世界观和方法论。① 中国国家安全学理论的建构不仅要适用于实践、推动实践创新和制度创新，更要推动我国构建与新发展格局相适应的新安全格局，充分发挥国家安全学理论对系统化的安全实践的统筹指导作用。

（三）从方法论来看，马克思主义历史的、辩证的方法对国家安全学理论建设具有重要的方法论意义

方法论是研究任何问题首要的和根本的问题。② 在国家问题的研究上，马克思、恩格斯确立了研究这一问题的科学方法，即基于历史的与辩证的方法剖析国家的历史渊源、当代形态等问题，这为科学、全面地理解与认识国家问题奠定了坚实的方法论基础，也是其与西方国家理论的最大不同点。③ 采用历史的、辩证的分析方法能够为国家安全学的理论构建提供宝贵的方法论参考。

1. 马克思主义历史分析方法对国家安全学理论建设具有重要的方法论意义

在《德意志意识形态》中，马克思、恩格斯明确指出："我们仅仅知道一门唯一的科学，即历史科学。"④ 历史在马克思、恩格斯那里不只是作为一个学科存在，更为重要的是它的方法属性，即基于历史的视角去探索和解读问题。在马克思、恩格斯看来，历史的分析方法是科学的、全面的，它不仅是马克思主义所有理论的基本方法，也是贯穿于马克思主义国家理论的基本方法。

---

① 陶德麟：《实践与真理——认识论研究》，人民出版社2017年版，第315—316页。
② 张国顺：《马克思主义平等哲学的历史叙事及其现实逻辑——马克思恩格斯平等理论研究》，东南大学出版社2018年版，第138页。
③ 李晓乐：《马克思主义国家治理理论的历史逻辑》，吉林大学出版社2022年版，第52—53页。
④ 《马克思恩格斯全集》第三卷，人民出版社1960年版，第20页。

在研究国家问题时，马克思主义总是突出强调要在历史的语境中展开。[1]例如，马克思在阐释国家起源时遵循严格的历史逻辑：国家不是从来就有的，在历史上曾存在没有国家的社会，后来随着生产力的发展与私有财产的出现，社会上逐渐分化为不同的阶级，当不同阶级间的矛盾无法调和，才出现国家。[2]由此可以看出，马克思所论述的国家起源是建立在对国家起源的社会历史现象的分析与考察的基础上抽象出来的，并不是随意提出的国家起源说，是具有普遍性与必然性的结论。再如，习近平总书记在对国家安全领域进行阐释时也遵循一定的历史逻辑，2014年习近平总书记提出了国家安全的11个领域，[3]后来在外事工作会议上又提出海外利益安全，进而又丰富发展出了太空安全、深海安全、极地安全、网络安全等，[4]2021年又将生物安全纳入国家安全体系，[5]形成了17个领域的国家安全体系架构。后又将17个领域延伸至20个领域。国家安全领域由最初的11个领域发展到现在的20个领域，充分证明习近平总书记在思考国家安全时不是静态的、一成不变的，而是基于时空的不断发展与变换，以历史的、动态的视角去把握国家安全的领域变化。

以上对国家安全进行分析、阐释和建构的历史方法，能为国家安全学理论建设提供多方面的启发。运用历史的方法探索国家安全学的理论建构，包括两个互相联系的层面。一方面，将国家安全理论建构置于具体的社会背景条件下。理论的建设是为解决实际问题所服务的，不同的国家、不同的区域所面临的国家安全问题有所不同，国家安全理论的构建应以解决具体的安全问题为依托，在建构国家安全理论时，要将其放在特定的历史社会背景中。另一方面，必须将国家安全理论建设视为历史发展进程的结果，国家安全理论建设不是静态的、一成不变的，它会随着时间的推移

---

[1] 臧峰宇：《晚年恩格斯国家观的政治哲学解读》，《广西社会科学》2014年第4期。
[2] 张学鹏：《马克思国家观研究》，中国社会科学出版社2020年版，第81页。
[3] 《习近平谈治国理政》第一卷，外文出版社2014年版，第201页。
[4] 李理：《新时代维护国家安全的理论创新和斗争实践》，《求知》2022年第6期。
[5] 《习近平谈治国理政》第四卷，外文出版社2022年版，第399页。

不断发展出新的理论，有其阐释、发展的历史，只有这两方面紧密结合，才能真正地理解和诠释国家安全问题。质言之，国家安全学的理论建设是历史的发展，它反映了在特定历史背景下的多种关系。

2. 马克思主义辩证的分析方法对国家安全学理论建设具有重要方法论意义

辩证的分析方法即唯物辩证法，这是马克思主义最基础的方法，为人们提供了正确认识和改造世界的思维方式和实践方法。马克思及其继承者在建构国家理论时始终沿着辩证的方法与思路展开。一方面，马克思主义国家理论是在不同要素的内在联系上研究国家问题。在马克思恩格斯之前，也有诸多学者探讨国家问题，比如黑格尔、卢梭、霍布斯等学者，但是这些学者仅仅以国家问题本身探索国家问题。而马克思则是基于不同时代生产方式与国家和社会发展的内在联系阐释国家问题，不是孤立地就国家问题探讨国家问题。[1]联系的方法与视角对构建国家安全学理论具有重要的参考价值。国家安全学作为一个新兴的学科，其基础理论建设目前仍然处于探索之中，缺乏系统性。然而，已有的一些学科的理论，如政治学理论、应急管理学理论等，已经形成了比较完整的理论体系，并与国家安全学在学科特性上有许多渊源。因此，在构建国家安全学理论时，可以借鉴政治学和应急管理学的相关理论。

另一方面，马克思主义国家理论会随着时间和空间的变化不断地发展。马克思主义国家理论是与时俱进、不断发展的，尽管马克思、恩格斯被视为马克思主义国家理论的开创者，但马克思主义国家理论并未仅仅局限于马克思、恩格斯的国家理论。列宁、斯大林、毛泽东、邓小平、江泽民、胡锦涛、习近平等先进的马克思主义者，在结合社会实践的基础上，不断地丰富和深化了马克思主义国家理论的内容。[2]马克思主义国家理论的不断发展对构建中国国家安全学理论富有启发意

---

[1] 郭宝宏：《马克思主义国家理论的当代魅力》，人民出版社2012年版，第2页。
[2] 程琳：《加强国家安全学学科建设及人才培养的几点思考》，《国家安全研究》2022年第1期。

义。随着社会的发展和进步，不断出现新的安全问题。在解决新的安全问题的过程中，新的国家安全理论将会不断地被阐发，从而使国家安全理论得到持续发展。以人工智能安全为例，人工智能安全问题是随着信息技术的进步而催生的新安全问题，那么在应对人工智能安全问题的过程中，会不断地产出与其相关的国家安全学新理论。此外，随着学科交叉趋势的发展、强化，国家安全学理论也会在与其他学科交叉融合的过程中，引入其他学科的理论从而不断产出新理论。例如，将治理理论引入国家安全治理领域，在此基础上可以演化出国家安全整体治理、国家安全动态治理、国家安全精准治理等相关理论。

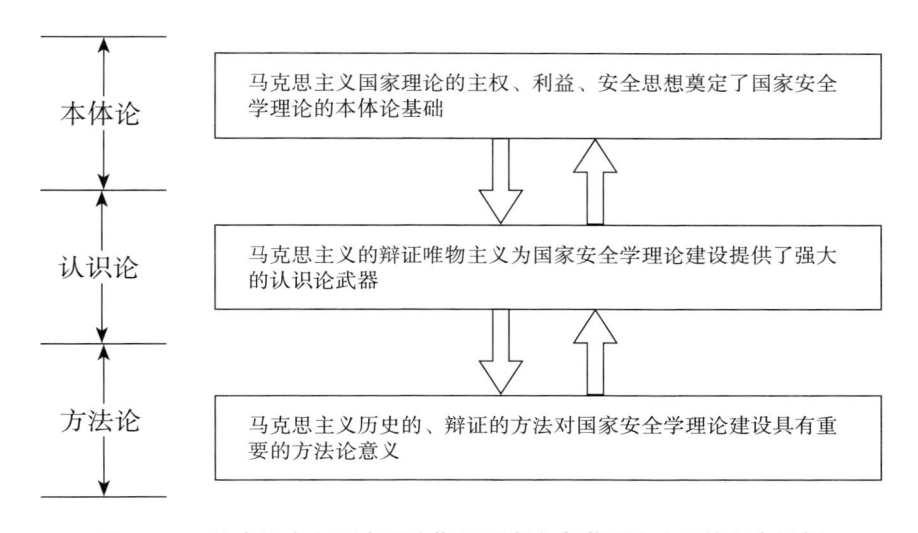

本体论	马克思主义国家理论的主权、利益、安全思想奠定了国家安全学理论的本体论基础
认识论	马克思主义的辩证唯物主义为国家安全学理论建设提供了强大的认识论武器
方法论	马克思主义历史的、辩证的方法对国家安全学理论建设具有重要的方法论意义

图 16-1 马克思主义国家理论指导国家安全学理论建设的耦合逻辑

三　马克思主义国家理论指导国家安全学理论建设的突破点

任何一门社会科学的发展都应以其基础理论的建构为逻辑起点，我国国家安全学的学科发展，应该聚焦于基础理论的阐发与拓展。马克思主义被视为我国发展和建设的核心指导思想。习近平总书记多次强调必须确保马克思主义在哲学和社会科学领域中的主导地位。作为马克思主义理论的重要组成部分，马克思主义国家理论指导国家安全学理论建设，能够更好地为国家安全学理论繁荣发展指明前进方向、提供根本遵循。

（一）立足中华优秀传统文化积淀与马克思主义中国化实践，建构中国特色的国家安全学理论

建构中国特色的国家安全学理论离不开对中国优秀传统文化积淀的继承与弘扬。在中国，关于国家安全的思考源远流长，历代明君良相和有识之士都高度重视国家安全，并留下了丰富的治国安邦遗产。这些遗产包括历代帝王、大臣和学者所遗留的许多诏书、敕谕、奏疏、对策和文章，不乏对国家安全的战略性思考和精辟论述，成为中华民族传统文化的重要组成部分。[①] 早在先秦时期，便有《周易》论居安思危，"是故君子安而不忘危，存而不忘亡，治而不忘乱，是以身安而国家可保也"，把居安思危作为国家寻求长治久安的思维方式和行为准则。中国古代的国家安全思想中，"民本"思想占据重要地位，认为国家安全与君主是否仁义有密切关系，孟子提出"民为贵，社稷次之，君为轻"，倡导君主要仁政爱民，得民心者才能获得政权稳固；荀子提出"君者，舟也；庶人者，水也。水则载舟，水则覆舟"，认识到人民的重要性。倡导"礼法"和"国家安全"之间的关系是中国古代国家安全思想的又一特征，儒家认为"人之命在天，国之命在礼"，是否实行礼法，是国家安全的最根本要义。[②] 此外，我国《孙子兵法》中讲到"非利不动，非得不用，非危不战"，认为对待战争应该慎重，慎战是孙子在战略上追求国家安全的一个基本认识。《管子》中有不少关于粮食安全对于国家

---

① 军事科学院战争理论和战略研究部：《安邦大略——中国历代国家安全战略思想论析》，军事科学出版社 2007 年版，第 2 页。
② 张永攀：《从先秦"王畿"到近代民族国家——论中国传统"国家安全观"的流变与转型》，《国际安全研究》2021 年第 6 期。

安全重要性的精辟见解[1]等。通过对历史上治乱兴衰得失进行梳理和总结，以期对现实有所裨益，从而能更加准确地把握当下安全问题并从中寻求解决之道，深化对当代国家安全思想、战略等方面的研究，进而推动中国特色的国家安全理论体系构建。

建构中国特色的国家安全学理论，还必须立足现实，以中国化、时代化的马克思主义作为国家安全学理论建设的基础。自中华人民共和国成立以来，各届中央领导集体根据中国在不同时期所面临的国家安全挑战，逐渐形成了一套既相互继承又各具特点的国家安全思想。在中华人民共和国成立初期，毛泽东同志将保障国家的生存和安全视为中华人民共和国所有外交行动的核心目标，并逐渐形成了以军事安全为中心、追求国家独立和自主为目标的国家安全思想。这一国家安全思想的提出，正是鉴于我国当时所面对的国际国内环境。在全球局势渐趋和缓的背景下，世界各国人民对和平、稳定、发展的渴望日益增强。邓小平同志创造性地提出了"和平与发展是当今时代的两大主题"这一科学观点，并强调中国要解决各种问题，关键在于依靠自身的持续发展。自党的十八大以来，习近平总书记针对国家安全问题，进行了一系列深入的阐述。在中央国家安全委员会第一次会议上，他指出："我们党要巩固执政地位，要团结带领人民坚持和发展中国特色社会主义，保证国家安全是头等大事。"在党的二十大报告中指出："国家安全是民族复兴的根基，社会稳定是国家强盛的前提。"可见，以中国化、时代化的马克思主义为指导是解决中国安全问题的基本经验。正因如此，国家安全学理论建设也必须以中国化、时代化的马克思主义为指导。

（二）与时俱进，推进马克思主义主权理论的时代化

主权被视为与国家安全紧密相连的关键要素。在构建国家安全学理论时，必须密切关注与国家安全息息相关的核心内容，如主权、利益等。传统的马克思主义国家理论中，主权观大致包含三个层面：一国的

---

[1] 余丽、王高阳：《春秋战国时期粮食安全思想的传承与当代战略选择》，《国际安全研究》2014年第3期。

内政外交有独立自主权、主权和领土完整不容侵犯、反对国内外一切分裂势力。以马克思主义国家理论指导国家安全学理论建设，不仅需要吸纳和借鉴马克思主义主权观的精华，还需根据主权的新变化来不断创新国家安全学理论的内容。随着中国特色社会主义步入新的历史阶段，主权的内涵和外延比以往任何时期都更为丰富，时空领域比历史上任何时候都要宽广，内外因素比历史上任何时候都要复杂，这导致了前所未有的各种可预测和难以预测的安全风险。国家安全学的理论建设需要与时俱进，这意味着在构建国家安全学理论的过程中，应根据主权的新动态，持续地丰富其理论内容。既重视物理空间的领土主权，也关注虚拟空间的新兴领域国家主权，以网络主权、数据主权等赋予国家主权理论新内涵。

一方面，主权的外延不断扩展，这种扩展涵盖两个层面，一是地理新疆域的主权扩展，二是技术新领域的主权扩展。换言之，在构建国家安全学理论时，不仅要重视现实空间的主权安全，还要关注虚拟世界的主权安全。自从步入信息化社会，互联网的出现给国家政治、经济、文化及社会等各方面的安全带来了全面的挑战。各种传统与非传统安全威胁已经将其战场转移到虚拟的网络空间，开始对现实的国家发起了持久而严峻的安全挑战。网络安全威胁作为信息时代最为迫切的安全威胁之一，是摆在各个国家面前长久的一个挑战。[1] 以网络的应用和发展为标志，人类社会迎来了一次巨大的更为彻底的变革。[2] 传统国家边界无法保护数据资源，哪个国家掌握了信息控制权，就可以随意地侵占他国的信息资源，如果一个国家信息控制权丧失了，就意味着国家主权的丧失。[3] 基于此，国家安全学理论关于主权安全的研究领域不再拘泥于马克思主义国家理论对传统领土的所有权主张，更囊括对领土范围内一切人和物以及生产资料的主权主张。此外，随着人类活动范围的扩大，极

---

[1] 余丽：《互联网国际政治学》，中国社会科学出版社2017年版，第116页。
[2] 余丽：《互联网国际政治学》，中国社会科学出版社2017年版，第90页。
[3] 总体国家安全观研究中心、中国现代国际关系研究院：《新疆域与国家安全》，时事出版社2022年版，第10页。

地、深海、外空等成为人类可持续发展的全球焦点，即地理新疆域。①新的疆域一旦出现，就会触发一系列新的主权安全问题，而在应对这些新问题的过程中，新的主权安全理论也将持续发展。

另一方面，时代赋予了主权新的内涵。现如今，世界范围内，太空、深海、极地等新地理空间的主权争夺，网络、数据、人工智能等新技术领域的主权抢占，都是威胁国家主权安全的潜在因素。面对主权安全新形势，传统的主权理论对新出现的主权安全问题不能给出合理的解释，因此提出新的国家主权安全的理论就成为必要。西方传统的主权理论主要从主权与国家实力之间的关系这一维度进行观察，认为国家实力的强大会导致主权宣示的扩张。然而，这种理论解释虽然能够简化分析的复杂性，但更容易导致极端结论，即主权要么被强化，要么被弱化。②特别是在新的时代背景下，更加强调基于合作与共赢的共同体构建。因此，笔者考虑运用国家安全学的学科交叉属性，借鉴其他学科的理论，引入新的考察维度，对主权安全问题予以更合理的解释。例如，将国际合作理论引入到主权安全理论建设中，延伸出合作主权理论。这就意味着，在处理主权争端时不能只依靠传统的武力手段来实现，还需要借助谈判、协商等非暴力手段来化解分歧，达成共识，从而达到和平共处之目的。

（三）发展与创新马克思主义国家理论的利益观，实现自身安全与共同安全的合理平衡

国家安全是最基本的国家利益，国家安全学理论的构建必须首先明确国家利益的内容，然后才能准确地构建国家安全学理论的内涵。作为一个社会主义国家，马克思主义在我国居于指导地位，马克思主义对国家利益的界定，是我国国家利益最根本的内容。

马克思主义理论是不断发展的理论，这是由马克思主义理论的本性

---

① 总体国家安全观研究中心、中国现代国际关系研究院：《新疆域与国家安全》，时事出版社2022年版，第7页。
② 冯凡：《中国特色大国外交：基于实力与意志的双维度主权视角分析》，《江南社会学院学报》2018年第3期。

决定的。恩格斯指出："我们的理论（马克思主义理论）不是教条，而是对包含着一连串互相衔接的阶段的发展过程的阐明。"[1] 马克思主义理论的发展性启示我们，在国家安全学理论的构建中，既要坚持马克思主义维护无产阶级专政的核心利益安全，也要根据时代发展的特征实现安全理论构建的突破。当今时代呈现出两大突出特征，一是国家间的相互依赖日益增强，经济全球化和多极化持续发展；二是世界正经历百年未有之大变局，大国竞争和地区冲突日趋激烈。国际安全、卫生健康、环境生态等全球性问题已经成为影响我国国家安全的重要外部因素。与此同时，中国特色社会主义发展进入新时代，国内主要矛盾发生新变化，产业结构优化和升级正处于关键阶段，我国的社会发展需要一个安全稳定的国际环境。我国的国家利益与世界人民的共同利益，我国的国家安全与世界人民的共同安全已经紧密地联系在一起。中国发布的《全球安全倡议概念文件》将自身安全与共同安全不可分割作为安全不可分割原则的重要组成部分，体现了对整体利益和安全问题本质的深入理解和深度考量。[2] 这就要求我国的国家安全学理论构建不能局限于探讨如何维护我国的人民民主专政、维护无产阶级的利益等有关国内利益安全的内容，同时也要将目光投向如何为维护国际社会和全人类的安全提供中国智慧，平衡好自身利益与共同利益、自身安全与共同安全。在人类命运共同体的基础上，平衡国家利益与全人类共同利益、普遍利益。人类只有一个地球，各国共处一个世界，世界各国人民的命运紧密相连，这也就意味着世界各国的利益和安全也紧密相连。做好自身利益与共同利益的平衡，不仅是人类命运共同体的内在要求，也是实现自身安全与共同安全合理平衡的前提。

国家安全学理论的构建，首先要探究人类命运共同体和全球安全倡议在思想内核上的耦合性，构建中国的安全话语体系。人类命运共同体

---

[1] 《马克思恩格斯选集》第四卷，人民出版社 2012 年版，第 586 页。
[2] 《全球安全倡议概念文件（全文）》（http://www.news.cn/world/2023-02/21/c_1129382628.htm）。

和全球安全倡议相辅相成，共同构成中国关于世界安全的独特话语体系。其次，要探究如何借助"一带一路"倡议，为维护全球安全提供合作和交流的平台。面对复杂多变的国际环境，中国积极建设周边区域合作新机制，完善已有的区域合作机制，参与建立多边安全和发展机制。[1]"一带一路"为"应对各种全球性风险和挑战"，为"创造和平、发展、合作、共赢的美好未来"[2]提供了多边合作的机会。"一带一路"已经具备从单一的经济合作倡议发展为推动国家维护全球安全合作和交流平台的基础，正需要国家安全理论在其中发挥理论引导作用。

（四）善用辩证思维，统筹安全与发展、国内安全与国际安全、个人安全与国家安全

唯物辩证法认为，世界是普遍联系、永恒发展的，内在的矛盾运动是事物发展的根本动力，必须坚持用全面、联系和发展的眼光看问题。辩证思维，就是依据唯物辩证法来认识客观事物，通过深入地思考、连贯系统地思考，发掘事物内部的深层次联系。[3]善用辩证思维，将其贯彻于国家安全学理论建设，需要我们从以下几个方面入手。

第一，善用对立的、统一的思维，国家安全学理论建设要坚持重点论与两点论的统一，在总体把握国家安全理论建设的基础上，还要坚持有所侧重、突出重点理论。国家安全学理论建设不仅要着眼于国家行为体安全的研究，也要重视对人的安全理论的创新发展。质言之，国家安全学理论建构既需要以主权国家为载体，以政府间组织和非政府组织为补充，也需要将人类作为安全对象的基本单元，打通地区与国家间的地理与文化屏障，解决影响人类共同安全与发展的全球性问题，努力构建

---

[1] 刘华、王冬、殷萍：《总体国家安全观视域下全球安全治理的中国路径》，《国家安全研究》2023年第4期。

[2] 《习近平在第三届"一带一路"国际合作高峰论坛开幕式上的主旨演讲（全文）》（http://www.news.cn/politics/leaders/2023-10/18/c_1129922670.htm）。

[3] 平言：《善用辩证思维"金钥匙"》（http://theory.people.com.cn/n/2015/0623/c40531-27191802.html）。

人类安全共同体。[1]这种涵盖国家与个人双重层次的安全理论，不仅是对西方国际安全理论的超越与创新，也是总体国家安全观统筹个人安全与国家安全的生动体现。

第二，善用连贯的、系统的思维，统筹国内安全与国际安全的建构。只有基于系统的思维和方法，才能发现和分析国内安全与国际安全之间的相互联系和作用，进而从整体上综合地、精准地建设国家安全学理论，并进一步指导实践。一方面，研究我国国家安全整体与不同国家安全领域之间的关系是国家安全学理论建构的基础内容，建设国家安全学理论不仅需要融合我国内部不同领域、不同主体的安全要素，亦需要统筹协调国际安全利益，实现各国和平共处，以达到和谐发展的理想状态。[2]另一方面，我国的国内安全与国际安全密不可分，国际安全状态是我国国内安全建设的外部支撑，我国国内安全的建设同国际安全目标相向而行。这就要求我国在建设国家安全理论时要坚决防止用孤立的、静止的、片面的方法，以系统性思维取代排他的、绝对的、零和的安全理念，破解西方国际安全理论所谓的"安全困境"。[3]国家安全学理论的建设对内要解决中国国家安全实践中涉及的各类问题，对外要以天下为己任，推动树立符合全国人民共同利益的国际安全理念。

第三，善用发展的、全面的思维，国家安全学理论建设应结合具体的实际发展不断拓宽理论研究的领域。传统的马克思主义国家理论较少强调安全与发展的统筹关系，依据不同时期的不同问题，往往是更加注重安全。然而随着时代的发展，安全与发展不再各有侧重，而是相互联系、相互促进的关系。正如习近平总书记指出："安全是发展的前提，发展是安全的保障。"[4]安全与发展的统筹关系是国家安全学研究领域的

---

[1] 吴凡:《全球安全倡议的理论逻辑、基本特征与实践路径》,《社会主义研究》2023年第4期。
[2] 马方:《准确认识大安全格局下的国家安全概念》,《光明日报》2021年1月31日第2版。
[3] 总体国家安全观研究中心:《总体国家安全观透视:历史长河、全球视野、哲学思维》,时事出版社2023年版,第37页。
[4] 总体国家安全观研究中心:《总体国家安全观透视:历史长河、全球视野、哲学思维》,时事出版社2023年版,第33页。

新拓展，丰富了国家安全学理论的研究范围。然而，现有安全理论不足以应对当代的国家安全问题，这是当前国家安全学理论建设所要解决的主要问题，即推进国家安全学理论建设要在现有安全理论的基础上，结合具体的实际拓宽理论研究的领域。深入分析当下的安全问题，诸如安全与发展、国内安全与国际安全、个人安全与国家安全等一系列具体问题，在解决具体问题的过程中不断建设、发展国家安全学理论体系。

第三节　学习与思考

1. 中华优秀传统文化对国际政治理论创新有何启示。
2. 马克思主义国家理论对建设有中国特色的国际关系理论有何重要意义。